U0114559

中國跨世紀綜合國力

－公元 1990-2020

宋國誠 著

臺灣學生書局印行

前 言

　　自兩岸開放交流以來，台灣與中國大陸的關係日趨複雜而密切。中國大陸未來的變化和走向，將深刻影響台灣本身的生存與發展。中國大陸綜合國力這一問題的重要性在於，隨著國力的增長，中國大陸是否走向對外擴張和威脅周邊國家的道路。在走向 21 世紀的進程中，中國大陸在世界權力格局中將扮演什麼角色，這些可能的趨勢和變數，不僅台灣的中國人感到關切，世界各國也投以高度的關注。

　　由於改革開放的成效，西方國家隱約感受到一個強大的中國正在崛起。無論對這個崛起的中國是以憂心不安面對之，還是以樂觀其成看待之， 21 世紀的中國大陸將在世局中扮演舉足輕重的角色。但是一個明顯的跡象是，西方國家基於某些政治因素，對中國大陸的綜合國力作了某種程度的高估，而大陸內部也基於某些外在因素，不願低估自身的實力。實際的情況應該是， 21 世紀的中國大陸仍是一個「發展中的大國」，基本上是小康局面，但毫無疑問，中國大陸屆時將被列入「世界列強」之一。

　　以經濟實力來說，中國大陸將在短期內進入所謂「經濟起飛期」，經濟總量的增長相當驚人，但人均分配仍然十分低下，以科技能力來說，儘管中國大陸在某些尖端領域中，已經達到或超越國際先進水平，但在科技人才和素質上，還不足以支撐一個科技大國應有的基礎和條件。就軍事力而言，中國大陸的核武能力，先進武器採構和國防

支出，令全世界均感到威脅，但是軍威耀武的背後，老舊的裝備和龐大的軍費負擔，正成爲國防現代化的重大包袱。尤其在戰略思想上，中國大陸主要是在「求和」而非「求戰」。在政治力方面，儘管「鄧後」中國大陸權力的移轉可望平穩過渡，安定團結的局面仍可維持，但各種可能的變數差異很大，特別是中央政府財力的虛弱和地方主義的坐大，將導致中央政府控制能力逐年下降。再以外交能力來說，當前後冷戰時期，是近代以來從未出現過的、對中國大陸最有利的發展時機，在國際事務中，中國大陸明顯提高了協商、對話與談判的能力，但可以預見，中國大陸與世界主要國家在各種領域的分歧與衝突，也將不斷的增加。

中國大陸具有成爲世界大國的潛力，但需要克服久治不癒的難題和多方的努力，其中，正確的世局判斷、理性的政治領導和穩定的經濟增長，是最大的關鍵。這包括在追求高速經濟增長的同時，力求人均國民所得的提高；建立「可持續發展」的資源開發利用政策，以減少資源的掠奪和消耗；改變過去封閉性的科研制度，加速科技的社會化與商品化。在國防現代化的進程中，提高軍隊質量建設以達到精兵主義的目標，在鞏固政治領導的同時，提高民主參與和人權標準，在國際事務上則應廣泛融入國際新秩序，增加國際合作，提高國際貢獻。

本書力求依據科學數據和綜合評比的觀點進行寫作，具體來說有如下幾個方面：

1，鑒於西方國家刻意高估和中國大陸內部也不願低估自身的綜合國力，本書採取「國情－國力」的分析模式，力求對中國大陸綜合

國力進行客觀持平的分析。既把握中國大陸綜合國力在世界中的位序排名，也特別著重於綜合國力構成要素的分析。既重視國際對比，也重視國力的內容分析。

2，依據現狀聯繫未來，未來遠景取決於當前條件的觀點，本書認為未來中國大陸綜合國力的提升，有賴於對當前各種限制因素的克服與解決。因此，既評估未來綜合國力發展的有利因素，也分析不利因素，力求從掌握現實國情中預測未來綜合國力的變化趨勢。

3，西方國家樂衷於國力排名，本書亦根據七項構成「力素」對中國大陸的綜合國力進行「分項排名」，並作出最後的「綜合排名」。但必須指出的是，跨世紀綜合國力的世界排名，是十分困難的，這不僅因為不同的模式運用和測算方式，將產生不同結果，更主要的是，本書側重於對中國大陸綜合國力的分析，而非基於某些政治因素而加以主觀的判斷。

西方長期以來認為，國力提升必將引來威脅，這種觀點只是可能但有待分析和檢證。綜合國力是客觀因素，威脅則是主觀意圖，有威脅的意圖不一定有能力，有能力還要看有沒有威脅的意圖。儘管中國大陸對台灣的敵意仍未消除，綜合國力的提升將帶來「統一台灣」更強烈的欲望，但在全球範圍內，中國大陸還不具有打一場昂貴的現代科技戰爭的能力。因此，本書的結論將是，中國大陸正在崛起，但基本上處於「落後中的追趕」，其綜合國力還不足以構成追求世界強權的條件，而是作為民族生存與國家發展的基礎。

中國跨世紀綜合國力

目錄

第二章　資源力

第三章　科技力

第四章　軍事力

第五章　政治力

第七章　外交力

導　論

　　對國家能力的研究，在中外歷史上可以追溯到古老的年代，但對國家能力採取「綜合國力」〔comprehensive national power〕的概念進行分析、研究、匯總和論述，將各種要素指標加以量化分析以進行國際比較，則是近二十年來的事。本書以中國大陸綜合國力的發展為題〔包括量的增加與質的優化〕，分別由國際對比、基本難題和提升策略等途徑，採取歷史的、比較的、發展的三種分析方法，探討跨世紀中國大陸綜合國力發展的過程、條件及其限制。

一，研究緣起

　　在波斯灣戰爭中，美國以現代化優勢裝備迅速擊敗伊拉克，使中國大陸有感於現代化軍事科技在現代戰爭中的重要性。此後，中國大陸一方面著手進行傳統武器的更新，一方面積極對外軍購，擴充軍事裝備。據 1993 年 5 月 23 日日本「讀賣新聞」報導，中國大陸自 1985 年起，就已開始進行軍事現代化，特別是隨著 1991 年波斯灣戰爭的結束，中國大陸已在軍事戰略及戰術上提出了中長程計劃，發展高科技尖端武器，建立現代化的國防武力。以中國大陸國防預算的演變來看，1993 年國防預算比 1992 年增加了 14.9 ％，這是中國大陸國防

　　預算連續第 5 年呈現兩位數字的增長。前美國駐中共大使李潔明 1993 年 5 月 21 日在美國華盛頓接受訪問時也指出，中國大陸擴展軍力，企圖將其力量向外延伸，已是無法隱藏的事實。俄羅斯在遠東地區的軍力減弱，中俄兩方的和解，使得中國大陸得以將其北方邊境的防禦力量投向其東部及南部。另外，美國自菲律賓撤退，東亞地區的駐軍逐漸減少，此一趨勢提供了中國大陸延伸其海軍力量的空間。未來，隨著綜合國力的提升，是否對亞太地區，特別是台灣海峽、南海諸島、西太平洋海域構成威脅，值得密切關注。

　　中國大陸軍事武力的擴張固然引起關注，經濟力量的發展則更引人側目。據「國際貨幣基金會」 1993 年出版的「世界經濟展望」指出，若根據購買力平價條件計算，中共 1992 年的國內生產總值已經高達一兆四千七百餘億美元〔人均生產總值達一千三百美元〕。經過上述新的計算方法，中國大陸的經濟規模已經擴大了 3.5 倍，成為世界第三大經濟大國，僅次於美國與日本。倫敦「國際戰略研究所」在其發表的 1993 年「全球年度事務報告」中也指出，中國大陸從事經濟的改革已取得巨大成就， 1992 年的經濟成長率達 12 ％，到公元 2010 年，中國大陸將成為全球最大的經濟實體。報告中預測，持續發展的中國大陸經濟，未來不僅將使得東亞地區的整體政經結構改觀，也將使中國大陸的政治結構與社會環境發生改變。若干政治觀家甚至預言，從總體經濟而言，中國大陸將成為下一世紀的超級強權。

　　據香港「南華早報」 1994 年 9 月 8 日報導，中國大陸業已擬定一項封鎖台灣在國際上和其他國家發展政經關係的「作戰計劃」，並

採取多管齊下的方式,在國際上針對不同大小和實力的國家進行勸說,以全面打擊台灣在國際上的外交活動。此一報導顯示,中共對我之敵意始終未曾消除,在未來國力顯著提升之際,其吞併台灣、完成統一的立場將日趨激進和強硬。因此,評估中國大陸綜合國力的發展,特別是採取之手段與策略,以作為我因應之對策,亦事關重大。

21世紀中國大陸將進入「鄧後」階段,隨著強人政治的結束,中國大陸的政治權力、社會結構、經濟體制將不可避免發生各種變動和重組,這對中國大陸而言既是一種機遇,也是巨大的挑戰。可以預見,21世紀的中國大陸將是一個亞洲強權國家,任何國家或地區,無論是政府、企業界或學術界,在此世紀之交的關鍵時刻忽略中國大陸綜合國力的發展,都將導致嚴重的戰略錯誤,這種錯誤對台灣的中華民國來說將尤其嚴重。

二,「綜合國力」的概念與模式

〔一〕克萊恩的「國力方程」模式

根據現代綜合國力研究代表人物,美國國際政治及戰略學家克萊恩〔Ray S.Cline〕的觀點,所謂「國力」是指國家能力〔national power〕的綜合,它由一個國家的戰略、軍事能力、政治力量及其可能的弱點所構成。一般而言,國家能力有一部分取決於該國的軍事力量和軍事設施,但更多的取決於該國領土的面積、戰略位置、邊境特性、人口、自然資源、經濟結構、科技發展、財政能力,甚至包括種

族組合、社會凝聚力、政治過程與決策能力等等，最後還包括被稱爲
民族精神的無形力量[1]。

　　克萊恩進一步以「認知的國力」〔perceived power〕[2]概念，整
合以上幾個國家能力的構成要素，建立一個關聯程式〔formula〕，
一般稱爲「國力公式」或「國力方程式」。這個程式如下：

$$Pp = (C + E + M) \times (S + W)$$

在上式中：

C = critical mass，即基本要素，包括人口與領土。

E = economic capability，即經濟實力。

M = military capability，即軍事力量。

S = strategic purpose，即戰略目標。

W = will to pursue national strategy，即戰略意志。

　　克萊恩以其自創的「政治結構學」〔politectonics〕一詞來建
構國力方程[3]，側重於「力素」的構成。一方面，國力不能只由單一或

---

[1] Ray S. Cline, 'The Power of Nations in the 1990s'〔Lanham,
　Maryland:University of American Press Inc; 1994〕, p.29.

[2] 「認知」一詞，包含兩個涵意，既是指一個國家明顯可察覺之實力，也
　包括該國政府或領導人所認知而得的國力，換言之，國力包括「現實能
　力」與「意圖能力」，兩者概念雖有不同，必須加以劃清，但都是一個
　國家國力的組成與表現。

[3] 克萊恩的「國力方程」在70年代「1978年世界國力評估」一書中即已

特殊的要素來分析，一方面，國家能力的展現必然是國力要素多元綜合的結果。換言之，克萊恩的「國家能力」〔 national power 〕正是一種「國家綜合能力」的概念，亦即本文所稱的「綜合國力」〔 comprehensive national power 〕。仔細分析克萊恩的觀點，他的國家能力概念具有以下幾個特徵：

1, 國力方程中的各項評估指標，基本上屬於一種「總量指標」〔 macrometrics 〕，而非精密的計量指標，對於國家能力的觀察與評估，側重於國家之間權力關係的互動型態與演變趨勢。這種觀點在冷戰時期是必要的，也是現實的。

2, 由於克萊恩的國家能力主要是指一種「認知的國家能力」，因此，國力的展現不僅在於一國所擁有的實質籌碼，還包括政府和領導人的權力意志〔性格、意圖與領導風格等等〕。因此，對克萊恩而言，國家能力的判斷是主觀的，甚至往往是武斷的〔 arbitrary judgment 〕。克萊恩的這些觀點，在六０年代以至八０年代東西兩大集團對抗時期，也是符合現實所需要的。

3, 克萊恩的國力方程側重於國家集團之間的強弱對比，以及國力展示的立即效果，國力評估基本上力求簡單易算，因此國力方程雖然是數學方程式，但卻是一種算數乘數關係，而非幾何加權關係。這是因為克萊恩的主要關切點，並非在於國力的形成過程〔包括手段和及

提出，在 1994 年出版的 'The Power of Nations in the 1990s ' 一書中，並沒有修改或異動，顯示國力方程是一客觀的演算程式，國力變化最終取決於國力要素質量的變化。

5

其限制〕，而是重視國力展示所產生的後果效應。這種關切面向，在核戰陰影下的冷戰時期，特別是在研判「開戰」和「避戰」等重大問題上，也具有現實的迫切性。

但是本書的特點，在基本同意「國家能力=綜合國力」的基礎上，與克萊恩的觀點與方法，有如下幾點不同：

1，本書目的主要不在建構某種大型的方程模式，側重國力分析而非國家對抗，因而不僅重視國力「總量」的估計，也包括對國力「均量」的分析。主要原因是後冷戰時期國際關係的特徵是「和平競爭」，因此在評比上包含了國家之間「軟實力」的相對分析。

2，基於後冷戰時期戰爭的代價是極其重大的〔就核戰雖可免，但傳統戰爭卻極具破坏力而言〕，本書的基本假設是，政府與國家領導人對其綜合國力的認知與評估是理性的，而非誇張的。換言之，綜合國力儘管是客觀的、現實的，但各國政府對其綜合國力的發佈，卻極為謹慎。特別是中國大陸的領導人對其國力擴張，一向採取「不欲聲張」的態度[4]。

克萊恩的國力方程著眼於世界體系下國家能力的對比，由全局看個體，本書則強調中國大陸相對於世界各國「落後-超趕」的特性。換言之，本書側重於中國大陸國力的構成因素、提升策略及其限制。

克萊恩的綜合國力觀點，雖然是以七〇年代的國際情勢為分析基

---

[4] 參見宋國誠，'International Situation in the 1990s ： The View From Peking' *Issues & Studies*，Feb. 1994〔台北：政大國際關係研究中心〕pp.30-49.

礎，其理論觀點形成於冷戰期間，但其所提出的「綜合國力構成要素」以及「國力方程量化模型」，至今仍有相當的參考價值。但克萊恩的觀點，缺乏對綜合國力構成要素之間「綜合關係」的分析，尤其缺乏要素結構之間的「質量統一」和「操作轉化」等動態過程的描述。近年來，中國大陸學者對綜合國力的研究開始增加，對研究中共綜合國力的提升〔綜合國力構成要素的自我強化〕與擴張〔綜合國力構成要素的對外展示〕，提供了分析與參證的基礎。

〔二〕中國大陸軍事學者的「國力系統模式」

中國大陸軍事學者黃碩鳳指出，所謂「綜合國力」是指一個主權國家生存與發展所擁有的全部實力。它包括物質力、精神力以及對國際影響的合力。若以物質力、精神力和影響力三大國力系統來看，物質力包括經濟力、科技力、國防力和資源力四個次級系統，精神力則包括政治力、文教力和外交力四個次級系統。物質力與精神力共同構成一個國家的國際影響力，而三大國力系統之間是以「協同」或「整合」的方式，展現一個國家的綜合國力。

一般來說，綜合國力作為一個分析國家整體能力的範疇，其涵意有如下五個方面：

1，綜合國力反映出一個主權國家所擁有的實力，它是一種實在的力量。綜合國力的基本前提是「實力準則」，離開此一準則，綜合國力將只是一座空中樓閣。「實力」是可以度量和測算的，同時，實力也並非是一成不變的。

2，綜合國力是一個綜合性的概念，也是一個動態的大系統。它既包含自然因素、又包括社會〔人文〕因素，既包含物質因素〔硬實力〕，又包含精神因素〔軟實力〕，既包含實力，又包含潛力，以及「由潛力轉化爲實力的機制」。孤立的強調任何一個因素〔如軍事力量〕，都不能完整而準確的評估一個國家的綜合國力，即使是某些作用很強的指標〔如國民生產總值或人均國民收入〕，也代表不了一個國家的綜合實力。

3，由於國際社會相互依賴性的增加，各國綜合國力一方面有很強的競爭性，一方面也具有日益明顯的互補性。因此，研究綜合國力必須研究一國在國際社會中的影響力。在這種形勢下，綜合國力強弱必須同其他國家相比較，特別是與主要的對手國家進行比較。

4，在現代，一個國家行爲〔對內、對外〕的基本動因是「國家利益」，而國家利益的核心，主要集中體現國家的生存、發展與國際影響三方面。這三方面又是相互依存、關聯和協調的。因此，綜合國力的實質就是關於國家生存力、發展力和國際影響力的「協同合力」。

5，未來綜合國力的國際競爭，將越來越多明顯的體現爲科技水平的競爭，而現代戰爭本質上已轉變爲高科技實力的較量。因此，綜合國力競爭的實質就是未來高科技的競爭。

由以上的討論，綜合國力具有幾個特性，一是「可測－可變性」。即通過量化和數學方程的演算，建立評估指標，以進行分析性的排列；二是「動態－轉換性」。綜合國力構成要素之間具有軟實力與硬體力、內含實力與外顯實力之間相互制約和相互轉換的特性；三是「競爭－互補性」；綜合國力的上升與下降，必須通過和其他國家相對比

較或國際情勢的變化而測知，形成一種「互有消長」的互動關係；四
是「科技優先性」，綜合國力的比較與競爭是實力要素之間高質與高
量的競爭，這種競爭集中體現在科技質量的競爭；最後，綜合國力以
國家的「安全－利益」為歸屬，換言之，提升和發展綜合國力只是手
段，目的在維護國家的生存與發展[5]。

　　綜合國力既然是一個「綜合的」國家實力，它就當然是由若干的
「實力要素」組合而成，並且構成一個動態的實力系統。因此，對綜
合國力的分析既要考慮它的「要素結構」，也要分析它的「系統動態」，
以形成對綜合國力的整合性分析。

　　一般對綜合國力基本「要素結構」的看法，差異並不大。一般都
不超出本書各章所研究的面向，從政府政治能力、經濟規模與發展能
力，以至外交或主權伸張能力等等。對於綜合國力的要素結構，還可
以由「國際比較」和「國家戰略安全」兩個側面，加以分析。

　　所謂綜合國力的國際比較，是將綜合國力看成一個國家具有影響
其他國家的能力，在此情況下，綜合國力的構成要素主要有四個方
面：

　　　1，基礎實力：地理位置、一定數量與質量的人口、資源與民族
　　　　　　凝聚力。

　　　2，經濟實力：一定規模的工業實力、農業能力、科技實力、金
　　　　　　融能力、商業實力。

　　　3，防禦實力：戰略物資、技術、一定規模的陸海軍常規武裝力

---

[5] 黃碩鳳，「綜合國力論」〔北京:中國社會科學出版社，1992年〕頁102-103.

　　　　　　　　　量，乃至足夠的核武打擊力量

　　4，外交實力：切合實際的外交政策、處理國際事物的態度、立
　　　　　　　　　場和對外交流及對外援助等[6]。

　　至於從國家戰略安全的角度來看，綜合國力的構成要素主要有八
個方面：

　　1，國家的基本體積：領土、地理位置、自然資源、天候、地形、
　　　　　　　　　　　　國家控制的地理疆域以外的戰略疆域及其
　　　　　　　　　　　　資源。

　　2，人口：人口數量、人力素質和勞動生產力

　　3，經濟力量：經濟實力與潛力

　　4，科學技術：國家科技隊伍、科技裝備、科技結構、科技政策、
　　　　　　　　　科技發展水平。

　　5，國防能力：軍事實力和一定的軍事潛力，還包括戰略思想、
　　　　　　　　　軍事理論的發展水平。

　　6，政治能力：國家性質、政治制度、政治體制、國家領導、組
　　　　　　　　　織、決策能力等。

　　7，精神力量：人民的政治信仰、信念、民族精神和意志等。

　　8，對外關係力量：國家對外政治、經濟、軍事關係等。

　　綜合國力除了必須掌握「要素結構」之外，還必須掌握它的「系
統動態」。所謂「系統」是把綜合國力視為一開放性大系統〔或母系

---

[6]　黃碩鳳，同上書，頁107.

統〕，把構成要素視爲互動性的小系統〔或子系統〕。大系統〔母系統〕與小系統〔子系統〕之間具有邏輯因果關係，各個小系統〔子系統〕之間則具有相互消長和制約的關係。而大、小系統之間，可以用指標系統加以聯繫或貫穿[7]。〔參見圖形　一〕

〔三〕「綜和國力指標架構」模式

「國力系統模式」側重於綜合國力構成的概括性與系統性，具有很高的系統關聯性和模擬推衍性，在中國大陸被視爲「標準模式」，但對於系統要素的內部指標及其相互的消長性與互動性，缺乏橫向分析。近期大陸學者根具據社會科學已發展出來的「社會指標理論」，將相關指標如「總量指標」、「人均量指標」、「質量指標」、「效率指標」和「物耗指標」等等加以綜合，構建一套「綜合國力指標架構」。對中國大陸綜合國力的分析提供參考依據[8]。這項指標架構包含

---

[7]　大陸學者黃碩鳳的「綜合國力系統指標體系」將綜合國力區分爲「影響力」、「硬實力」、「協同力」和「軟實力」四種類型，稱爲綜合國力的母系統。實際上，影響力是綜合國力中硬實力與軟實力綜合發揮的結果，協同力則是硬實力與軟實力交錯搭配與整合運用的過程。因此可以簡化爲「硬實力」與「軟實力」兩項。至於子系統則包括資源力、經濟力、科技力、國防力、政治力、文教力和外交力七種。如果政治力可以概括「政府對內決策能力」和「對外事務影響力」，則外交力也可以包含在「政治力」的子系統中，將子系統簡化爲六項。但在本書中，是將外交力視爲綜合國力的構成要素之一而加以討論。見上書，頁167-172.

[8]　參見「對中國綜合國力的測度和一般分析」〔中國社會科學院「世界經濟與政治研究所」，「世界主要國家綜合國力的比較研究課題組」所提的報告，載《中國社會科學》〔北京；「中國社會科學雜誌社」〕1995年第5期，頁6-7.

【圖形一】

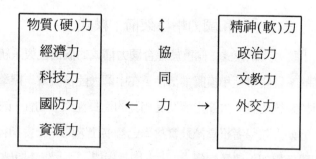

八個構成要素，分別是資源、經濟活動能力、對外經濟活動能力、科技能力、社會發展程度、軍事能力、政府調控能力、外交能力等等。總計實際使用指標 85 個，參與匯總指標 64 個。分別以 1970 年、1980 年和 1990 年爲三個衡量時段，對比 17 個國家，以觀察中國大陸國力增長的「位次」變化。〔參見【圖形 二】〕

「綜合國力指標架構」模式，具有很高的覆蓋面。其中，「綜合指標」和「專業指標」交互運用，具有較高的準確性。但是，儘管這項指標架構是大陸內部研究綜合國力最完整的一套架構，但諸如在資源要素中沒有包括人口素質、人力資源效益等變量，在政府能力上只論及「調控能力」，而調控能力又僅僅指涉政府的支出比重，實際上

【圖形二】

綜　合　國　力 {

資源 {
- 人力資源：人口數、預期壽命、經濟人口占總人口比重、萬人平均在校大學生人數。
- 土地資源：國土面積、可耕地面積、森林面積
- 礦產資源(儲量)：鐵礦、銅礦、鋁土礦。
- 能源資源(儲量)：煤碳、原油、天然氣、水能。
}

經濟活動能力 {
經濟實力(總量) {
- GDP
- 工業生產能力：發電量、鋼產量、水泥量、原木產量。
- 食品供應能力：穀物總產量、穀物自給率。
- 能源供應能力：能源生產量、能源消費量、原油加工能力
}
- 棉花總產量
經濟實力(均量) {
- 人均 GDP
- 工業生產能力：各種人均發電量、鋼鐵量、水泥產量、原木產量
- 食品供應能力：人均穀物產量、人均日卡路里
- 能源供應能力：人均能源消費量
- 生產效率：社會勞動力、工業生產勞動力、農業生產勞動力。
}
- 物耗水平：按 GDP 計算的能源消費量。
- 結構：第三產業占 GDP 比重。
}

對外經濟活動能力 {
- 進出口貿易總額、進口貿易額、出口貿易額。
- 國際儲備總額、外匯儲備、黃金儲備
}

科技能力： {
- 研究開發費占 GDP 比重
- 科學家與工程師人數，千人平均科學家與工程師人數
- 機械與運輸設備占出口比重
- 高技術密集型產業占出口比重
}

社會發展程度： {
- 教育水平：人均教育經費、高等教育入學率
- 文化水平：成人識字率、千人擁有日報數
- 保健水平：人均保健支出，醫生負擔人口數
- 通訊：百人擁有電話數
- 城市化：城市人占總人口比重
}

軍事能力： {
- 軍事人員數
- 軍費支出、武器出口
- 核武器：核發射裝置數、核彈頭數
}

政府調控能力 {
- 政府最終支出占 GDP 比重
- 中央政府支出占 GDP 比重
- 問卷調查：(詢問 9 個問題)
}

外交能力：使用 10 個因素在神經網絡上進行模糊測試

只能分析政府的財政能力，有關政府效能、打擊腐敗、人民認同與支持程度、政策規劃能力和危機處理能力等等，因中國大陸陸特殊的政治環境而得不到深入的分析。

〔五〕本研究的分析模式：「國情－國力」模式

無論克萊恩的國力方程模式或中國大陸學者的系統分析模式，都各有其優缺點。克萊恩的模式，雖然以量化數據爲依據，但因側重於國家力量的「國際比較」，在分析面向上，特別是在「程式取樣」上，過於粗大梗略，無法深入描述社會發展質量的實際情況。例如，「經濟實力」的要素，當然包括「人力資源與素質」等分析指標因素，但在其國力方程中，卻很難看出「經濟實力」與「人口力資源與人口素質」的相關性。大陸學者的分析方法，側重於對社會發展「結構性指標」的描述，但對於社會發展指標本身的分析卻相對薄弱。

本書採取「綜合國力－社會發展」兩元參照系統的模式，將綜合國力和社會發展視爲兩組互變系統，從社會發展指標的變異，觀察其綜合國力的升降。實際上，「綜合國力」既包括「國力」，也包括「國情」，換言之，綜合國力的比較應該是「社會發展指標的綜合國際比較」，它既包括各國綜合國力影響的橫向比較，也包括各國社會發展情況的縱向比較[9]。

---

[9] 將「綜合國力」定義爲一個主權國家在一定時期內所擁有的各種力量的有機總合，一般並無疑義。但綜合國力是否應該包括「國情」，則有不同的看法。前述「中國社會科學院世界經濟與政治研究所」所撰課題：「世界主要國家綜合國力的比較研究」中，認爲綜合國力是「基本國情」的內

對中國大陸綜合國力的研究之所以必須考慮「國情因素」〔而非僅僅西方觀點下的戰略對比關係〕，主要著眼於中國大陸的現代化進程，要比西方先進國家晚一百年以上[10]，屬於一種「後發外推的現代化」[11]。對中國大陸而言，要想在世紀之交縮短「百年落差」是一項空前艱鉅的任務。〔參見【表格 一】〕一般估計，在原已大幅落後於世界現代化水平的基礎上，假設其他國家均停滯發展，中國大陸到公元 2000 年人均 GNP 預估 763 美元〔相當於 1965 年價格的 300-400 元〕，只不過剛剛脫離低收入國家水平，到公元 2010 年，預估人均 GNP1173 美元，也只能接近目前中等收入國家水平〔1290 美元〕，即

涵之一，換言之，「國情」此一範疇要大於綜合國力。認爲一個國家的綜合國力、基本國情和經濟實力之間既有聯繫又有區別，因此主張將基本國情、綜合國力和經濟實力聯繫起來，形成對一個國家的國情國力進行整體和局部研究既有聯繫又有區別、環環相扣的完整概念〔見該文第四頁〕。但將經濟實力與綜合國力置於同一水平，邏輯上並不恰當，許多研究顯示經濟實力是綜合國力的要素之一，彼此表現爲「母子系統」或「主次」關係。至於國情則是提升或滯緩綜合國力的要素條件。本書將國情「內含」在綜合國力的討論中，換言之，國情應是綜合國力的要素之一。

[10] 以世界現代化範圍各國經濟現代化的相對進程來看，西方先進國家早已發軔於 18 世紀末或 19 世紀下半葉，英國是 1765-1785，法國是 1831-1840，德國是 1850-1859，日本是 1874-1879，美國是 1843-1843，加拿大是 1870-1874。如果前推至「一五」〔1953 年〕爲中國大陸現代化的起點，已晚了一百多年，隨後十年文革使差距再度拉大。中國大陸對世界現代化的超趕，其實起動於 1978 年，八０年代中期才上軌，九０年代初才敢於提出「跨世紀超趕」的口號。

[11] 參見宋國誠，「中國大陸的現代化理論」，《中國大陸研究》〔台北：政大國際關係研究中心〕第 35 卷第 6 期，民國 81 年 6 月，頁 22-36.

【表格 一】 中國大陸以 1952 年為起點的國際落差對比[12]
〔依各國現代化起點年代為對比〕

國家	英	法	德	日	美	中國大陸
(起點年) (1952)	(1765-85)	(1831-40)	(1850-1859)	(1874-79)	(1834-43)	
人均 GNP (1965 美元)	227	242	302	74	474	**50~70**
(上軌年)	(1851)	(1856)	(1882)	(1920)	(1870)	
總勞動比例	45%	39.1%	38.3%	48.7%	32.5%	
	(1801-11)	(1856)	(1852-58)	(1872)	(1839)	(1952)
農業人口比例	34.4%	51.7%	53.1%	85.8%	4.3%	**83.5%**
制造業人口比例	30.0%	28.5%	26.8%	5.6%	16.2%	
服務業人口比例	35.6%	19.8%	19.1%	8.6%	19.5%	
產值比例	(1850-1859)		(1879-1883)	(1839)		
農業產值比例	34.1%	---	40.9%	62.5%	42.6%	**52.2%**
制造業產值比例	22.1%	---	59.1%	37.5%	25.8%	
服務業產值比例	43.8%	---	---	---	31.6%	
城市化					(1870)	
城市人口比重					26.2%	
人口增長率			(各國平均低於 1.5%)			**+2.0%**

使到公元 2020 年，人均 GNP 達 1724 美元，也只接近目前上中等收入
國家水平〔 1850 美元〕。若考慮其他國家相對發展〔依各國按
1965-1985 年人均 GNP 平均增長率計算〕，公元 2000 年中國大陸人均
GNP 僅及中下等收入國家〔 1205 美元〕的 63.3%，到公元 2020 年仍

---

[12] 數據引自楊帆、彭劍良等，「中國：一九九０-二０二０」，〔瀋陽：遼

是中下等收入國家〔2014 美元〕的 85.6%[13]。因此，對於中國大陸綜合國力的評估，真正的意義不在於根據數據結果列表排比，而是深入分析「國情－國力」之間的矛盾辯證關係，才能從「落差－超趕」中觀察中國大陸綜合國力發展的過程與特性。

考慮國情因素在綜合國力構成要素中的角色，將提醒吾人在研究上不致忽略國力發展的限制性條件。換言之，中國大陸綜合國力的發展以及對此一發展的分析與預測，是以如下幾個條件為前提的：

1，一個和平穩定的國內外政治環境，至少鄧小平死後政治權力的順利移轉和避免過大的政治波動，以及不致爆發對外戰爭，不捲入他國或第三國的政治爭端或軍事對抗。

2，改革開放政策平穩進行，對外開放管道通暢，至少保持改革開放在受到社會利益失調或社會秩序動亂的干繞時，能維持在不致變調或轉向的範圍之內。

3，未來十年內至少不致發生特大的天然災害或全國性流行疾病。

綜合以上分析，本書對中國大陸綜合國力的測度模式將採取以下三個途徑：

1，「歷史分析」：探討自七０年代以至九０年代，中國大陸綜合國力〔主要針對社會發展與人民物質生活〕發展的情況。〔進步實況〕

寧人民出版社，1991 年〕，頁 255-257.
[13] 參見楊帆、彭劍良等，「中國：一九九０-二０二０」，〔瀋陽：遼寧人

2，「現況分析」：探討中國大陸自九〇年代以來，綜合國力的進展，通過國際對比分析探討中國大陸綜合國力的提升狀況和位序變化。〔位序排名〕

3，「展望分析」：通過本文建構的「國情－國力」分析模式，依據幾個假設性估算，預測中國大陸的綜合國力到公元 2000、2010 和 2050 年將達到何等水平。〔前景預估〕

三，現況的分析－模式的運用與測算

〔一〕測算之一：克萊恩的國力方程模式
－以七〇年代末期和九〇年代初爲例

依據美國戰略學家克萊恩所提出的「國力方程」，綜合國力是一國之「基本實體」〔人口加領土〕、「經濟實力」、「軍事力量」和「戰略目標」、「國家意志」的乘數。其程式已如上述：

$$P = 〔C + E + M〕× 〔S + W〕$$

A，七〇年代末期的評估

1，關於基本實體的評估

克萊恩假定，基本實體 C＝人口加領土，二者最高分均爲 50 分，合計爲 100 分。人口在 1500 萬以下的國家是難以跨入世界強國之列的。而當人口超過 5 億、人均國民生產總值不足 500 美元時，人口得

民出版社，1991 年〕，頁 260-261.

分必須減半，即得 25 分。中國大陸和印度均爲此類國家。在按領土面積大小計算國力時，還要考慮耕地占領土面積比例、領土所處的戰略位置、資源擁有量來增減分數。依據以上關於人口和領土得分的標準和調整尺度，在 1978 年，人口超過 1500 萬、領土面積超過 50 萬平方公里的國家，基本實體部分的國力得分前 10 名的國家如下：

位序	國家	人口	領土	總計
1	蘇聯	50	50	100
2	美國	50	50	100
3	巴西	30	50	80
4	中國大陸	25	50	75
5	印度尼西亞	36	20	56
6	加拿大	6	50	56
7	印度	25	27	52
8	澳大利亞	--	50	50
9	日本	29	15	44
10	阿根廷	6	25	31

2，關於經濟實力的評估

克萊恩認爲，經濟實力是一國滿足人民對商品和勞務需求的基礎。以國民生產總值、重要能源和關鍵性的礦產資源、工業能力、食品生產和對外貿易六個指標來表示。

在計算上，各指標給予不同的權數。總計最高分爲 200 分。其中國民生產總值爲 100 分，後五項指標各占 20 分。在 1978 年，各國經

濟實力得分在前 10 名的順序如下：

位序	國家	GNP	能源	礦產	工業	食品	外貿	總計
		(100)	(20)	(20)	(20)	(20)	(20)	200
1	美國	100	-4	-6	16	20	20	146
2	蘇聯	49	9	7	16	-2	6	85
3	西德	24	-1	-8	5	-2	16	34
4	法國	19	-2	--	4	2	10	33
5	加拿大	9	4	6	1	4	6	30
6	日本	34	-8	-16	12	-5	11	28
7	中國大陸	18	1	--	4	-1	1	23
8	澳大利亞	5	1	11	--	3	2	22
9	英國	12	2	-2	3	-2	8	21
10	沙烏地	4	10	--	--	--	4	18

3，關於軍事實力的評估

　　克萊恩將一國的軍事實力分爲戰略核武力量與常規軍事力量兩個部分，各自最高得分爲 100 分，總得分 200 分。考慮到某些國家的軍事費用占 GNP 的比例較高，適當另加 4 － 10 分，如以色列、伊拉克、蘇聯、中國大陸等。

　　在非核武力量的評估方面，還要考慮到進入戰略需要地點的能力，主要包括海運、空運及後勤補給能力等。據此，一國的非核武力量應乘上一個戰略到達系數。在 1978 年，各國的軍事實力得分在前

10 名的的順序如下：

位序	國家或地區	常規力量	核武力量	軍費開支(加分)	總計
1	蘇聯	91	100	6	197
2	美國	93	95	- -	188
3	中國大陸	26	10	5	41
4	以色列	7	5	10	22
5	法國	11	10	- -	21
6	英國	8	10	- -	18
7	西德	13	- -	- -	13
8	埃及	3	- -	10	13
9	中華民國	8	- -	4	12
10	越南	3	- -	8	11

　　把「基本實體」、「經濟實力」和「軍事實力」得分相加，1978年居於前 10 名的國家順序如下：

位序	國家或地區	領土加人口	經濟實力	軍事實力	總計
1	美國	100	146	188	434
2	蘇聯	100	85	197	382
3	中國大陸	75	23	41	139
4	巴西	80	15	3	98
5	加拿大	56	30	1	87
6	法國	28	33	21	82
7	日本	44	28	5	77

8	西德	30	34	13	77
9	澳大利亞	50	22	1	73
10	印度	52	11	8	71

　　以上是「國力方程」前三項〔C＋E＋M〕的評估結果，至於後兩項，按克萊恩的解釋，S為戰略目標，W表示一國實現戰略目標的意志及人民支持政府國防和外交政策的程度。然而，如何將〔S＋W〕加以量化是最難解決的問題。克萊恩假定在一般情況下，S＝W＝0.5，即S＋W＝1。但在實際計算時，有些國家往往超過1。

　　以克萊恩的「國力方程」推算，1978年各國的綜合國力前10名的排列順序如下：

位序	國家	C+E+M	S	W	S+W	(C+E+M) X (S+W)
1	蘇聯	382	0.7	0.5	1.2	458
2	美國	434	0.3	0.4	0.7	304
3	巴西	98	0.6	0.8	1.4	137
4	西德	77	0.7	0.8	1.5	116
5	日本	77	0.6	0.8	1.4	108
6	澳大利亞	73	0.5	0.7	1.2	88
7	中國大陸	139	0.4	0.2	0.6	83
8	法國	82	0.4	0.5	0.9	74
9	英國	68	0.5	0.5	1.0	68

| 10 | 加拿大 | 87 | 0.3 | 0.4 | 0.7 | 61 |

按照克萊恩的「國力方程」評估，七〇年代末，以基本實體測算，中國大陸的綜合國力位於蘇聯、美國、巴西之後，位居世界第 4 位；以經濟實力測算，次於美國、蘇聯、西德、法國、加拿大、日本，居世第第 7 位；以軍事實力測算，僅次於蘇聯、美國，是世界第三大軍事大國；以基本實體、經濟實力和軍事實力加總之後計算的國力，也僅次於蘇聯、美國，居世界第三位。但以國力方程最終評估的綜合國力，則排在蘇聯、美國、巴西、德國、日本、澳大利亞之後，居世界第 7 位[14]。

在克萊恩對中國大陸綜合國力的評估之中，中國大陸的綜合國力主要表現在「基本實體」方面，即龐大的的人口和疆域，尤其通過乘數計算後，產生很大的乘數效果。但這種乘數效果再經過人均經濟分量的抵銷後，基本上應可獲得平衡。但另一方面，按克萊恩所賦予S、W的含意及所給予的系數，西德爲 1.5，日本、巴西爲 1.4，蘇聯和澳大利亞爲 1.2，而中國大陸僅有 0.6，顯然過於低估。但 1978 年中國大陸正從「文革」走向改革開放，毛澤東左傾擴張主義遭到強烈抑制，革命輸出和對外擴張意圖大爲縮減，從此一觀點來看，克萊恩的評估基本上還算反映了當時中國大陸的真實情況。換言之，這一評

---

[14] 參見張厚澤，「正確認識國情，科學評估國力」，《中國國情與國力》(北京)，1992 年第 1 期，頁 34-36.

估無論從單一層次或多層次評價國力的綜合過程，通過相應的量化系統進行評估，對各國綜合國力的情況，還是提供了很高的近似度。

B，九０年代初期的評估（克萊恩模式的修正）

依據克萊恩的評估方法及中國大陸 20 多年來的發展推算，可以將九０年代中國大陸的綜合國力，與其他國家作修正性比較。

1，按基本實體〔人口加領土〕推算，由於 1978 年以前，中國大陸的人均國民生產總值以不足 500 美元計算，人口得分因而減去 50 分。九０年代初，如以各國貨幣實際「購買力平價」〔PPP〕作為折算率的方法來計算人均國民生產總值，情況將有很大的不同。據此推算，中國大陸的基本實體得分應是 100 分，與蘇聯、美國相近。

克萊恩在 1994 年出版的「1990 年代的國家能力」一書中，對此一部分作了重估與修正。基本實體部分，中國大陸排名首位。排名前 10 名的國家如下：

位序	國家	人口	領土	總計
1	中國大陸	100	100	200
2	美國	100	100	200
3	巴西	100	100	200
4	*俄羅斯	100	100	200
5	印度	100	50	150
6	印尼	100	40	140
7	日本	100	30	130
8	加拿大	25	100	125

9	德國	30	30	105
10	澳大利亞	100	100	100

　　*包括前蘇聯各共和國在內

　　2，按經濟實力評估，相對於其他評估模式，克萊恩對 1990 年各國經濟實力〔根據國民經濟總量〕的評估，在不是採取購買力平價〔PPP〕計算方法的情況下，中國大陸的經濟實力遠遠落在世界第 23 位[15]：

位序	國家	GNP/GDP	國際貿易	人均	總計
1	美國	100	100	40	200
2	日本	40	50	40	130
3	俄羅斯	50	40	20	110
4	德國	25	50	30	105
5	加拿大	15	40	40	95
6	英國	20	40	30	90
7	義大利	20	40	30	90
8	法國	20	40	30	90
9	瑞士	0	30	40	70
10	比利時	0	40	30	70
23	中國大陸	10	20	0	30

[15] Ray S. Cline, Ibid; p.64.

*包括前蘇聯各共和國在內

　　3，按軍事實力評估，八０年代以後，中國大陸在軍事現代化、局部戰爭的戰力提升、武器採購的大量擴張，特別是在核武力量的發展方面，其軍事實力應維持在與七０年代末期的國際比較大致相等的水平上右。次於美國、俄羅斯，居世界第三位。

　　克萊恩根據戰略核子武力與傳統武力兩要素，列出 1990 年世界五大軍事強國，其中中國大陸排名第三位[16]：

位序	國家	核子武力	傳統武力	總計
1	美國	50	50	100
2	*俄羅斯	50	50	100
3	中國大陸	20	50	70
4	英國	20	50	70
5	法國	20	50	70

*包括前蘇聯各共和國在內

將以上各要素加以彙整，在克萊恩 1990 年世界各國綜合國力的

---

[16] Ibid; p.87.

最後排序中，中國大陸已位居世界第 6 位[17]，雖然綜合國力仍不及美
國半數，但與國土面積與中國大陸相近但經濟實力遠大於中國大陸的
加拿大，僅相差 10 個積分點，列居世界七大工業國家之內，甚至還
超過英國、法國、義大利等老牌工業國家，領先巴西 24 個積分點。

位序	國家	(C+E+M)	X	(S + W)	=	Pp
1	美國	500		0.5+0.6(1.1)=		550
2	日本	310		0.6+0.8(1.4)=		434
3	德國	260		0.6+0.8(1.4)=		364
4	*俄羅斯	410		0.5+0.3(0.8)=		328
5	加拿大	250		0.5+0.5(1.0)=		250
6	中國大陸	300		0.4+0.4(0.8)=		240
7	英國	240		0.5+0.5(1.0)=		240
8	法國	240		0.5+0.5(1.0)=		240
9	義大利	220		0.5+0.5(1.0)=		220
10	巴西	240		0.5+0.4(0.9)=		216

*包括前蘇聯各共和國在內

　　但是克萊恩依據經濟總量對中國大陸經濟力量的評估似有低估
之嫌。基本上，經過十餘年的改革開放，中國大陸的經濟發展取得了
相當的進展，至少在總量而言。在經濟實力評估六項指標中的後五
項，即能源、礦產、工業、食品、外貿，中大國大陸的成績都應相對

---

[17] Ibid; p.107.

提高，如把經過購買力平價換算後的 GNP 再予計入，位次也應再次提前。這樣，九０年代中國大陸經濟實力雖然還是落在美國、俄羅斯、日本之後，但國際位序應大幅超前。 至於按軍事實力評估，1990 年中國大陸的軍事實力與克萊恩於 1978 年的估算，並無太大變化，仍是次於美國、俄羅斯之後，爲世界第三大軍事國。

總之，經過十幾年的改革開放，中國大陸按基本實體評估的國力，與俄羅斯、美國應並列爲世界首位，按經濟實力評估的國力，則因不同的計算方式〔當年物價或匯率或購買力平價折算〕估算結果差距甚大，排名可以由世界第 4 位變化至第 23 位。由此也顯示出，在中國大陸綜合國力諸要素中，經濟實力的分析最爲困難和複雜。至於軍事力量應居於第三位。如果將克萊恩「國力方程」的 S、W 的合值修正爲 1〔以中國大陸強烈的民族主義和「成爲世界大國」的旺盛企圖心來說〕，目前中國大陸的綜合國力，在完全沒有計算中國大陸較居弱勢的科技力與文教力情況下，應該排在美國、日本、俄羅斯之後，居世界第 4 位。

〔二〕測算之二：綜合國力指標架構模式
－ 1990 年十七國綜合比較(兼與克萊恩測算對照)

依據「中國社會科學院世界經濟與政治研究所」對世界 17 個國家的綜合比較， 20 年來發達國家中的美、德、法、英等國， GDP 年平均增長速度均低於 3%，但由於原有基礎穩固， 20 年來位序持平。加拿大、澳大利亞、前蘇聯、巴西和義大利亦低於 4%，預估未來的發

展位序也只是持平。但亞洲新興國家的韓國、印尼和中國大陸的經濟增長速度均高於 5%，具有很強的「追趕後勁」。對於所謂「亞洲新世紀」或「中國人世紀」的代來臨，流露一種難掩的期待之情。

據該項報告估算，1990 年以 GDP〔當年價格計算〕，中國大陸的經濟實力排名世界第 11 位，若將後來瓦解的蘇聯剔除，僅計入俄羅斯，則中國大陸的經濟實力已在世界十大之列，如【圖形三】：

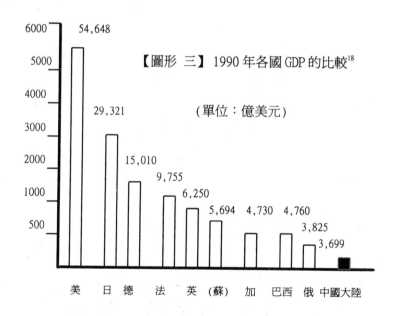

【圖形 三】1990 年各國 GDP 的比較[18]

（單位：億美元）

美　日　德　法　英　（蘇）　加　巴西　俄　中國大陸

54,648　29,321　15,010　9,755　6,250　5,694　4,730　4,760　3,825　3,699

18　「對中國綜合國力的測度和一般分析」〔中國社會科學院「世界經濟與政治研究所」《世界主要國家綜合國力的比較研究課題組》報告，載《中國社會科學》〔北京：中國社會科學雜誌社〕1995 年第 5 期，頁 8.

〔三〕測試之三：「多指標加權綜合指數」模式

近年來，大陸學術界借助西方數量經濟學方法，採取一種「多指標加權綜合指數」的評估方法，努力將各國的特色予以含蓋，去除國際貨幣計算之誤差，以求取更加接近於各國綜合國力具體情況，進行各國綜合國力的比較。多指標加權綜合指數分析，是將原始指標加工為分析指標之後，再採用函數標準化法得到標準化數據，然後依次加權處理，最後對第一層次大類指標進行標準化和加權綜合處理，得到測算分數。按照權數設定，各國綜合國力最少不低於 0 分，最高不超過 100 分。

由於各國貨幣的差異，換算率也不盡相同，可以考慮使用六組組合方式計算測算結果。而在「比較選樣」的取捨上，刪除無比較利益的國家，以 4 個與中國大陸較具關連性的國家作為比較，分別是：

美國：取其公認為當前世界第一強權。

日本：取其與中國大陸同屬亞洲國家，五０年初與中國大陸的起點相差不大。

德國：世界第三大經濟大國，中國大陸有可能趕上的國家。

印度：與中國大陸人口、面積相近，同屬開發中國家

比較情況如下：

美國	日本	德國	印度	中國大陸	備註

經	0.79	0.70	0.64	0.15	0.25	a
	0.84	0.65	0.68	0.18	0.34	b
	0.80	0.71	0.64	0.15	0.31	c
	0.84	0.66	0.68	0.18	0.33	d
	0.80	0.71	0.64	0.15	0.27	e
濟	0.84	0.69	0.69	0.18	0.27	f
教	0.83	0.76	0.60	0.27	0.36	a
	0.83	0.74	0.60	0.27	0.38	b
科	0.83	0.76	0.60	0.27	0.86	c
	0.83	0.74	0.60	0.27	0.38	d
文	0.83	0.76	0.60	0.27	0.36	e
	0.83	0.74	0.60	0.27	0.36	f
資 源	0.84	0.26	0.15	0.28	0.48	
國 家 體 制	1.00	0.90	0.92	0.75	0.82	
國 防 力	0.91	0.75	0.64	0.41	0.43	

綜	85.45	68.13	59.98	32.23	42.01	a
合	87.11	66.13	61.41	33.31	45.68	b
測	85.79	68.51	60.10	32.29	44.44	c
算	87.23	66.24	61.49	33.32	45.10	d
結	85.79	68.51	60.10	32.29	42.79	e
果	87.29	66.30	61.54	33.32	42.97	f

注： a，按官方匯率統一貨幣單位計算

b，按世界銀行國際比較項目購買力平價(PPP)統一貨幣單位計算

c，中國大陸按 IMF(國際貨幣基金組織)的折算率，其他國家按匯率計算

d，中國大陸按 IMF 的折算率，其他國家按 PPP 計算

e，中國大陸按政府部門的數字，其他國家按官方匯率統一貨幣單位計算

f，中國大陸按政府部門的數字，其他國家按世界銀行國際比較項目購買
力平價統一貨幣單位計算

依據此表所推算的綜合國力的排序，依次是：美國、日本、德國、中國大陸、印度，按六種計算方法綜合的平均分數分別是： 86.45，67.31 ， 60.77 ， 43.83 ， 32.80 。在對這五個國家所作的比較中，儘管中國大陸處於第 4 位，但其綜合國力實際上只有居於第一位的美國的一半，只有居於第二位、第三位的日本和德國的三分之二[19]。

當然，以這種方式評估的綜合國力也有它的侷限性。例如一個擁有數億人口的國家同一個擁有幾十萬人口的國家相比，即使前者比起

---

[19] 數據採自「90 年代中美德日印五國綜合國力比較與預測」，《中國國情

後者來說發展的幅度比較小,但由於其絕對總量過大的緣故,因此其綜合國力的增幅往往大於後者綜合國力的增幅。綜合國力實際上是側重於一個國家在世界範圍內的地位,也在一定程度上影響到一個國家正常發展的前提性條件,但如果將之視爲一個國家社會發展的實際水平,往往也會發生偏頗。以中國大陸來說,除了要掌握它在世界範圍內的影響地位,還要瞭解其「人均」水平所處的位置。

〔四〕測算之四:「國情-國力」模式

若採取「國情-國力」模式,參照「社會發展指標」〔國民生產總值指標、社會結構指標、人口素質指標、生活質量指標〕,則中國大陸九〇年代初的社會發展情況,與前述依據不同模式所測算的結果,就出現了很大的差距。

在人均國民生產總值方面。中國大陸的人均國民生產總值居世界第 94 位。如前所述,從國民生產總值的絕對數量來看,中國大陸在世界範圍所處的地位還是比較前列的,但由於人口基數過於龐大,「人均」的位置就要處於後列地位了。

2,在社會結構指標方面,中國大陸的社會結構指標居世界第 98 位。社會結構指標反映了農業向非農業轉化、第三產業比重、出口幅度、城市化水平、教育經費比例等主要方面。中國大陸第三產業產值占 28 %,居於世界倒數第 9 位,農業產值相對較高,占 26 %,居世

與國力》(北京),1992 年第 2 期,頁 43.

界第 80 位，與此相關的是非農業就業人口比例只有 31％，居世界第 82 位，城市化指標也處於較低水平，僅占 26.2％，這一比例不僅低於世界平均水平(48％)，而且也低於低收入國家平均水平(36％)，占世界第 96 位。教育經費占國民生產總值 2.5％，也屬於世界較低水平，占世界第 96 位，比低收入國家還低。將上述這些綜合起來，中國大陸居於世界第 98 位。

3，再就人口素質來說，中國大陸的人口素質指標居世界第 52 位，人口素質是由大、中學入學率、人口增長率、平均壽命、嬰兒死亡率等五個指標所組成。人口增長率按中國大陸評價標準爲逆指標，但仍低於發展中國家的增長率，居世界第 37 位；中國大陸的平均壽命已達 70 歲，不僅高於中等收入國家，而且也高於世界平均(65 歲)的水平，居世界 44 位。嬰兒死亡率低於中等收入國家而居於世界第 54 位。上述三項指標，中國大陸並不落後，但由於大、中學入學率兩個指標實在太低，尤其大學入學率僅占 2％，遠遠低於世界平均(12％)的水平，居世界第 101 位，而總的人口素質仍然偏低，居世界第 52 位。

4，就生活質量來說，中國大陸生活質量指標居世界 48 位。其中反映生活質量的幾個指標都只是略高於低收入國家，例如每名醫生服務人口爲 758 人，低於世界平均數，居世界第 37 位，每人每日攝取熱量、人均能源消費量均屬中等水平，分別居世界第 60 位和 61 位；通貨膨賬率由於上漲幅度較大，從原來的世界 50 多位下降爲 70 位。

將上述 4 項指標綜合起來，中國大陸居世界第 71 位。排在中國大陸前面的有 70 個國家，人口爲 21.6 億人，在中國大陸後面的有 49

個國家，人口爲 18.4 億人，這一評估大致反映了中國大陸的真實情況。美國社會學專家用 36 個社會指標對 1990 年 124 個國家的評估，中國大陸居世界第 67 位，依據聯合國「開發計劃署」計算的「人文發展指數」，中國大陸居世界第 65 位，與運用多指標綜合加權指數所作的評估，大體上相當接近[20]。

四，歷史的分析－ 1952 － 1990 年的回顧

〔一〕社會發展指標的變化

中國大陸五０年代以來的發展，可以分別從社會發展的兩個側面〔國民經濟指標和人民物質文化生活〕，列表觀察。【表格二】反映出國民經濟主要指標的前後變化，【表格三】則表述了中國大陸人民物質文化生活提高的情況，兩表可以看出至 1990 年止中國大陸綜合國力的增長情況[21]。

【表格 二】 中國大陸國民經濟主要指標

指標	單位	1952	1978	1980	1985	1989	1990

---

[20] 數據引自「社會發展水平：國際比較」，《中國社會科學院社會學研究所社會指標課題組報告》及《中國國情與國力》(北京)，1992 年第二期，頁 46-47.

[21] 數據引自「我國國民經濟主要資料」及「我國人民物質文化生活提高情況」，《中國國情與國力》(北京)，1992 年第一期，頁 76-78.

中國跨世紀綜合國力

一，人口

年底總人口(萬人)	57482	96259	98705	105851	112704	114333

二，勞動力(年底數)

社會勞動

人數(萬人)	20729	40152	42361	49873	55329	56740
職工人數(萬人)	1603	9499	10444	12358	13742	14059
三，GNP(億元)	3588	4470	8558	15916	17686	
四，國民收入(億元)	589	3010	3688	7020	13176	14429
五，社會總產值(億元)	1015	6846	8534	16582	34519	37996
工農業總產植(億元)	810	5643	7077	13335	28552	31586

六，固定資產投資

1，全社會固定資產

投資總額(億元)			910.85	2543.19	4137.43	4449.29
〔生產性〕(億元)				1544.10	2571.97	2768.28
〔非生產性〕(億元)				9990.9	1565.76	1681.01
住宅(億元)				641.63	1063.84	1164.48

2，全民所有制單位

固定資產(億元)	43.56	668.72	754.90	1680.51	2535.48	2918.64
基本建設(億元)	43.56	500.93	558.89	1074.37	1551.74	1703.81
其他固定資產(億元)		167.73	187.01	606.14	983.75	1029.26

3，集體所有制單位

固定資產(億元)			45.95	327.46	569.99	529.48
城鎮部分(億元)			22.95	128.23	185.63	163.38
農村部分(億元)			23.00	199.23	384.36	366.10

七，國家財政

1，收入(億元)	183.7	1121.1	1085.2	1866.4	2947.9	3312.6
2，支出(億元)	176.0	1111.0	1212.7	1844.8	3040.2	3452.2
3，預算外收入(億元)	13.6	347.1	557.4	1530.0	2658.8	

八，物價總指數(上年=100)

1，農副產品收購

價格總指數(％)	101.7	103.9	107.1	108.6	115.0	97.4

2，零售物價

　總指數(%) 99.6　100.7　106.0　108.8　117.8　102.1

3，職工生活費用

　價格總指數(%) 102.7　100.7　107.5　111.9　116.3　101.3

九，工資

1，職工工資

　總額(億元) 68.3　568.9　772.4　1383.0　2615.8　2951.1

2，職工平均

　貨幣工資(元) 445　615　762　1148　1935　2140

十一，居民消費水平(元) 76　175　227　403　691　714

1，農民(元) 62　132　173　324　511　522

2，非農業居民(元) 149　383　468　727　1387　1442

十一，能源生產和消費

　(標準：煤)

1，生產總量(萬噸) 4871　62770　63735　85546　101639　103922

2，消費總量(萬噸) 57144　60275　76682　96934　98000

十二，對外貿易(億美元)

1，進出口總額 19.4　206.4　381.4　696.0　1116.8　1154.4

2，進口額 11.2　108.9　200.2　422.5　591.4　533.5

3，出口額 8.2　97.5　181.2　273.5　525.4　620.9

十二，教育文化

1，在校學生數(萬人)

　高等學校 19.1　85.6　114.4　170.3　208.2　206.3

　中等專業學校 63.6　88.9　124.3　157.1　217.7　224.4

　普通小學 249.0　6548.3　5508.1　4706.0　4554.0　4586.0

　小學 5110.0　14624.0　14627.0　13370.2　12373.1　12241.4

2，出版數總量

　圖書(億冊) 7.9　37.7　45.9　66.7　56.8　56.4

　雜誌(億冊) 2.0　7.6　11.2　25.6　18.4　17.9

　報紙(億冊) 16.2　127.8　140.4　199.8　156.2　160.5

十三，衛生

床位數(萬張)	16.0	185.6	198.2	222.9	256.8	262.4
技術人員(萬人)	69.0	246.4	279.8	341.1	380.9	389.8
醫生(萬人)	42.5	103.3	155.3	143.3	171.8	176.3

【表格 三】中國大陸人民物質生活提高情況

項目	1952	1957	1978	1980	1985	1989	1990
一，就業							
每一農村勞動力							
負擔人數(人)		2.08	2.53	2.26	1.74	1.65	1.66
每一城鎮							
就業者負							
擔人數(人)		3.29	2.06	1.77	1.81	1.78	1.77
城鎮待業率(%)	13.2	5.9	5.3	4.9	1.8	2.6	2.5
二，收入							
農民家庭人							
均純收入(元)	57.0	73.0	133.6	191.3	397.6	601.5	629.8
城鎮家庭							
人均生活							
費收入（元）		235	316	439	685	1261	1387
職工年平均							
工資(元)	445	624	615	762	1148	1935	2140
三，消費水平							
全國居民							

消費水平(元)	76	102	175	227	403	691	714
農民(元)	62	79	132	173	324	511	522
非農民(元)	149	205	383	468	727	1387	1442

四，儲蓄
　城鄉居民年
　底儲蓄存款

餘額(億元)	8.6	35.2	210.6	399.5	1622.6	5146.9	7034.2

　平均每人儲

蓄存款餘額(元)	1.5	5.44	21.88	40.47	153.29	456.67	615.24

五，住房(平方米)
　農村平均每

人住房面積			8.1	9.4	14.7	17.2	17.8

　城市平均每

人住房面積			3.6	3.9	5.2	6.6	6.7

六，零售商業、
　飲食業、服
　務業網點
　每萬人口擁

有網點(個)	95.68	41.81	13.04	20.49	100.8	100.97	103.73

　每萬人口擁

有人員數(個)	165.77	117.77	63.14	93.9	238.67	251.05	254.47

七，交通

每百人擁有 自行車(輛)			7.7	9.7	21.1	32.4	34.2
城市每百人 擁有公共 車輛(輛)	0.8	1.0	3.3	3.5	3.9	4.6	4.8

八，城市公用自來水

普及率(％)	42.0	56.6	81.0	81.4	81.0	87.9	89.2
煤氣、液化氣 普及率(％)		1.5	13.9	16.8	22.4	38.6	42.2
每萬人擁有公 園綠地(公頃)			10.6	9.6	13.7	26.4	32.2

九，文化

每萬人擁有電 視機(台)			0.3	0.9	6.6	14.7	16.2
每萬人擁有電 視機(台)			7.8	12.1	22.8	23.3	22.0
每萬人每天擁 有報紙(份)	0.78	1.05	3.66	3.92	5.21	3.86	3.87
每百人每年擁有 圖書雜誌(冊)	1.74	2.51	4.74	5.82	8.78	6.88	6.55

十，教育

　　學齡兒童

入學率(%)	49.2	61.73	95.50	93.93	95.95	97.44	97.83
每萬人口有大 學生數(人)	3.33	6.82	8.90	11.59	16.09	18.47	18.04
十一，衛生 　每萬人擁有醫院 　病床數(張)	2.78	4.56	19.28	20.08	21.06	22.79	22.95
每萬人擁有醫 生數(人)	7.39	8.46	10.73	11.68	13.35	15.24	15.42

〔二〕「七五」期間的分析－綜合國力的物質基礎

綜合國力的發展首先以經濟實力爲其物質基礎，以下繼續以投資角度，考察中國大陸「七五」〔1986-1990年〕期間新增國力的情況。

「七五」期間，中國大陸全民所有制單位完成固定資產投資12493億元，新增固定資產9534億元，分別相當於自1949年以來42年總合的46.3％和42.2％。毫無疑問，這樣的增長速度是驚人的，也爲中國大陸未來的綜合國力發展提供了相當的物質基礎。具體來說，表現在以下四個方面：

Ⅰ，國家經濟實力明顯增強。「七五」期間建成投產基本建設大中型項目589個，限額以上更新改造項目416個，全民所有制小型基本建設項目和限額以下更新改造項目各爲20幾萬個。其中，在工業

建設方面，完成基本建設投資 3802 億元，建成投產大中型項目 149
個，新增固定資產 2800 億元；在農業建設方面，完成投資 242.5 億
元，新增固定資產 171 億元，到 1990 年，整個大陸共興修大中小型
水庫 8.4 萬座，有效灌溉面積 7114.6 萬畝；在交通運輸方面，完成
投資 858.9 億元，其中用於鐵路新舊線大中型項目 242.4 億元， 12
條新線、 4 條復線， 4 條電氣化鐵路相繼交付營運；在郵電建設方
面，完成投資 97.5 億元，新增固定資產 76 億元，建成投產大中型項
目 15 個。

2，國民經濟技術裝備水平進一步提高。「七五」期間，中國大
陸研制了一些具有國際八０年代水平的先進設備，同時引進了國外具
有一流水平的先進技術和現代化設備。在冶金工業方面，以上海「寶
山鋼鐵」為龍頭，建成中國大陸最大的現代化大型鋼鐵基地；在電子
工業方面，無錫「江南無線電器材廠」和「陝西顯像管廠」的建成，
結束了不能生產彩色顯像管的歷史；在交通運輸方面，京秦線引進牽
引變電所 AT 供電制式、光碟及程式交換機；在能源工業方面，中國
大陸與美國合作開發了山西安太堡露天煤礦，為現代化資源開發建立
新的技術模式。

3， 一大批重點項目建成投產。「七五」期間，國家安排的重點
項目 307 個，累計完成投資 1967 億元，占同期基本建設投資 26.9 ％，
全部建成投產項目 122 個，比「六五」時期增加 91 個。其中， 19 個
煤炭重點礦區，完成投資 115 億元，建成投產 34 處礦井和 1 處露天
礦，新增原煤開採能力 5745 萬噸； 70 個電力項目，完成投產 410 億

元,建成投產 43 項,已投產發電機組 139 台,新增發電機容量 2771.9
萬千瓦, 30 個鐵路項目,完成投產 157 億元,建成投產項目 8 個,
新建鐵路 1039.5 公里,復線 2847.6 公里,電氣化鐵路 3207.3 公里;
17 個港口、公路項目,完成投資 86 億元,建成投產項目 8 個。

　　4,企業技術改造步伐加快。「七五」期間,累計完成更新改造
投資 3937.3 億元,平均每年增長 19.7％。「七五」期間新增固定資
產 3101.6 億元,是「六五」時期的 1.8 倍。新增生產能力有:棉紡
錠 514.4 萬錠、織布機 71646 台、毛紡錠 35.99 萬錠、基制紙及紙板
248.9 萬噸。「七五」時期,國家重點對天津、遼寧、上海等老工業
基地進行了技術更新改造投資,總額達 8292 億元。

　　上述是中國大陸「七五」時期投資及相應新增國力情況。 1995
年是「八五」最後一年,投資資規模比「七五」時期還大,預料「八
五」時期國力的增長相應要比「七五」時期來得大[22]。

五,發展的分析－展望公元２０００年

〔一〕五國公元 2000 年的預測性比較

　　在前述部分,曾就美、日、德‧中國大陸、印度五個國家的綜合
國力作過比較,這裏將進一步預測五國綜合國力到公元 2000 年的發
展趨勢,以評估中國大陸在本世紀末其綜合國力在國際上的地位。

---

[22] 數據引自李莉,「我國『七五』期間新增國力」,《中國國情與國力》,

　　前述五個國家的綜合國力差距主要是在五０年代至八０年期間形成的。但是中國大陸從八０年代起，印度從 1975 年起，經濟發展的速度已經明顯超過美、日、德三國。按這種趨勢，可以預測到本世紀末，中國大陸與西方三大國家在實力上的差距，將會明顯縮小。

　　以下的預測性推斷主要依據各國 GDP 的增長速度，參考各國八０年代的經濟增長速度，按可比價格計算九０年代各國經濟的總增長情況，列表推斷公元 2000 年各國綜合國力的增長情況。

【表格 四】以平均增長速度所作的預估

國家 增幅	1986 － 1990 平均增速%	預測平均增速% 下限	 上限	2000 年 GDP 是 1990 年的倍數	2000 年　　GDP 對美國的倍數
美國	3.0	2.0	3.0	1.17 － 1.27	1.0
日本	4.8	3.0	4.0	1.27 － 1.37	1.08 － 1.09
德國	3.2	3.0	4.0	1.27 － 1.37	1.08 － 1.09
中國大陸	7.8	9.0	11.0	1.99 － 2.31	1.70 － 1.82
印度	5.8	7.0	7.0	1.48 － 1.72	1.26 － 1.35

　　在此基礎上，可以進一步測算公元 2000 年各國對美國的綜合國力的差距。由各國 GDP 增長幅度的推算和美國的比較，利用 GDP 水平對綜合國力 40 ％的影響作用，可間接推算出各國在公元 2000 年的綜

1992 年第 1 期，頁 24-26.

合國力。這裏分別採用官方匯率和購買力平價兩種方法折算。

1，按官方匯率預測各國綜合國力對美國的差距

國家	GDP 對美國 的比值	綜合國力對 美國的比值	90 年代 GDP 增幅 爲美國的倍數	2000 年 GDP 爲美國的比值	影響 比值	2000 年綜合國力 爲美國的比值
日本	0.59	0.68	1.08 − 1.09	0.64	0.61	0.70
德國	0.28	0.60	1.08 − 1.09	0.30	0.28	0.62
中國大陸	0.07	0.42	1.70 − 1.82	0.13	0.09	0.54
印度	0.04	0.32	1.26 − 1.35	0.05	0.046	0.37

依據官方匯率並假定不變，直接按經濟增長預測各國的綜合國力，雖然可以使問題簡化，易於看出未來發展趨勢，但在至公元 2000年的時間裏，匯率必然發生變化，這對綜合國力的影響雖然不大，但對國際比較就會產生很大的差異。

有鑒於此，有必要再用購買力平價方法再加以推算。西方國家從分析中國大陸經濟高速發展的長期趨勢，斷言中國大陸將在公元 2010年達到世界強國的地位，就是根據購買力平價來計算的。

2，按購買力平價預測各國綜合國力對美國的差距

國家	GDP 對美國 的比值	綜合國力對 美國的比值	九 0 年代 GDP 增幅 爲美國的倍數	2000 年 GDP 爲美國的比值	影響 比值	2000 年綜合國力 爲美國的比值
日本	0.43	0.76	1.08 − 1.09	0.46 − 0.47	0.44	0.78
德國	0.28	0.70	1.08 − 1.09	0.30 − 0.31	0.29	0.73

中國大陸	0.42	0.52	1.70 – 1.82	0.71 – 0.76	0.55	0.68
印度	0.17	0.38	1.26 – 1.35	0.21 – 0.23	0.19	0.42

若將以上兩種計算方式所得評分加以平均，到公元 2000 年，中國大陸的綜合國力分別是美國的 0.61、日本的 0.82、德國的 0.90、印度的 1.54。雖然那時中國大陸在這五國中仍居第 4 位，但與美、日、德的差距已明顯縮小，與美國相比，從八０年代末是其二分之一變爲其五分之三，與日本相比，從八０年代末是其三分之二變爲其五分之四，與德國相比，從八０年代末是其三分之二變爲其十分之九[23]。

〔二〕公元 2000 年中國大陸的基本輪廓

1，到公元 2000 年，人口可望控制在 12.5 億以內。

中國大陸到公元 2000 年的社會發展程度，與人口數量的增長有密切的關係。中共當局提出到本世紀末人口要控制在 15 億以內，這實際上是很難作到的。實際上，人口增長情況有三種可能趨勢：

(1)整個九０年代，如果人口每年平均增長 0.95％，那麼本世紀末人口可以控制在 12 億。

(2)如果每年淨增 1.15％，到本世紀末人口將達 12.5 億。

(3)如果像八０年代以前一樣，每年平均增長 1.34％左右，可以控制在 12.8 億以內。

---

[23] 同注 20，頁 44.

以目前中國大陸人口增長情況，平均每年增長 1.15 ％左右，因此預估可以控制在 12.5 億左右。而在人口結構方面，由於嬰兒死亡率逐年下降，人口預期壽命在延長，到公元 2000 年，人口結構將從年輕型轉為成年型。 65 歲以上老人目前占總人口比例是 4.9 ％，本世紀末可能要達 7 ％左右。

2，人民生活應可到達小康水平

所謂「小康水平」，依中共當局的說法，是指人均所得達到 800 至 1000 美元。依估計，此一目標在公元 2000 年應可以達成。 1980 年大陸城市人民的消費水平是 227 元，按不變價格計算， 2000 年可達到 617 元，比 1980 年提高 1.7 倍。城鄉人民的消費區別，將由 1980 年的 2.7 ： 1 縮小到 1.86 ： 1。到公元 2000 年時，農村居民的消費水平大約可達現在城市居民的中等水平。與此同時，大陸人民的食品消費將由「溫飽型」向「營養型」轉變，衣著消費的需求將由「單一低檔型」向「多樣中高檔型」轉化，耐用消費品將由「機械型」向「電子型」發展。

3，國民生產總值達到世界第 5 位

到本世紀末，如果大陸能夠實現工農業總產值翻兩番的預定目標，屆時國民生產總值會超過 11400 億美元，這意味將超過英國、義大利和法國，進入世界第 5 位。但由於人口眾多，屆時人均國民生產總值也不過 1000 美元，但也已上升至世界第 75 位。重要的是，隨著經濟的發展，大陸的產業結構將發生重大的變化，到公元 2000 年，第一產業的比重將由現在的 35 ％左右降低 22 ％左右，第二產業將由 50 ％上升至 52 ％左右，第三產業將由 25 ％左右上升到 26 ％左右。

4，工業生產總量將相當於美國八０年代初的水平

整個九０年代將是中國大陸加速工業化進程的時期，其中一次能源增長 2 倍，電力增長 3.6 倍，交通運輸通迅增長 4 倍，冶金增長 2.7 倍，化工增長 4.1 倍，紡織增長 2.8 倍，機械增長 4.2 倍。到公元 2000 年，大陸工業生產總值大約相當於美國八０年代初的水平。到那時，大陸鋼鐵產量可達到近 1 億噸，煤可達到 13 億噸，石油可達到 3 億噸左右，水泥可達到 3 億噸，電力可達 9000 多億度。

5，農業可望適應經濟發展和人民生活改善的需要

到公元 2000 年，糧食將達到 5 億噸以上，棉花達到 1 億噸，中國大陸的人均農產品產量將提高到世界第 25 位。農業的結構將有所調整，比現在更為協調。林業產量由 4.8％提高到 8.7％，蓄牧業產量由 17.2％提高到 27.8％，副業產量由 4.4％提高到 7％，漁業產量也有所增加。農產品的商品率由目前的 60％上升到 80％。

6，建立較為靈活的對外開放型經濟，外貿將有較大發展

到本世紀末，沿海地區，特別是沿海城市和長江、珠江三角洲、閩南地區、山東半島、遼東半島以及海南省，將轉變為外向型經濟，內陸地區的開放程度也將相對提高。根據現有預測，外貿增長的速度將大幅超過經濟增長的速度。與此同時，出口產品結構也將有重大改變，到公元 2000 年，出口產品將由農產品、初級產品轉向加工品、產值高的產品為主。

7，能源供應內在矛盾基本解決

中國大陸是世界上少數幾個以煤為主要能源的國家之一，今後能源結構雖然可望有所改善，但以煤為主要能源的的總體格局不會改

變。公元 2000 年一次能源供應量,據預測低方案為 13 億噸標準煤,最高方案為 14.8 億噸標準煤,差額最大為 4 億噸,最小為 0.8 億噸。這一差額經過通過加快技術改造,降低能耗,或許逐步可以解決。在地區分佈上,能源開發重點將西移,但東部能源供應將更為吃緊。預計到公元 2000 年,山西和內蒙古煤炭產量將占整個中國大陸三分之二。到時,能源開發和利用的技術水平,能源裝備的技術水平和自給能力,以及能源技術的自主開發能力,可望達到發達國家七０年代末、八０年代初的水平。

8 ,自然生態破壞趨勢將趨於緩和

從現在到本世紀末,水土流失面積和土壤流失量逐漸有所減少,鹽鹼化面積將有所縮小,到公元 2000 年,可改良 5000 萬畝以上。森林面積可達 25.4 億畝左右,覆蓋率約可達 18 %左右,草原生產將有所提高。但是在此同時,農業污染有進一步加劇的危機,但局部可以解除。到那時, 1.5 億人飲水受污染問題可以得到解決,城鄉生活環境和衛生水平將有所提高。由於環境改善等因素的綜合作用,人口平均壽命可提高到 72 歲。

9 ,科學技術水平將有較大提高

到本世紀末,中國大陸科學技術水平將會有較高水平的提高,與世界的差距將會縮小,科學技術達到八０年代中後期和九０年代的世界水平,綜合技術水平可達到發達國家七０年代末、八０年代初的水平,技術體系將發展為傳統技術與高技術相結合的「技術複合」體系,在較高的技術基礎上完成技術產業化的任務。

10，文教、衛生、體育事業將有較大發展

到本世紀末，整個大陸農村可望普及小學教育，城鎮普及中等教育，大城市基本普及高中和職業高中教育。高等教育也將獲得較快發展，具有大學文化程度的人口占總人口的比例，可望提高到 2 ％。預計文盲、半文盲占總人口的比例，將降低到 8 ％，醫療衛生方面將有所進步，到公元 2000 ，中國大陸將成爲世界體育強國，教育經費在國民收入比重大爲增加，將達到 900 億元左右[24]。

20 世紀末至 21 世紀初，將是中國大陸發展的關鍵期，中國大陸綜合國力發展的潛力將有多大，從以上十個方面或可略見端倪。

---

[24] 參見馬洪，「 2000 年的中國」，〔北京：中國社會科學出版社， 1989 年〕，頁 11-26.

第一章　經濟力

一、綜合國力主要取決於經濟力

如前所述，綜合國力是指一個國家或地區在各方面所具有的總體實力。然而一個國家的總體實力在其國家境內，嚴格來說只能說是「國家能力」，只有通過國際比較才能顯示其綜合性，亦即綜合國力。衡量綜合國力的指標固然是多元的、複雜的，但國力指標的側重面則隨著國際體系的格局和國際競爭要素而發生改變。冷戰時期，軍事力是綜合國力的主要指標，在某種意義上，「核武打擊力」是指標中的指標。但是在後冷戰階段，一般認為「經濟力」已成為衡量一個國家綜合國力的主要指標，對中國大陸而言也不例外。

組成綜合國力的各要素及相互關係，必然反映出時代的特徵。最早，美國現實主義國際關係學家摩根索〔 Hans. Morgenthau 〕指出，國力的本質就是一國在國際事務中控制他國的能力，而軍事力是實施控制的主要手段，其它力量只有在服從軍事力需要的前提下，才能賦予國力的含義。摩根索的理論反映出當時世界事務的特點－強權政治。當今著名綜合國力研究者克萊恩，在系統分析國力諸要素之後，認為經濟力應成為國力構成的主要標準，克萊恩以「國力方程」為標誌，把傳統國力論上升到綜合國力論。然而他的研究仍然以冷戰為背

景，至多給予軍事力和經濟力以相等的加權計分，並沒有對科技促進經濟力、經濟力促進綜合國力之發展，給予足夠的重視，這說明綜合國力的評估和測算不僅反映時代特性，也反映時代的侷限性。

冷戰的結束標誌著一個新時代的開始。國際競爭的主軸已從軍事對抗轉為經濟競爭。冷戰時期，美、蘇的軍事對抗導致軍事力成為綜合國力的代名詞，由於軍事力片面發展，使國民經濟結構失衡，國力發展的諸要素比例錯位，美、蘇兩家誰也沒有成為綜合國力競爭的勝利者。而在此期間，以日本、德國及亞洲四小龍為代表的地區經濟，卻掌握機遇，大力發展經濟與科技，致使產品市場份額大幅增加，在綜合國力的競爭中已成為美國的對手。

冷戰結束後世界多元化競爭格局的形成，固然由於前蘇聯的解體，更深層次原因則是「經濟國力」取得了主導的地位。今後，以武力作為追求本國利益的作法已不合時宜。「經濟冷戰」反而成了國際競爭的代名詞。

中國大陸經濟問題範圍廣泛、結構與層次皆十分複雜，要想在經濟領域中衡量其綜合國力也不是一件容易的事。本章首先初估中國大陸當前的經濟實力和未來發展潛力，以此作為分析與評估的基礎，繼則分析中共最高當局有關經濟形勢的評估和發展戰略構想，從中評估中共當局經濟政策的創新能力與推動能力，而後再分析基本的經濟難題，特別是長期存在的結構性難題，同時分析中共當局解決經濟難題的對策，從中評估當局解決經濟危機的能力。

二,九0年代中國大陸的經濟實力與潛力

　　1978 年以來,以農村經濟改革為前導的經濟體制改革,已對中國大陸的政治、經濟、社會與文化產生深鉅和廣泛的影響。緊隨於後的城市經濟改革,則促進了社會資源和勞動力的流動,推動了非國有經濟的迅速發展,形成非國有經濟逐步取代國有經濟占主導地位的大趨勢。與經濟體制改革同步的對外開放,促使中國大陸經濟開始融入國際市場,尤其是沿海經濟特區的設立,為中國大陸經濟提供了人才、資金、技術和設備的窗口。換言之,中國大陸經濟的崛起和國際影響正不斷的提高。

　　截至 1995 年,中國大陸人口已超過 12 億,在龐大的人口需求下,中國大陸已成為世界上糧食、建材和家電用品的最大市場,估計在 21 世紀初,將成為民航飛機和通訊設備最大的進口消費市場,並且在公元 2015 年取代日本成為世界第二大汽車消費市場。 以人口規模和發展速度, 21 世紀中國大陸極可能超過美國成為世界最大的消費市場。

　　中國大陸改革開放的最明顯成效就是外資的湧入和成為國際商業投資的熱門地。 1993 年中國大陸吸引的國際商業直接投資占世界第 1 位,金額達 278 億美元,〔按當年價格計算為 337.67 億美元〕[1],占全球發展中國家的一半。中國大陸基礎設施落後,自然資源豐富,

---

[1] 《中國統計年鑑(1995 年)》〔北京:中國統計出版社, 1995 年〕,頁 24-25.

需求成長快速，未來幾年內將有一大批交通、電力、通訊、水利、城市基礎設施及其它工業項目積極上馬，對國際財團和和工程營造公司將提供極大的投資誘因[2]。

1994 年中國大陸進出口貿易總額爲 2350 億美元〔按當年價格計算爲 2367.3 億美元〕，晉級爲世界第 6 位，美國已成爲中國貿易順差的主要來源國，而中國大陸已連續多年成爲美國第二大貿易逆差國。中國大陸與主要國家〔特別是美國〕的貿易衝突固然逐漸增多，但中國大陸在國際經濟組織的地位和所擁有的貿易談判與議價籌碼，也將相對增加。

〔一〕1900 年經濟實力的總括：
　　　一個半官方課題組的報告

「中國社會科學院世界經濟政治研究所」的《世界主要國家綜合國力的比較研究》課題組，是個半官方的組織。這一組織經過長時期的研究得出結論，九０年代初中國大陸的一般經濟活動能力是：總量可觀，效益落後，人均量低下。

在總量上，中國大陸經濟發展快速，短短幾十年就縮短了與資本主義國家一百年、甚至是數百年的差距，進入了世界前 10 名的行列。當然，按匯率折算的 GDP 中國大陸僅及美國的十四分之一，也低於其餘西方六國和蘇俄；由於匯率影響， 1990 年甚至低於巴西。按 GDP

---

[2] 參見《當代中國研究》「世紀之交中國總體研究計劃」(摘要)〔當代中國

排列，中國大陸1979年和1980年位居第8位，1990年退至第10位。而按能源、發電、鋼鐵、水泥、原木等主要產品產量排列的位次相比，情況則好得多，經過20年的發展，均已進入世界前4名以內。

在效率上，中國大陸勞動生產率、工業勞動生產率、農業勞動生產率極其低下，不僅難望發達國家之項背，與發展中國家比較，也相差一個數量級。例如，1990年中國大陸勞動生產率爲每人每年652美元，法國爲每人每年54232美元，大陸僅占其1.29％；墨西哥爲每人每年7828美元，大陸僅占其8.3％；甚至同印度、印尼相比，也僅占其69％和45％。工農業勞動生產率的狀況也大致如此。即使排除匯率折算的因素，在很長一段時期內也不可能在數值上同外國看齊。中國大陸每千美元GDP消費的標準煤，1970年爲3135公斤，1980年爲1886公斤（有匯率影響），1990年爲2414公斤，與同期國外水平比較，除俄羅斯以外，高出一至五倍。顯示人口眾多、能源的高消耗以及科技管理體制的薄弱，正影響〔或拖住〕中國大陸經濟發展的速度與目標。

在人均量方面，由於人口眾多，中國大陸處於低下的水平。在美國、日本、德國、法國、意大利、英國、加拿大、俄羅斯〔七大工業國〕和巴西、墨西哥、澳大利亞、埃及、韓國、印度、印尼等17國中，排名倒數第3。更詳細的對比狀況是，人均食物，中國大陸低於埃及、高於印度、印尼；人均主要工業品產量，中國大陸由1970年時低於埃及、印尼，高於印度，而在1980年時高於這三國，而且

到了 1990 年時還稍微擴大了同它們的差距；人均能源產量，中國大陸高於這三國，到 1990 年時還高於巴西。

　　但是從另一方面考察，中國大陸人均 GDP 在 1970 年時高於印度、印尼，以後逐步被超過，到 1990 年時已居 17 國之末。顯示「高耗能」現象是中國大陸經濟發展上最大的包袱和壓力。

　　綜合以上，中國大陸的一般經濟活動能力 1970 年居第 11 位，1980 年居第 10 位，超過了巴西；1990 年仍居第 10 位，但縮短了同第 9 位英國的差距， 1970 年中國大陸一般經濟活動能力爲英國的 77 ％， 1980 年爲 83 ％， 1990 年則提升到 88 ％。

　　在對外經濟活動能力上，雖然中國大陸對外經濟活動起點低，但近年來拓展快速，外貿能力已顯著增強。 1973 年前，中國大陸進出口貿易總額每年都處於幾十億美元的小規模上。隨著國民經濟的發展，對外貿易不斷開拓，規模迅速擴大，已從 1970 年的 45.9 億美元增長至 1980 年的 378.2 億美元和 1990 年的 1154.3 億美元。在 17 國中居第 12 和 10 位。但 1990 年美 國已達 9106 億美元規模，中國大陸僅及其八分之一，爲德、日、法、英、意等國家的六分之一到三分之一。在世界進出口貿易總額中，中國大陸占的份額只有 1.6 ％。但由於長期執行進出口平衡的政策，加上非貿易外匯的順差和黃金的生產積累，中國大陸國際儲蓄 總額已從 1970 年 8.2 億美元（估計數）增加到 1980 年的 100.9 億美元和 1990 年 344.7 億美元，在 17 國中依年次分居第 12 、第 8 和第 7 位。綜合而言，中國大陸對外經濟活動能力由 1970 年的第 13 位上升到 1980 年的第 9 位和 1990 年第 8 位。1990 年大体上同第 7 位的加拿大和第 9 位的韓國處於相近水平，但與

前 6 名的西方國家還有不小差距[3]。

〔二〕1994 年經濟實力概況

1994 年在中國大陸經濟實力發展過程的重要性在於，本年度居於「八五」末期，既是向前總結 1978 年以來改革開放的成果，又是邁向跨世紀發展的蘊釀期。

截至 1994 年，中國大陸的經濟實力概況，可以由以下 10 個方面來觀察：

1， 1994 年國民生產總值〔GNP〕達到 44918 億元〔按可比價格計算〕比 1993 年增長了 11.6%。比 1978 年改革開放以來增長了44.5%。國內生產總值〔GDP〕達到 45006 億元，比 1993 年增長了11.8%，比 1978 年改革開放以來增長了 44.6%[4]。其中，第一產業比 1993年增長 3.5%，第二產業增長 17.4%，第三產業增長 8.7%〔以上三種產業比例關係皆依當年價格計算[5]〕。以中國大陸 11.8%的 GDP 增長率來看，比較當年全世界增長率 3.7%，以及發達國家 3.0%〔其中歐洲聯盟 2.8%、七大工業國家〔G7〕最高的加拿大 4.5%；發展中國家 6.3%〔其中亞洲 8.6%、非洲 2.7%、拉丁美洲 4.6%〕[6]，當然是驚人的。

---

[3] 數據引自「對中國綜合國力和測度和一般分析」，《中國社會科學》(北京)，1995 年第 5 期， 12-14 頁

[4] 《中國統計年鑑(1995 年)》〔北京：中國統計出版社， 1995 年〕頁 20-21.

[5] 陳錦華主編，「1995 年中國民經濟和社會發展報告」〔北京：中國計劃版社， 1995 年〕頁 2.

[6] 數字引自中共「國家統計局」編：《'95 中國發展報告》，〔北京：中國統計出版社， 1995 年〕，頁 163.

　　但是高速的經濟增長，對中國大陸絕非「單純的好現象」，基本癥結在於經濟增長的速度超過了資源所能支撐的經濟增長速度，換言之，在當前不完全成熟的市場經濟體制下，名義經濟增長與潛在經濟增長呈現某種程度的脫節，特別是在人均分配之後，貧窮問題立即浮現。實際的經濟運行顯示，1987年和1988年的經濟增長速度分別是11.1%和11.3%，一年以後的1988年和1989年全國零售物價總指數分別上漲18.5%和17.5%；　1992年和1993年經濟增長速度分別爲13.6%和13.4%，一年以後的1993年和1994年全國零售物價總指數分別上漲13.2%和21.7%。顯示高速增長與高通貨膨脹始終如「雙胞胎」，相生相隨。

　　2，1994年農林漁牧業總產值達到15750億元〔其中農業9169.22億元、林業產值611.07億元、牧業產值4671.99億元、漁業產值1298.99億元〕，比1993年增長了8%，比1978年改革開放以來增長了26.3%[7]。在糧食生產方面，在自然災害相對嚴重情況下，1994年糧食總產量達4445億公斤，比1993年減產120億公斤，衰退2.5%，但還是歷史上較高水平。其中棉花生產扭轉了連續兩年減產的局面，呈恢復性增長，總產量達434.1萬噸，比1993年增長16.1%〔中共「國家計委」的統計稍低，總產量爲425萬噸，增長13.6%[8]〕

　　3，1994年工業生產總值達到76909億元，比1993年增長

---

[7] 《中國統計年鑑(1995年)》〔北京：中國統計出版社，1995年八月〕頁333.

[8] 同注5，頁116.

12.61%，比 1978 年改革開放以來增長 92.02%[9]。主要工業產品超額完成國家計劃，其中原煤達到 12.1 億噸，增長 5.3%；原油 1.46 億噸，%，增長 1%；發電量 9200 億千瓦小時，增長 9.6%；鋼 9153 萬噸，增長 2.2%；化肥〔折合有效成份 100%〕2276 萬噸，增長 16.3%；乙烯 219 萬噸，增長 7.3%；汽車 140 萬輛，增長 8%；化纖 269 萬噸，增長 13.3%。若從能源生產與消費來看，1994 年全年標準煤產量達 11.4 億噸，比 1993 年增長 6%，能源消費總量 11.8 億噸，比 1993 年增加 10%[10]。

4，在運輸郵電部分，全國貨運周轉量 33261 億噸 /公里，比 1993 年增長 9.0%，旅客周轉量 8591 億人/ 公里，比 1993 年增長 9.3%[11]。運輸郵電事業基本上超額完成國家計劃：全社會貨運量完成 118 億噸，增長 5.8%，其中公陸運輸和水運增長較快，分別增長 11.0%和 11.3%；鐵路貨運周轉量 1.25 億噸/公里，增長 4.4%〔《中國統計年鑑》的增長數字為 4.2%〕，沿海主要港口貨物吞吐量完成 7.3 億噸，增長 6.2%。郵電業務總量 693 億元，增長 50.2%[12]。

5，1994 年全社會固定資產投資總額達 16370.33 億元，比 1993 年增長 31.4%，其中國有單位 9322.49 億元，增長 21.7%，集體單位

---

[9] 《中國統計年鑑(1995 年)》〔北京：中國統計出版社，1995 年八月〕頁 22-23.

[10] 《中國統計年鑑(1995 年)》〔北京：中國統計出版社，1995 年八月〕頁 24-25.

[11] 《中國統計年鑑(1995 年)》〔北京：中國統計出版社，1995 年八月〕頁 24-25.

[12] 同注 5.頁 2.

2664.70 億元，比 1993 年增長 9%[13]。〔「國家計委」的統計稍低，全年總規模爲 15926 億元，增長 27.8%，並統計增加幅度比 1993 年回落 30.8 個百分點[14]〕。若進一步分析固定資產的投資構成來看，個體與聯營經濟部分的投資增長比例大幅擴張，分別比 1993 年增長 33.5% 和 79.4%，而外商投資比例和港、澳、台投資比例則呈現「迅猛」發展，分別比 1993 增長 145.5%和 130.3%，特別在資金來源中的利用外資部分，1994 年比 1993 年增長了 95%，顯示外資與港、澳、台三地資本強烈的投入傾向。

6，在對外經濟方面，由於外貿體制改革初具成效，匯率基制走向市場化，中國大陸 1994 年進出口總額達到 2367.3 億美元，比 1993 年增長 21%，其中進口額 1156.9 億美元，增長 4%；出口 1210.4 億美元，增長 31.9%，進出口雙雙首次突破千億美元大關。其中出口高於進口達 20.7 個百分點。年末順差 53.1 億美元。在利用外資方面，1994 年簽訂利用外資協議額 937.56 億美元，實際利用外資 432.13 億美元，比 1993 年增長 10.9%，外商直接投資 337.67 億美元，增長 22.7%[15]。另外，在採行匯率併軌後，人民幣牌價匯率貶值達 33%，當年年末外匯存底達 516 億美元，比 1993 年增加 304 億美元。

若深入分析外貿結構與內容，1994 年出現了五個「突破點」：

---

[13] 《中國統計年鑑(1995 年)》〔北京：中國統計出版社，1995 年八月〕頁 20-21.

[14] 同注 5.

[15] 《中國統計年鑑(1995 年)》〔北京：中國統計出版社，1995 年〕，頁 24-25.

(1)一般貿易出口持續快速增加，全年一般貿易出口 615.6 億美
元，比 1993 年增長 42.5%，高出了全國出口平均增長速度
10.6%；一般貿易進口 355.2 億美元，下降 7.1%，合計全年
貿易順差 260.4 億美元，成為支撐中國大陸外匯存底增加的
有利因素。

(2)傳統大宗初級產品出口狀況好轉，特別是傳統大宗農、副、礦
產品出口增長幅度都在 50%以上，甚至呈倍數增長。

(3)工業制成品占出口比重顯著上升。全年工業制成品出口達到
1013.3 億美元，占出口總額比重由 1993 年的 81.8%，上升到
83.7%。顯示出口商品結構改善，實現外匯能力有所提高。

(4)外商投資企業進出口持續大幅增加。全年「三資」企業進出
口總額 876.5 億美元，增長 30.7%，其中進口增長 6%，出口增
長 3 7.6%，均高於全部進出口增長速度。綜合前述利
用外資情況的增長趨勢來看，顯示利用外資對國際經貿已產
生正面作用。

(5)外貿市場趨於多元化。1994 年中國大陸對其出口超過一億
美元的國家或地區已達 56 個，其中超過 10 億美元的有 17
個，比 1993 年增加一個；相對的，中國大陸從其中進口超過
一億美元的國家或地區達 51 個，超過 10 億美元的有 17 個，
增加一個。在貿易對象方面，中國大陸對日本進出口總額增
長了 22.6%，占進出口總額 20.2%；對香港進出口總額增長了
28.7%，占進出口總額 17.6%；對美進出口增長了 28.1%，占進

出口總額 13.3%，對「歐洲共同體」進出口增長了 20.7%，占進出口總額 13.3%。以上合計占全部進出口總額 64.4%，顯示中國大陸與世界主工業國家的貿易關係大幅增加[16]。

7，在國家財政方面，中央財政虛弱和預算赤字仍然是經濟實力中最薄弱的環節之一。 1994 年國家財政收入完成 5182 億元，比預算超收 422 億元；財政支出 5820 億元，比預算多支 391 億元，赤字達 638 億元[17]。從收支能力看，國家財政收入占 GNP 比重 11.8%，其中中央政府收入僅占 6.4%；國家財政支出占 GNP 比重 12.8%，其中中央政府支出僅占 3.9%，顯示預算約束能力軟化，國家財政處於「短收縮支」的狀態。財政赤字的原因主要來自行政事業單位職工工資調整，實際調整結果超出預算 100 多億元，屬於短期現象，但長期存在的問題，包括國營企業巨額虧損、債務依存度過高、企業欠稅數額太大、偷稅騙稅等收入流失等，均嚴重牽制中央政府財政收支和宏觀調控的策略與能力[18]。

8，在人民生活與居民收入方面， 1994 年城鄉居民收入有所增長，農村居民人均年純收入達到 1220 元〔首次突破千元大關〕，名義增長 32%，扣除物價因素後，比 1993 年實際增長 5%，城鎮居民人均年生活費收入達到 3139 元，名義增長 36%，扣除物價因素後實際增長 8.8%，職工年平均工資達 4358 元，實際增長 2.6%〔若計入職工

---

[16] 數據引自「國家統計局」編：《 '95 中國發展報告》，〔北京：中國統計出版社， 1995 年〕，頁 138-140.

[17] 同注 5 ，頁 3.

[18] 參見鄭新立主編，《宏觀經濟政策分析(1994-1995)》，〔北京：中國計

工資外收入，則增長將略高〕。從收入增加原因分析，農村收入增加主要來自農副產品收構價格的提高，農民出售農副產品的現金收入增加〔但相對農民購買農業生產材料的支出也增加〕，城鎮居民收入增加主要來自工資水平提高，第二職業的開創，工資外收入〔即所謂「灰色收入」〕大幅增加。粗略估計職工工資外收入約占職工全部收入的76%[19]。

9，在消費物價方面，1994 年全國居民消費價格在 1993 年上漲14.7%的高階位上繼續攀升，全國居民消費價格漲幅達 24.1%〔城市上漲 25%，農村上漲 23.4%〕；其中新漲價因素占 14.4%，滯後影響占 9.7%。商品零售價格在 1993 年全國物價總水平上漲 13.2%的基礎上，再度攀升，上漲幅度達 21.7%〔城市上漲 20.9%，農村上漲 9%〕，其中新漲價因素占 13.6%，滯後影響占 8.1%[20]。

依大陸學術界的評估，1994 年的通貨膨賬率是 1949 年以來最高峰，依據中國大陸例年物價上漲趨勢和市場供求狀況，通貨膨漲的警戒線「輕度」為 5-8%，「中度」為 8-12%，「重度」為 12-20%，20%以上則為「超重度」，即一般所稱惡性通貨膨漲。以此標準衡量，中國大陸自 1978 年改革開放以來，輕度通貨膨賬有 5 年，中度的有 1年，重度的有 3 年〔1988、1989、1993〕，1994 年則是例來所僅

劃出版社，1995 年〕，頁 101-102.

[19] 參見江流、陸學藝、單天倫主編，《1994-1995 年中國：社會形勢分析與預策》〔北京：中國社會出版社，1995 年〕，頁 190.

[20] 數據引自「國家統計局」編：《'95 中國發展報告》，〔北京：中國統計出版社，1995 年〕，頁 149.

見的「超重度」通貨膨脹 年[21]。顯示物價波動乃至嚴重的通貨膨脹是中國大陸經濟發展最大的內在致命傷,對中國大陸綜合國力的的提升將產生巨大的反制作用。

10,在第三產業的發展情況方面,近年來,第三產業在國民經濟的比重已接近三分之一。 1994 年第三產業產值增加了 14314 億元,比 1993 年增長 8.7%,連續三年以接近 9%的平均增長率發展。 1994 年第三產業增加值占 GDP 比重爲 2.7%,比 1993 年下降 0.3%,產值增長與 GDP 比重之間存有若干的矛盾。

但是觀察第三產業的發展以及在提升中國大陸經濟實力所發揮的策略作用,主要還不是觀察其在國民經濟所占比例,而是著眼於對嚴重的勞動力過剩和失業人口,提供了緩解和吸納作用。九〇年代以來,第三產業已成爲勞動就業的主要渠道。據測算, 1991-1993 年 GNP 每增加一個百分點,平均可吸納近 90 萬人就業,其中第三產業吸納 57 萬人,僅在 1994 年一年間,第三產業就吸納 60%以上的新進就業人員,發揮了勞動人口轉崗分流的積極作用[22]。

〔三〕1995 年經濟運行的基本趨勢

1995 年中國大陸經濟運行的基本走勢是:需求增勢在強勁中略有減緩,供給持續增加,但速率略有下降。運行環境有所寬鬆, 但仍嚴

---

21 參見江流、陸學藝、單天倫主編,《 1994 - 1995 年中國:社會形勢分析與預策》〔北京:中國社會出版社, 1995 年〕,頁 195.

22 參見「國家統計局」編:《 95 中國發展報告》,〔北京:中國統計出版社, 1995 年〕,頁 122-123.

峻。與此同時，体制改革向微觀深層延伸，但新体制的運行仍缺乏規範化的基礎。從需求方面看，增勢仍十分強勁，但與 1994 年相比增長速度有所回落。但是這種回落仍隱含強烈的反彈誘因。

中國大陸經濟已進入快速增長時期，對基礎設施和基礎產業的投資不僅沒有減少，而且有較大幅度的增加。國有大中型企業技術改造任務繁重，這部分的投資又有增加。整個大陸固定資產投資在建規模，1994 年底超過 4000 億元，繼續這些在建工程需要大量的追加投資，加上各地區、各部門對大量非基礎產業的新增投資及鄉鎮企業進一步發展，投資需求仍保持強勁的增長趨勢，但由於宏觀上受到偏緊政策的約束，增長速度低於 1994 年的 35.6%，僅爲 27%。

粗略估計，1995 年全社會固定資產投資總額將逼進甚至突破20000 億元。與 1994 年一樣，投資需求仍成爲 1995 年經濟增長的主要推動力。在投資需求保持強勁的趨勢下，消費需求會隨著城鄉居民收入的增加，特別是農民收入的增加而相應地增加。1995 年社會商品零售總額比 1994 年增長 22%。若把投資需求和消費需求綜合在一起計算，1995 年社會總需求增長率達 26%。

從供給方面來看，社會總供給持續增加。經濟增長率〔 GDP 〕達到 11%，低於 1994 年的 11.8%。近幾年對基礎設施和基礎產業的巨大投入將對經濟增長逐步發揮效能。主要工業產品有較大幅度的增長，如鋼產量在 1994 年 9000 萬噸的基礎上突破一億噸大關。國民儲蓄率仍維持在 30% 以上。但受到國際經濟關係的影響，加上匯率併軌邊際效應逐步遞減，進出口貿易增長率比 1994 年的 20% 減緩，達到18%。

　　進出口貿易總額爲 27000 億美元。其中出口爲 1380 億美元，增長率 15%，進口爲 1320 億美元，增長率 20%，進出口貿易仍出現順差。受到進出口貿易和國際資本流動的影響，外匯存底與 1994 年相近，國際收支能力沒有減弱。因此，從國民儲蓄和外匯儲備角度看，1995 年經濟增長和供給增加的資源能力及經濟基礎不弱於 1994 年，呈平穩緩增之勢。

　　從運行環境來看，物價漲幅回落，但仍在歷史較高水平上。受經濟景氣循環、經濟增長速度、投資規模和体制的影響，在繼續執行「適度偏緊」的貨幣政策條件下， 1995 年平均通貨膨脹率爲 16%。由於受到 1994 年高通貨膨脹的影響， 1995 年前幾個月的通貨膨脹仍在 20%以上波動，由此可見經濟運行的宏觀環境仍很嚴峻。

　　從体制改革角度看，改革向實質性階段推進，体制內的配套性得到加強。 1994 年重點進行了宏觀管理体制的改革， 1995 年重點規範經濟運行的微觀基礎，改革國有企業，建立現代企業制度以及與此密切相關的社會保障体系。受到國有企業改革以及要素市場化程度提高的影響， 1995 年的失業率上升，達 5%，企業經營風險增大，兼併、淘汰或破產的企業也隨之增加[23]。參見【表格 一】

【表格一】 1995 年經濟基本走勢

經濟增長率(GDP,可比價格)	11%

[23] 數據引自吳曉術，「當前中國經濟的宏觀分析」，《教學與研究》(北京)，1995 第 5 期， 6-7 頁。

全社會固定資產投資總額(現價)	20000 億元
通貨膨脹率	16%
國民儲蓄率	30%
公開失業率(城鎮)	5%
進出口總額	27000 億美元
增長率	18%
其中：出口額	1380 億美元
進口額	1320 億美元
進出口順差	60 億美元

由 1995 年來看，基本問題仍在於經濟体制改革全面推進和國民經濟快速增長的同時，經濟運行機制與環境之間的銜接與調適問題。居高不下的通貨膨脹、艱困甚至難以回生的國有企業、不斷升高的就業壓力以及導致幾近無法迴避的失業加劇趨勢；農業基礎依然薄弱，貧富差距擴大，地區經濟差距的加劇等等。問題的存在將使經濟生活中的某些矛盾進一步激化，持續干擾和牽制國民經濟的健康發展，也影響經濟實力的大幅推展。

〔四〕1995－1996 年經濟實力的進一步發展

在 1994 年已有的基礎上，致力於經濟形勢「年度發展」研究的「中國社科院經濟研究所」，提出了 1995-1996 年經濟情勢的指標預估〔【表格 二】〕。雖然指標本身的「建議值」大於「客觀值」，是一種「政策指導下的經濟預測」，反映官方理想的經濟期望，但仍

可從中看出中國大陸綜合國力〔經濟力〕提升的關鍵要素，以及與經濟期望相背離的消極因素。

【表格二】　1995－1996年主要國民經濟指標預測[24]

	1995 年	1996 年
1，總量及產業指標	10.2%	9.4%
GDP 增長率	3.8%	3.4%
第一產業增加值增長率	5.9%	5.4%
農業總產值增長率	12.8%	11.5%
第二產業增加值增長率		
其中：		
重工業	11.3%	10.5%
輕工業	15.0%	12.6%
重工業總產值增長率	12.4%	11.6%
輕工業總產值增長率	16.0%	13.5%
第三產業增加值增長率	9.5%	9.1%
其中：		
交通運輸郵電業	5.9%	5.7%
商業服務業	13.9%	11.9%
2，全社會固定資產投資		
總投資規模	19,400 億元	23,300 億元
名義增長率	21.7%	20.1%
實際增長率	11.6%	11.1%
3，價格		
全國商品零售價格上漲率	14.7%	11.6%

---

[24] 參見劉國光、王洛林、李京文主編，「(經濟藍皮書)1996年中國：經濟形勢分析與預測」〔北京：中國社會科學出版社，1995年〕頁 9-11.

居民消費價格上漲率	16.8%	13.0%
投資品價格上漲率	9.1%	8.0%
4，居民收入與消費		
城鎮居民實際人均收入增長率	7.5%	7.2%
農村居民實際人均收入增長率	4.9%	4.9%
社會消費實際增長率	12.2%	11.7%
5，社會消費品零售		
社會消費品零售總額	20,360 億元	24,860 億元
名義增長率	26.7%	22.1%
實際增長率	10.5%	9.5%
6，財政		
收入〔不含債務收入〕	6,150 億元	7,240 億元
增長率	18.6%	17.8%
支出	7,640 億元	9,150 億元
增長率	20.2%	19.7%
財政(軟)赤字	1,490 億元	1,910 億元
7，金融		
新增居民存款(農村+城鎮)	8,130 億元	9,990 億元
增長率	28.7%	22.9%
新增貸款	5,980 億元	7,110 億元
新增貨幣發行	1,460 億元	1,500 億元
8，對外貿易		
進口總量	1,350 億元	1,560 億元
增長率	16.7%	15.6%
出口總量	1,450 億元	1,.670 億元
增長率	19.8%	15.2%

從以上的指標預測可以看出，中國大陸未來的經濟發展策是
「中度擴張型」，對經濟體制運行的基本期望屬於「穩健平衡型」。

但是積極因素的實現有賴於對消極背離因素的有效控制，換言之，這些期望的實現繫於如下兩個條件：

1，在目標上，實現經濟發展「軟著陸」關鍵在於宏觀調控上如何理順經濟增長速度與通貨膨賬之間的矛盾關係，既要避免過度緊縮產生的經濟抑制效果，也要避免高速增長誘發物價波動，亦即必須將增長速度與物價漲幅雙雙控制在 10%以下，獲得經濟發展「不冷不熱」的狀態。

2，在手段上，繫於正確運用宏觀調控的方式與手段，掌握時機與力度，單純「行政抑制」手段將使所有期望再度落空〔這是中共當局解決經濟難題的習慣性思維與行動〕，換言之，目標的實現有賴於包括金融手段、財政手段、經濟手段乃至行政法律手段的「組合式調控」。

3，貿易衝突與磨擦必須逐漸減少，對外經濟談判與協商能力必須提升，特別是與美國及西方國家在有關市場開放、智慧財產和產品競爭方面，必須避免激烈競爭而導致相互貿易報復。在當前中國大陸比較脆弱的市場體制下，一次或數次激烈的貿易報復，都將使中國大陸的經濟產生「骨牌式」的衝擊效用。

三，跨向 2000 年的國際比較

在分析了 1994 年及 1995-1996 年中國大陸經濟實力概況之後，接著進一步越過九０年代後期，跨向公元 2000 年的比較。首先依據

國際經濟組織相關統計數據，將中國大陸與世界多國進行跨年度的比較，以觀察其位序變化。

　　由【表格　三】中可以看出，從 1993 年至公元 2000 年，中國大陸的經濟規模〔 GDP 〕在世界排名中，以三個序次的速度向上攀升[25]〔但以 PPP 方式計算，則位序沒有改變〕。

【表　三】1993 年世界主要國家之經濟規模比較〔按 1993 年價格與匯率計算〕

國　家	國民生產總值(GNP)		國內生產總值(GDP)		按 PPP 計算之國民生產總值	
	當年 10 億美元	位序	當年 10 億美元	位序	當年 10 億美元	位序
美　國	6377.97	1	6259.90	1	6377.97	1
日　本	3920.51	2	4214.20	2	2595.83	3
德　國	1901.29	3	1910.76	3	1359.80	4
法　國	1293.18	4	1251.69	4	1092.50	6
義大利	1132.86	5	991.39	5	1018.09	7
英國	1045.67		819.04		996.46	

---

[25] 資料來源：World Bank, *World Development Report* 1995 (New York: Oxford University Press, 1995).　pp.166-67

		6		6		8
中國大陸	577.42		425.61		2745.67	
		7		10		2
加拿大	575.14		477.47		582.62	
		8		8		13
西班牙	536.81		478.58		533.65	
		9		7		14
巴 西	458.55		444.21		840.41	
		10		9		9
俄羅斯	347.96		329.43		750.94	
		11		13		10
韓 國	337.81		330.83		424.68	
		12		12		15
墨西哥	324.90		343.47		612.90	
		13		11		11
荷 蘭	320.54		309.23		265.15	
		14		14		17
澳 洲	308.00		289.39		315.22	
		15		15		16
印 度	269.46		225.43		1095.80	
		16		17		5
瑞 士	253.90		232.16		167.99	
		17		16		19
比利時	216.50		210.58		196.40	
		18		18		18
瑞 典	215.24		166.74		149.64	
		19		20		21
奧地利	185.73		182.07		153.50	
		20		19		20
印 尼	138.53		144.71		589.68	
		21		21		12

　　多國比較之後縮小範圍，進行與七大工業國家的比較。依據本書導論依據「中國社科院」世界經濟與政治研究所推算，1990 年中國大陸的經濟實力〔依當年價格計算，剔除蘇聯計入俄羅斯〕已列入世界十大之一。

　　若再依據「世界銀行」根據 1993 年匯率換算，到公元 2000 年，中國大陸 GDP 相當於美國的 9%，已超前七大工業國家中的加拿大，但人均 GDP 則仍然遠遠落後。若依目前國際經濟組織通行採用的購買力平價換算，公元 2000 年中國大陸 GDP 相當於美國的 50%，超越了除了美國以外的七大工業國家。儘管人均 GDP 仍然遠遠落後，但已出現強勁增長趨勢，大幅縮短與七大工業國家的差距。〔參見【表格　四】[26]〕

【表格四】2000 年中國大陸與七大工業國家〔Ｇ７〕的比較

國　　家	用 1993 年匯率換算			用購買力平價(PPP)法換算	
	GDP	位序	人均 GDP	GDP	人均 GDP
美國	100.0	1	100.0	100.0	100.0

---

[26] 根據下列文獻裡的數據計算：World Bank, *World Development Report*, 1995, pp. 166-67; 210-211. World Bank, *Global Economic Prospects and the Developing Countries*, 1995, p.78; *world Economic Outlook*〔世界經濟展望〕, Vol.1, p.5, p15; Vol, p.86, p.90.

日本	64.4	2	140.7	39.7	86.7
德國	30.0	3	100.6	23.6	77.4
法國	19.5	4	90.7	16.7	77.8
義大利	15.3	5	73.6	15.7	75.6
英國	12.9	6	60.2	15.4	71.8
加拿大	8.0	8	70.6	9.1	79.9
中國大陸	9.9	7	2.2	50.0	11.0

四，「八五」比「七五」實力增長了多少

在鄧小平「南巡講話」的驅動下，中國大陸經濟實力的增長明顯加快。「八五」時期，是中共自 1953 年來實施五年經濟計劃以來最成功的一個時期，也是中共建政以來經濟增長速度最高的時期。

「八五」期間，中國大陸 GDP 實際年均增長率達 7%，增長幅度超過 3-4 個百分點， 比「七五」(1986-1990 年)時期的年均增長率高近 4 個百分點，在經濟總量上提前完成了比 1980 年翻兩番的目標。與此同時，固定資產投資也保持了高速增長。按 1990 年價格計算，預計大陸全社會固定資產投資 5 年累計完成 38900 億元，年均增長17.9%，比計劃約高出 3.4 個百分點，比「七五」年均增加了 13.6 個百分點。國有單位投資年均實際增長 4.1%。能源、交通、通訊等投資

明顯增加，對增強國民經濟實力產生相當的的推動作用。特別是商品房〔房地產〕投資大幅度增長，「七五」只投資 185.6 億元，在「八五」前四年，就已累積投資就達 2004.6 億元。

城鄉居民收入水平也獲得了穩定增長。城鎮居民家庭人均生活費收入年平均增長 4%，與「七五」期間平均遞增 3.7%的速度相比， 增速明顯加快。「八五」期間，預計農村居民人均純收入實際平均增長 4.2%，比「七五」時期年均增長速度高出 0.2 個百分點。伴隨居民收入提高，生活水平應有改善。從商品銷售角度看，到 1995 年末，社會消費品零售總額達 20400 億元，名義年均增長 23%，實際年均增長 10%，比「七五」時期的 3.5% 高出 6.5 個百分點。城鄉居民儲蓄大幅增加，比「七五」末的 7034 億元增加了三倍之多。

「八五」期間對外經濟一個顯著的特徵是，對外開放領域明顯擴大，地區上由沿海向內地拓展，產業上由農業、加工業向基礎產業、基礎設施和金融、保險、商業等領域延伸。「八五」期間對外貿易額累計超過 10000 萬億美元，比「七五」累計總額 4864 億美元增長一倍多，年均增長爲 20%，也比「七五」的 10.9%高近一倍。其中，進口年均增長 21.5%，出口年均增長爲 18.5%，貿易順差年近 100 億美元。「八五」期間年出口額突破 1000 億美元，中國大陸因此進入世界十大出口國行列，占世界商品貿易的比重由「七五」末期的 1.65% 上升爲 1994 年的 2.95%。在出口結構上， 1994 年，初級產品出口額占出口總額的比重爲 16.3%，比「七五」末期下降了 9.3 個百分點：工業制成品所占比重則由「七五」末期的 74.4%上升到 1994 年的 83.7%。

　　對外經濟的顯著成就還是在利用外資方面。「八五」前四年累計批准外商直接投資項目近 20 萬個，僅 1993 年一年就是整個「七五」時期的 3.66 倍；協議外資金額在「八五」前 4 年就達 3060.5 億美元，「七五」期間僅有 271.2 億美元；「八五」前 4 年外商實際投資累計 759.3 億美元，是「七五」實際投資的 4.7 倍。

　　在對外經濟合作方面，1994 年簽訂合同的國家和地區數達 171 個。前 4 年累計簽訂合同數 46939 份，合同金額 249.8 億美元，完成營業額 159.3 億美元，分別比「七五」時期增加 2.7 倍、1.4 倍、和 1.2 倍。對外經濟的發展立即表現在國家外匯存底的增長。1994 年國家外匯存底達 516 億美元，1995 年上升到 670 億美元，比「七五」末的 111 億美元增長了 5 倍。

　　由以上數據來看，「八五」時期經濟實力確實比「七五」時期增強，究其原因，主要得力於幾項改革政策獲得重點性成效：

　　1，稅制改革獲得初步成效，簡化稅種，加強管理，推行復式預算，打破傳統分級包乾體制，實行中央與地方分稅財政管理体制。尤其在外匯制度上，取消外匯留成和上繳制度，外貿管理方式改採法律和經濟手段，活化了外貿体制。

　　2，金融体制改革初具成效。1994 年「國務院」公佈《關於金融體制改革的決定》，確立以「中國人民銀行」作爲獨立執行貨幣政策的宏觀調控体系。政策銀行和商業銀行的分離初步確立，金融立法逐步上軌。特別是金融市場發展快速，建立包括匯率併軌、結售匯制和以穩定匯率形成機制爲目標的管理体制。

3，國家計劃已轉向市場，降低指令硬性，尊重市場。宏觀調控由直接調控轉變爲間接調控。國家發展計劃擺脫短期年度性，重點轉移至中長期計劃。

當然，在發展的同時也存在著內在的危機，除了通貨膨脹和財政惡化已不再重述之外，根本危機在於農業發展愈加落後。「八五」期間，農業投入明顯不足，國有單位對農業的固定資產投資占其全部固定資產資的比重嚴重下降，企業和個人對農業的投入也缺乏長遠考慮，使農業生產條件繼續惡化，「靠天吃飯」格局難以改變，影響農業生產的穩定。

其次是國有企業改革滯後，基本癥結還是活力不足、效益低落。由於國有企業改革涉及層面過於廣大，難度極大，改革的政治風險幾乎難以估計，至今仍然沒有找到有效的改善途徑。「八五」期間，國有工業企業總產值年均遞增 8.4%，大大低於非國有企業 30%的增長速度。 1994 年國有企業虧損面竟達 45.9%，比「七五」末期增加了14 個百分點，幾乎半數國有企業處於虧損狀態，至於虧損額則達到344 億元，比「七五」期末虧損額增加了 17%[27]。

然而真正值得重視的是，在經濟總量增長的同時，經濟效益卻還在下降。據大陸內部粗略估計， 1992 年與 1978 年比較，社會淨產值是呈現下降的，比例在 11.2%左右；全員勞動生產率每人約 1266 美元，此一水平不過是同期美、日、德、法、英、韓等國的 2-9%之間。

---

[27] 數據引自葉震，「「八五」時期我國國民經濟的巨大變化」，《群言》(北京)， 1995 年第 12 期，頁 4-7.

另外物耗比例太高，粗略估計原材料耗損強度約比發達國家高出 5-10
倍；其次，中國大陸每一噸標準煤實現 GNP 值大約 710 美元，同期
美、日、法、德、英等國則已高達 2165-6388 美元；至於在技術貢獻
方面，中國大陸 1980-1994 年科技進步對工業總產值的貢獻為 33%，
發達國家此一數據則已在 50-70%之間[28]。

五，「九五」計劃與 2010 年遠景目標

〔一〕基本估計－經濟實力的自我評估

1996 年 3 月 17 日，中共「全國人大」通過「國民經濟和社會發
展《九五計劃》和 2010 年遠景目標綱要」〔以下簡稱《綱要》〕，
這份《綱要》可以視為中國大陸提升其跨世紀經濟國力的一份戰略籃
圖[29]。

上述《綱要》的基本精神和目標，究竟基於什麼條件制定？國務
院總理李鵬在中共「十四屆五中全會」和「八屆全國人大四次會議」
上作了說明。其中所謂「基本估計」是指跨世紀經濟發展的有利條件，
所謂「關係全局的問題」則是指發展的限制和基本障礙，意味著不解
決這些問題，將無綜合國力的發展可言。至於所謂「發展中大國」一

---

[28] 參見薛小和，「轉變：我們從什麼地方起步」，《經濟日報》（北京）
1996 年 3 月 10 日，第 2 版.

[29] 「中共中央關於制定國民經濟和社會發展『九五』計劃和 2010 年遠景目
標的建議」，《人明日報》(海外版) 1995 年 10 月 5 日，第 1.4.5 版.

詞，則意味著《綱要》旨在實現「向經濟大國發展」[30]。

負責草擬《綱要》並在宏觀調控工作上扮演重要角色的「國務院計劃委員會」主任陳錦華，則進一步對「基本估計」〔有利因素〕再作說明。除了重提「國民稱產總值比 1980 年提前五年翻兩番」之外，認為中國大陸經濟具有如下幾個「見好因素」：一是總量平衡與經濟增長趨勢把握得好；二是不失時機地使改革在一些主要領域邁出重大步伐；三是加強產業結構調整，緩解「瓶頸」制約；四是不斷擴大對外開放，使國際交流與合作向規範化、高效化方向發展；五是保持經濟與社會的協調發展，注重改善人民生活；六是圍繞在實現改革、發展和穩定的目標上，不斷加強和改善宏觀調控[31]。顯然，中共領導人對未來經濟發展充滿了樂觀與期待。

但是「基本估計」除了構築籃圖之外，不能不考慮它的落實條件。如果說《綱要》的實現主要取決於宏觀調控的績效〔包括時機、力度與比例協調〕，那麼觀察近幾年〔特別是「八五」後三年的 1993-1995 年〕中共當局宏觀調控的能力，將是評估《綱要》能否落實的重要面向。

簡略就中共領導人自己提出的「經濟發展中的突出問題」－財政與物價來說，除了 1995 年國庫券順利發行 1530 億元，彌補近 600 億

---

[30] 李鵬，「關於制定國民經濟和社會發展「九五」計劃和 2010 年遠景目標建議的說明」，《文匯報》(上海)，1995 年 10 月 6 日，第 1 版。以及李鵬，「《關於國民經濟和社會發展「九五」計劃和 2010 年遠景目標》的報告」，《文匯報》(上海)，1996 年 3 月 19 日，第 1 版。

[31] 陳錦華，「社會主義市場經濟條件下的第一個中長期計劃」，《文匯報》(上海)，1995 年 10 月 11 日，第 1 版。

財政赤字，足以局部支應 800-900 億債務之外，對於稅收的稽徵與管理，圍睹不法逃、漏、減、免稅的工作，並未收到預期成果；信貸規模的控制僅獲初步成效，專業銀行對儲蓄存款的保證支付能力受到質疑，有價證券發行與規範的市場化管理，仍有待改善，對於影響物價波動的基建項目〔包括在建與新建〕的審批考核雖已獲初步控制，但對於控制社會集團購買力的快速增長和遏制社會亂集資現象，也僅僅有限度改善[32]。換言之，決定宏觀調控得以落實的金融、物價和投資體制的配套改革，還只能說在起步或好轉階段。

但無論如何，通過「九五」使經濟國力再上一台階，對中共當局而言是勢在必得的。綜觀《綱要》全文，中國大陸跨世紀經濟國力籃圖大致可以概括爲兩個發展階段和一套戰略構想。第一階段是公元 2000 年的短程目標，第二階段是公元 2010 年的長程目標。實際上，第一階段應是實質目標，具有可測性和可控性，第二階段是規劃目標，宏偉有餘，但流於紙上談兵，戰略構想實際上是改革政策的進一步推演，其特徵在配套與系統化，並實現經濟體制向市場經濟完全的過渡。

〔二〕 2000 年的奮鬥目標

---

[32] 參見「中國經濟走勢仍嚴峻」《文匯報》（香港）1993 年 9 月 26 日，第 2 版. 「中華人民共和國家統計局關於 1995 年國民經濟與社會發展的統計公報」《人民日報》，1996 年 3 月 5 日，第 2 版. 「中國金融形勢趨於好轉」《文匯報》(香港)，1996 年 9 月 27 日，第 4 版. 「中國設計重振財政之路」《文匯報》(香港)，1995 年 10 月 28 日，第 A3 版. 徐四民，「從宏觀調控到三中全會」《鏡報月刊》(香港)，總號第 197 期，(1993 年 12 月 5 日)，頁 5.

公元 2000 年的奮鬥目標，具體而言就是「九五」計劃目標，「九五」完成正值世紀交替，在時序的意義上，人們關切的是中國大陸是否脫胎換骨，擠身世界經濟大國之列。

總目標是全面完成現代化建設的第二步戰略部署，到 2000 年，在人口得以控制在十三億以內，實現人均國民生產總值比 1980 年翻兩番；基本消除貧困現象，人民生活達到小康水平；加快現代企業制度建設；初步建立社會主義市場經濟体制。爲下世紀初開始實施第三步戰略部署奠定基礎。具体的說，有以下五個方面：

1，經濟總量持續增長，人民生活水平提高。到公元 2000 年，按 1995 年價格計算的國民生產總值從 5.76 萬億元，增加到 8.5 萬億元。在未來「九五」期間內，城鎮居民人均生活費收入實際年均增長 5%，農民人均純收入實際年均增長 4%；人均纖維消費量從 4.6 公斤增至 5 公斤；城鎮人均居住面積從 7.9 平方米增加到 9 平方米，農村住房質量得到改善；彩電〔彩色電視〕普及率由 4.2%提高到 60%；電話普及率由 4.6%提高到 10%。

2，初步建立社會主義市場經濟体制，市場在國家宏觀調控下對資源配置起基礎性作用。以公有制爲主体、多種經濟成份共同發展的格局得到鞏固；以按勞分配爲主体、多種分配方式並存的分配制度進一步完善；大多數國有大中型骨幹企業初步建立現代企業制度；統一開放、競爭有序的市場体系初步形成；適應社會主義市場經濟体制的宏觀調控体系和法律体系基本確立。

3，產業結構進一步改善，有效供給能力增強。農業的基礎地位得到加強，主要農產品穩定增長；基礎設施和基礎工業制約國民經濟

發展的矛盾繼續緩解；機械、電子、石油化工、汽車和建築業等支柱產業帶動經濟增長和結構升級的作用增強。到 2000 年主要產品的產量是：

糧食： 4.9-5 億噸，比 1995 年的 4.65 億噸增加 2500-3500 萬噸。

棉花： 450 萬噸，與 1995 年的 450 萬噸持平。

原煤： 14 億噸，比 1995 年的 4.65 億噸增加一億噸。

發電量： 1.4 萬億千瓦時，比 1995 年的一萬億千瓦時增加 4000
　　　　億千瓦。

原油： 1.55 億噸，比 1995 年的 1.49 億噸增加 600 萬噸。

化肥(折純)： 2840 萬噸，比 1995 年的 2450 萬噸增加 390 萬噸。

鋼： 1.05 億噸，比 1995 年的 9400 萬噸增加 120 萬噸。

乙烯： 420 萬噸，比 1995 年的 243 萬噸增加 177 萬噸。

汽車： 270 萬輛，比 1995 年的 150 萬輛增加 120 萬輛。

集成電路： 25 億塊，比 1995 年的 3.1 億塊增加 2.19 億塊。

鐵路貨運量： 18 億噸，比 1995 年的 16.5 億噸增加 1.5 億噸。

電話交換機總容量： 1.74 億門，比 1995 年底的 0.85 億門增加
　　　　　　　　0.89 億門

4 ，科技教育得到加強，社會事業全面進步。科技進步對經濟貢獻有較大的提高，主要工業領域的技術水接近或達到國際 80 年代末 90 年代初的先進水平，農業技術水平提高。

5 ，基本普及九年義務教育，基本消除青壯年文盲。基本解決貧困人口的溫飽問題。城鎮社會保險覆蓋面達 80%以上，農村勞動者各類保險覆蓋面達 30%以上。文化事業更加繁榮。人人享有初級衛生保

健。保育事業進一步發展。環境污染和生態破壞加劇的趨勢力爭得到基本控制。

6，轉變經濟增長方式取得成效，國民經濟整体素質和效益進一步提高。「九五」期間國民經濟投入產出效益提高，按可比價格計算的資本系數由「八五」的 3.6 降爲 3 左右。全社會勞動生產率平均每年提高 5%。萬元國民生產總值消耗的能源由 1995 年的 2.2 噸標準煤下降到 2000 年的 1.7 噸標準煤，年均節能率 5%。基建固定資產交付使用率提高到 70%以上，工業流動資金周轉次數達到 2 次。

與上述這些奮鬥目標相配套，中共當局還提出「九五」期間宏觀調控七大目標：

1，經濟增長速度：根據經濟發展趨勢和條件，努力保持總供給與總需求基本平衡，以「九五」計劃按照國民生產總值年均增長 8%的速度，來把握宏觀調控的力度。從需求和供給兩方面採取有效的政策，實現經濟的持續增長和宏觀經濟環境相對穩定狀態。

2，價格總水平：「九五」期間，需要繼續理順價格關係。特別是抑制需求拉動和成本推動價格上漲的因素，努力使上漲率低於經濟成長率。

3，固定資產投資：從保持合理的投資規模出發，「九五」固定資產投資率按 30%來把握。在考慮價格因素下，五年全社會固定資產投資總規模爲 13 億元，維持年均增長在 10%的水平。

4，財政收支：「九五」期間，實行「增收減支」的財政政策。使財政收入增長高於財政支出增長，減少財政赤字，實現財政收支平衡，控制國債規模，使年度發債規模保持在合理界限之內。

5，貨幣供應：「九五」期間，實行「適度從緊」的貨幣政策，以保持人民幣幣值穩定。保持狹義貨幣供應量年均增長 18%左右；廣義貨幣市場供應量年均增長 23%左右。

6，國際收支 :預計公元 2000 年國際收支平衡目標是：經常項目中的進出口貿易基本平衡；非貿易往來力爭減少逆差；資本項目在借貸資本略有逆差的情況下，通過吸引直接投資，保持適當的順差。

7，人口和就業:「九五」期間，人口自然增長率控制在年均千分之 10.83 以內。在 5 年新增城鎮就業 4000 萬人，向非農產業轉移 4000 萬農業勞動力的條件下，盡可能將城鎮失業率控制在 4%左右[33]。

公元 2000 年奮鬥目標的核心是，到 2000 年，在整個大陸人口預計增加三億人情況下，實現人均國民生產總值比 1980 年翻兩番。從 1980 年到 1995 年，中國大陸已經實現了國民生產總值翻兩番，現又提出從 1980 年到 2000 年，實現人均國民生產總值翻兩番。顯示中共領導人具有強勁的經濟發展野心，對上述目標躊躇滿志，顧盼自雄。

〔三〕2010 年的遠景規劃

比起 2000 年的奮鬥目標，2010 年的奮鬥目標可以說充滿雄心壯志。2010 年的總的目標是：實現國民生產總值比 2000 年翻一番，人口控制在 14 億以內，人民生活由小康走向富裕，形成比較完善的社會主義市場經濟体制。與 2000 年相比，國民經濟整体素質較大提高，國際競爭力將大為增強，社會生產力、綜合國力、人民生活水平再上

---

[33] 相關數據引自「中華人民共和國國民經濟和社會發展『九五』計劃和 2010 年遠景目標綱要」，《文匯報》(上海)，1996 年 3 月 20 日，第 1.2 版.

一個大台階。具体來說，有如下五個方面：

1，國有企業建立現代化企業制度，形成一批具有較強國際競爭力的大企業、大集團。商品市場發達，要素市場完善，資源配置更加優化。收入分配制度較完善。宏觀調控制度和手段比較健全，對經濟總量和結構的調控較靈活有效。經濟管理法制化達到一定的水平。

2，產業結構進一步優化。農業現代化建設登上一個新的台階，商品化、專業化的程度明顯提高，綜合生產能力和抗禦自然災害能力顯著增強。有條件的地方實現農業適度規模經營，勞動生產率提高。農民收入顯著增加，農村全面實現小康水平。基礎設施和基礎工業與國民經濟發展相適應。能源支撐國民經濟增長的能力進一步增強，生產和消費結構得到改善。綜合運輸体系和現代化通訊体系基本形成。機械、電子、石油化工、汽車、建築業等支柱產業成為推動國民經濟成長的主要動力。電子資訊、生物工程、新材料、核能、航空、航天、海洋工程等高技術產業取得明顯進展。國民經濟和社會各領域應用現代電子技術有很大進展，計算機應用在生產、工作和生活中的普及程度提高。初步建成以寬帶綜合業務數字技術為支撐的國家信息基礎設施，國民經濟信息化的程度顯著提高。第三產業在國民經濟中的比重上升，對發展社會主義市場經濟的服務功能顯著增強。集中力量建設一批對國民經濟和社會發展具有全局性、關鍵性作用的工程。重點是繼續建設長江三峽、黃河小浪底等大型水利樞紐工程。基本解決長江黃河水患；著手建設跨流域的南水北調工程，緩解部分地區嚴重缺水的矛盾。著手建設京滬高速鐵路，形成大客運量的現代化運輸通道。著手建設新的現代化大型鋼鐵基地，滿足國民經濟發展對鋼材新品種

的需要。改造和擴建支柱產業中具有競爭優勢的骨幹企業，向百萬輛汽車、千萬噸煤油、百萬噸乙烯的規模發展。進行新一代集成電路的研制開發工程，迎頭趕上當時的世界先進水平。進行現代化訊息基礎建設，推動國民經濟訊息化。

4，區域經濟協調發展，基本形成若干各具特色的跨省區市的經濟區和重點產業帶，地區發展差距逐步縮小。城鄉建設初步建立規模結構和布局合理的城鎮体系。

5，國民經濟技術水平和全民族科學文化素質提高。科學技術在一些重要領域接近或達到國際先進水平。掌握重要產業的關鍵技術和系統設計技術，主要生產技術接近或達到發達國家 21 世紀初的水平。普及九年義務教育。形成較完善的社會保障体系。基本改變生態環境惡化的狀況，城鄉環境有明顯的改善，滅災抗災能力提高[34]。

2010 年的核心目標是實現國民生產總值比 2000 年翻一番。這也意味著 2010 年國民生產總值將相當於 1980 年的近十二倍。對此，「國家計委」政策研究室主任鄭新立指出：「到那時，大陸的經濟總量即經濟實力，進而整個綜合國力，將真正躍居世界前列，人均國民生產總值將跨入中等收入國家之列，幾代人為之奮鬥的富民強國的願望將得到實現[35]。

鄧小平曾經許願，到下世紀中葉，中國大陸基本實現現代化，人

---

[34] 陳錦華，「社會主義市場經濟條件下的第一個中長期計劃」，《文匯報》，（上海），1995 年 10 月 11 日，第 2 版。

[35] 鄭新立，「跨入新世紀的宏偉綱領」，《解放軍報》(北京)，1995 年 10 月 10 日，第 1 版.

民過富裕生活。上述奮鬥目標應是實現鄧小平心願的重要基礎。屆時儘管中國大陸還只是處於小康局面，但是比起 2000 年的小康水平，人民生活將更加寬裕。正如李鵬在報告中強調：「在經濟總量不斷增大的基礎上，下世紀初用 10 年的時間再翻一番，應當說是『雄心壯志』」[36]。

〔四〕九條戰略

根據《綱要》內容，實現兩個階段奮鬥目標，寄托於正確的發展思路和採取穩當有效的戰略，從「八屆人大四次會議」定稿的《綱要》來看，概括可以分為九條戰略。

1，保持國民經濟持續、快速、健康發展。依據中國大陸的經濟信念，「發展是硬道理」，解決所有問題關鍵是要靠自己的發展。因此，一切經濟戰略的前提是，爭取較快的速度和較高的效益，求取速度和效益相統一，微觀活力和宏觀調控相統一，總量增長和結構優化相統一。

2，積極推進經濟增長方式轉變，把提高經濟效益作為經濟工作的中心。依靠經濟体制改革，形成有利於節約能源、降低消耗、增加效益的企業經營機制。

3，實施科教興國戰略，促進科技、教育與經濟緊密結合。經濟建設依靠科學技術，科學技術面向經濟建設，努力攀登科學技術高

---

[36] 陳錦華，「社會主義市場經濟條件下的第一個中長期計劃」，《文匯報》，（上海），1995 年 10 月 11 日，第 1 版.

鋒。教育面向現代化、面向世界、面向未來，提高國民素質，在各個領域培養一批跨世紀的優秀人才。

4，把加強農業放在發展國民經濟的首要地位。理順農業與其他產業的關係。在制定計劃和部署經濟工作時，首先把農業和支持農業的相關產業安排好。各級領導親自抓農業，充分調動廣大農民、農業科技工作者和農村幹部的積極性，各行各業以全面振興農村經濟爲目標。

5，把國有企業改革作爲經濟体制改革的中心環節。未來幾年，中國大陸的經濟改革將集中大部分精力與物力，投注於國有企業的改革。基於國有企業的龐大性與複雜性，思想上必須大膽試驗，勇於探索，作法則將趨於斷然性和激烈化。

6，繼續實行對外開放。積極參與國際經濟合作和競爭，充分利用國內外兩種資源、兩個市場，全面發展開放型經濟，並且善用經濟比較優勢，提高競爭能力，與國際經濟互接互補。

7，實現市場機制和宏觀調控的有機結合。充分發揮市場機制運作，使經濟活動遵循價值規律，適應供求變化，体現競爭原則。改善宏觀調控和正確運用宏觀調控的方式和手段，把握時機和力度，保持宏觀經濟環境的穩定，發揮中央和地方的兩個積極性。

8，促進區域經濟協發展，逐步縮小地區發展差距。從「九五」開始，將更加重視支持內地發展，實施有利於緩解差距擴大的政策，逐步加大傾斜度，朝著縮小差距的方向努力。

9，物質文明和精神文明共同進步，經濟和社會協調發展。把社會主義物質文明和精神文明作爲統一的奮鬥目標，堅持「兩手抓、兩

手硬」政策，實現經濟與社會相互協調和可持續發展[37]。

九條戰略中最核心的部分是「實行兩個具有全局意義的根本性轉變」。其一是經濟体制由傳統的計劃經濟体制向社會主義市場經濟体制轉變；其二是經濟增長方式從粗放型向集約型轉變。經濟体制轉變要遵循市場經濟的一般規律，經濟增長方式轉變則要提高經濟整体素質和生產要素的配置效率，注重結構的優化效益、規模經濟效益和科技進步效益。

從遠景目標到九條戰略，可以約略看出中國大陸未來提升其經濟實力的構想、期望和實現步驟。然而以上目標的實現，需要一套「超趕」戰略，尤其需要一套不僅看似可行還要有效落實的「高速」戰略。

六，未來經濟發展戰略報告

〔一〕公元 2050 年的估計

除了官方提出這份宏大的奮鬥目標之外，「中國科學院國情分析小組」也相應提出中國大陸邁向 21 世紀的經濟發展的戰略報告[38]。

對於經濟發展遠景，報告提出兩項觀點，一是對中國大陸經濟發展之情勢條件評估，一是對未來經濟成果的實際估算。

---

[37] 陳錦華，「社會主義市場經濟條件下的第一個中長期計劃」，《文匯報》（上海），1995 年 10 月 11 日，第 2 版.

[38] 「國情分析研究小組」由院士周立三主持，先後完成並發表了一系列國情研究報告，其中「第四號報告」-「機遇與挑戰—中國走向 21 世紀的經濟發展目標和基本發展戰略研究」，主要就是研究中國大陸的經濟發展戰略。

　　第一種觀點認爲。在 21 世紀前，中國大陸的經濟前途有兩種可能性：一是抓住前所未有的良好機遇，克服重重困難和挑戰，通過持久的高速增長，於 21 世紀達到發達國家水平，成爲世界新興的經濟大國。第二種可能是基本戰略發生嚴重失誤，國家陷入政治動亂與不安，連帶經濟發展緩慢，喪失良好機會，在 20 世紀未仍處於發展中國家水平。

　　該小組認爲，中國大陸具有實現第一種選擇的可能性，換言之，中國大陸只要能夠利用機遇，克服困難，有可能在 21 世紀成爲新興經濟大國。其主要原因如下：

　　1，中國大陸具有很高的政治凝聚力，全力從事經濟建設已形成全民族共識，中央政府經驗豐富，能夠對經濟建設進行有力的組織和領導。

　　2，十二億中國人民具有勤勞、節儉、樸素、重教育、遵守紀律等優秀品質，能自覺地爲今後利益長期保持很高的儲蓄率。

　　3，改革開放後在全國逐步建立起一個生產發展與群眾個人利益，地區、部門和企業利益相結合的經濟制度，這使人民發展生產的積極性得到較充分的發揮。

　　4，中國大陸是在 20 世紀後開始繁榮的，起步雖晚，但也受益於「後發優勢」。所謂「後發優勢」有兩個含義：一是利用、仿造和改進科技成果往往比創造和發明這些成果容易，可以縮短時間和節省大量費用；二是後發展國家可以學習和吸取先發達國家成功的發展戰略和經驗，從而達到比起步較早的國家在經濟繁榮階段更高的發展速度。

5，中國大陸已能善於利用總体上對中國發展有利的國際境。

第二種觀點是，根據模型計算，中國大陸在 21 世紀實現現代化，將經歷三個發展階段。第一步，在 2020 年到 2030 年之間，經濟總量上達到世界第一；第二步，約在 2040 年到 2050 之間，人均國民生產總值等經濟指標和人均社會發展水平達到 20 世紀末發達國家的平均水平；第三步，在 21 世紀未，人均國民生產總值等主要經濟指標和人均社會發展水平雙雙達到當時世界上發達國家水平，換言之，中國大陸要在世界上居於領先地位，需要一百多年的時間。

該小組利用「投入占用產出技術」和所謂「有保証的經濟增長率模型」，計算出中國大陸 1990 年到 2050 年 GDP 年平均增長情況，如【表格　五】

【表格五】中國大陸年平均增長速度預測表

	國內生產總值年平均長率(%)	
	預測值	範圍
1990-2000	9.3	9.3 － 19.2
2000-2010	8.0	8.0 － 8.7
2010-2020	7.0	7.0 － 7.8
2020-2030	6.3	6.3 － 7.0
2030-2040	5.4	5.4 － 6.2
2043-2050	4.6	4.6 － 5.4

按照上述高速增長速度的估計，中國大陸 2020 年的 GDP 將等於 1990 年的 10 倍，2030 年的 GDP 將是 1990 年的 19 倍。預計中國大陸在 2020 年到 2030 年期間，國內生產總值上可以超過美國、日本、德國、俄國，在世界上居於領先地位。

但是實際上，中國大陸在 2050 年前後的人均 GNP 為三萬美元左右(以 1990 年美元價格計算，下同)，1990 年世界上發達國家人均 GNP 的平均數為 19590 美元，預計 2000 年為 2.5 萬美元。中國大陸在迅速發展，世界各國包括發達國家當然也在發展，若以 1965 年到 1990 年世界所有發達國家的人均 GNP 年平均增長率 2.4% 推算，2050 年世界發達國家人均 GNP 平均數約為八萬美元，尚較中國大陸當時的人均 GNP 高出 1.7 倍。所以中國大陸在 21 世紀 50 年代在人均 GNP 上與當時發達國家相比，還是有很大差距。

〔二〕五大戰略的提出

該小組也提出了中國大陸未來經濟發展的戰略設計，稱為五大戰略[39]。

1，穩定和漸進策略

這裏所說的穩定，包括政治穩定、經濟穩定和社會安定。「世界銀行」在研究了東亞 8 個國家和地區經濟高速發展經驗後指出，東亞奇蹟並非不可思議，主要是依賴政治穩定。該小組也強調政治穩定對

---

[39] 中國社科院國情分析小組：「中國走向 21 世紀的經濟發展目標和基本發展戰略研究」，《管理世界》(北京) 1995 年第 5 期，頁 20-30.

中國大陸經濟發展的重要性，因此應當採用漸進方式來推行各項重大
改革和調整，過去那種一湧而上、大起大落、急刹車、硬落實的速成
策略，對中國大陸的經濟發展是不利的。

2，持久戰戰略

經濟建設中急於求的思想，曾經對中國大陸經濟發展造成嚴重的
損失。最明顯的是 1958 年「大躍進運動」，企圖以大搞群眾運動的
形式在短時期內達到極高的經濟發展指標，其結果是 1961 年國民收
入下降 29.7%，社會總產值下降 33.5%，使中國大陸經濟發展至少延
遲 7 年時間。因此，要徹底改變中國大陸貧窮落後面貌，不僅在經濟
總量上而且在人均水平上趕上發達國家水平，必須把持久戰略作爲經
濟建設的一個基本發展戰略。

3，適度高速發展戰略

依目前中國大陸對國民生產總值年平均增長速度的評估，年平均
增長 4%左右是低速發展，6%是中速發展，8%即爲高速發展。該小
組提出可以在滿足以下四個條件的情況下，採取一種「適度高速的發
展戰略」。這四個條件是：(1)經濟發展速度與國家擁有的資金數額、
物資數量和基礎設施的建設狀況相協調；(2)經濟發展速度與環境保
護相協調；(3)國民經濟各部門協調發展；(4)消費品價格指數的上升
率低於國內生產總值的增長率。

4，高度開放戰略

進一步擴大對外開放程度，包括擴大開放的規模、地區和領域，
降低關稅，大規模引進國外的資金、人才、先進的生產技術和管理技

術。要求所有的部門都參加國際競爭，通過國際競爭發展和引進先進技術，淘汰落後的制造技術和生產工藝，提高產品質量，降低生產成本。徹底改變部分內陸省份在思想觀念、訊息、技術，管理等方面的閉塞現象。

5，科技興國和教育興國戰略

為了在 21 世紀振興中華，克服在前進道路上的種種困難和挑戰，應當把科技興國、教育興國作為中國大陸走向 21 世紀的基本戰略，這是中國大陸經濟保持長期高速發展的基本保證。

七，經濟實力消長的關鍵

無論是官方的基本估計或學術機構的戰略獻策，中國大陸能否實現上述目標，將取決如下幾個關鍵性經濟問題的解決。本書導論中已指出，評估中國大陸的綜合國力重要的還不是國際位序的排名，主要在於綜合國力構成要素的內在分析。由以下的分析可以看出，關鍵性經濟難題若不能獲得解決，一切構想和戰略都將流於空談。換言之，中國大陸在經濟實力增強後，能否繼續增強，以及增強到何等程度，要看能否解決以及如何解決經濟領域中存在的嚴峻問題，因此，對中國大陸經濟實力的考察，可以歸結為對中共當局解決經濟問題能力的評估。

基本上，經濟總量的「增長」並不一定保證綜合國力的「發展」。對於經濟難題的解決，涉及經濟政策的制定與選擇，這不僅包括選擇

什麼政策手段來實現既定的經濟目標，還包括如何付出最低成本、承擔最低風險，以維持經濟運行的最高效率和穩定。

關鍵之一：克服國家財政困難

許多國家的經濟發展証明，政府在經濟發展中具有重要作用。爲使經濟得到迅發展，必須有一個強大的、集中的、穩定的、能夠連續執行政策的政府。中國大陸人口眾多，幅員廣闊，地區差別大。樹立政府權威，維護國家的集中統一，是增強經濟實力的必要條件。

中國大陸自 1980 年以來，中央對經濟的宏觀調控能力就表現出逐年下降的趨勢。國家財政收入占 GNP 比重由，1978 年的 31.2%下降爲 1992 年的 17.5%〔包括債務收入〕，而中央財政支出占 GDP 的比重，則由 1981 年的 12.6%下降爲 1992 年的 7.6%。中央政府財政支出占 GNP 的比重大幅低於世界發達國家和主要發展中國家。如 1990 年美國、日本、西德、英國、法國的中央政府支出占 GNP 的比重，分別爲 24.0%、16.7%、29.4%、34.8%以及 43.0%；1990 年的印度、印尼、泰國、韓國、新加坡比重分別爲 18.3%、20.4%、15.1%、15.7%、23.3%。由此可見，發達國家中央財政占 GNP 的平均比重約等於中國大陸的 4 倍，而主要發展中國家中央財政占 GNP 的平均比重約等於中國大陸的 2.4 倍。

中國大陸 1992 年政府財政支出中，中央政府占 41.6%，地方政府占 58.6%，而美國 1990 年政府財政支出中，聯邦政府支占 56.0%，州政府占 23%，州以下政府占 21%。這說明中國大陸是一個政府財力高

度分散的國家，這使中央控制宏觀經濟能力大爲下降，中央缺乏必要的資金進行全國基礎建設和瓶頸產業的投資，無力支援文教科研和國防經費等等，形成名符其實的「弱中央」的局面[40]。

如果從財政與 GNP 增長情況的逐年比較和財政收入占 GNP 比重的逐年變化來觀察，將可更清楚看出中國大陸財政能力逐年弱化的趨勢[41]：參見【圖形一】與【圖形二】。

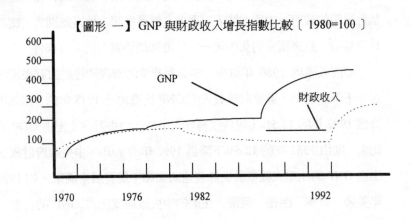

【圖形 一】GNP 與財政收入增長指數比較〔1980=100〕

---

[40] 數據引自「中國走向 21 世紀的經濟發展目標和基本發展戰略研究」，同
注 39，頁 20-30.
[41] 中國大陸學者也是政府重要智囊之一的胡鞍鋼認爲，財政能力是「國家
能力」〔概念上與綜合國力不同〕主要的構成部分。在這裏，國家能力
是指國家〔中央政府〕將自己的意志、目標轉化爲現實的能力。包括政
府汲取財政的能力、宏觀調控的能力、合法化能力、強制能力等四種能
力。其中國家汲取財政能力是最主要的能力，也是實現其他國家能力的
基礎。由此可見，財政能力是中國大陸未來綜合國力提升的最重要關鍵。
參見王紹光、 胡鞍鋼，「中國國家能力報告」〔遼寧：人民出版社，
1993 年〕，頁 3.

【圖形　二】財政收入占 GNP 比重逐年變化[42]

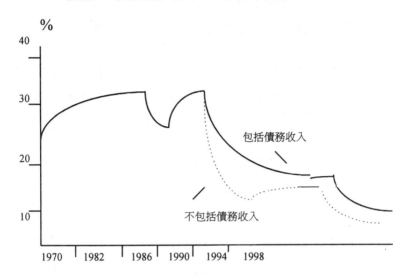

財政困難的另一標誌是負債問題。當年毛澤東、周恩來引以自豪的「既無內債，也無外債」的時代已經過去。達天文數字的內債不說，這裏只談外債。

大陸籌借外債起步晚，可是外債規模增長卻非常快速。 1985-1995 年 10 年間，外債規模增長即達兩倍多，平均增長率高達 9%，大幅高於同期 GNP 年均 8.8%增長速度和國家外匯收入年均 9%的增長速度。這樣大規模的外債在發展中國家是罕見的。自 1992 年起，外債規模就以 25%的速度遞增， 1993 年外債規模突破 1000 億美元大關，1994 年達到 1283 億美元。

迅速擴大的外債規模使還本付息負擔日益增加。由【表格 六】可以看出 1990 年前中國大陸的還本付息情況：

【表格六】 八０年代以來還本付息情況 〔單位：億美元〕

年份	1985	1986	1987	1988	1989	1990
還本付息額	8.4	62.3	51.2	71.8	170.2	96.1
占 GDP 比重	0.29	2.2	1.7	1.9	4.0	2.6
占財政支出比重	1.3	9.2	7.8	9.9	21.2	13.4

再從外債結構來看，不合理的外債結構也制約著中央政府的財政支配能力。外債來源區域相對集中在亞洲周邊國家和地區，歐美市場較小。雖然優惠性政府貸款和金融組織貸款的比重一直很大，但依浮動利率償還的商業貸款有逐年上升的趨勢。這無疑加大外債成本和使用風險。另外，舉借外債幣種單一化，過分依靠美元和日元。 1985年以來在外債餘額中，日債比重一直占 35%左右。日元在金融市場上幣值堅挺，還本付息受匯率變動影響較大，增加了外債使用的風險[43]。

---

[42] 參見胡鞍綱，「中國國家能力報告」，同注 43 ，頁 43 、頁 45.
[43] 參見鄭京平等，「九０年代我國的外債規模」，《中國國情與國力》(北

　　儘管中共當局一再強調債務負擔還沒有超出經濟承受能力,但實際上,外債規模已經接近國際「警戒線」,外債危機只是時間問題。

　　財政困難的另一個表現,就是財政赤字逐年增大。從【表格 七】中可以看出,「六五」時期財政赤字由 524.8 億元爲起點,「七五」即猛增三倍多,「八五」時期達到歷史高峰,而後雖有所下降, 1994 年又高達 1813.0 億元, 1995 年則到達 2021.6 億元的歷史新高峰[44]。由表中可以看出,中國大陸的債務問題隱藏著「延後爆炸性」,而中國大陸採取逐年消化的措施,依舊擋不住斥字的一再擴大。

【表格七】 「六五」以來中國大陸財政收支狀況(單位: 億元)

時期	總收入	總支出	名義赤字	債務收入	實際赤字
六五」時期	6830.8	6952.0	121.2	403.6	524.8
七五」時期	13517.7	13978.3	470.6	12237.2	1697.9
八五」時期	23905.6	25708.9	1803.3	4545.3	6438.6
1991	3610.9	3813.6	202.7	461.4	664.1
1992	4153.1	4389.7	2236.6	669.7	906.3
1993	114.8	5319.8	205.0	793.3	944.2
1994	5186.8	5819.8	638.0	1175.0	1813.0
1995	5845.0	6366.0	521.0	1500.0	2021.6

京), 1992 年第 6 期,頁 5-6.
[44] 數據引自鄭京平等,「輝煌又五年:『八五』時期我國經濟和社會發展回顧」,《中國國情與國力》(北京), 1995 年第 9 期,頁 19.

關鍵之二：降低通貨膨脹

自共產黨執政以來，在 1952-1978 的 23 年中，除了 1961 年零售物價上漲率爲 16.2 ％外，其餘的年份，零售物價漲幅都在 1 ％以內，甚至呈負增長狀況。但 1978 年以後，通貨膨脹壓力就越來越大。自 1984 年底城市經濟体制改革起，除市場疲軟的特殊時期外，零售物價指數一直居高不下，而且漲幅越來越高。「八五」前 4 年，零售物價總水平平均每年上漲 10.8 ％，其中 1994 年高達 21.7 ％；居民消費價格水平年均上漲 12.1 ％，其中 1994 年高達 24.1 ％[45]。

在所有高物價的年代中，1994 年物價上漲的特點還不只是在於幅度，而且還在於物價上漲影響層面之廣泛，爲歷年所未見。其特點包括：

1，居民消費價格中食品價格大幅上升，漲幅高達 31.8 ％，比其他的消費品漲幅均高出十幾個百分點，其中糧食、肉禽及其製品、食用植物油的漲幅分別達到 50.7 ％、41.6 ％、64.1 ％的高水平。對居民生活產生直接的衝擊與影響。

2，農村物價與城市物價同步上升，前者漲幅爲 23.4 ％，後者爲 25.0 ％；服務項目物價繼續高漲，漲幅高達 25.7 ％[46]。然而問題的嚴

---

[45] 數據引自「中國走向 21 世紀的經濟發展目標和基本發展戰略研究」，同注 39，頁 18.

[46] 數據引自李培育，「九０年代中國經濟的回顧與展望」，《科技日報》(北京)，1995 年 8 月 25 日，第 1 版.

重性還不在於通貨膨脹本身，而是在治理通貨膨脹的困難。面對日趨嚴重的通貨膨脹，中共當局至今還找不出有效的抑制對策。

　　儘管中國大陸對市場經濟一倡再倡，但長期以來市場機制對貨幣的供需不能進行有效調節，無法有效抑制對資金的過度需求。一般在市場經濟体制較完善的國家，政府可以用單一規則增長的貨幣供應來控制需求，但而在中國大陸，由於利率長期採取行政定價，反映遲緩、僵化笨重，不僅資金需求量變化對利率的升降影響不大；利率機制也缺乏對資金的調節效果。另一方面，由於國有企業產權不明晰，資產和利益不對稱，管理水平較低落，基本上沒有形成精打細算的職業企業家（目前許多廠長經理是官員），企業和投資者對利率變動反映不靈。而中國大陸銀行信貸資金的 88 ％左右貸給國有企業和國有投資項目，無法實行單一規則的貨幣供應，也不可能實行單一規則的貨幣增長供應，無法宗分發揮市場機制平衡資金供需的作用。

　　進一步分析，在當前的政府、銀行和投資体制下，地方政府對資金有極大的需求，形成地方對銀行体系貨幣供應的強大「倒吸力」，中央銀行因此很難控制貨幣供應缺口。另一方面，地區之間存在著有著強烈的攀比意識，要增長就得爭投資、爭資源、爭貸款。據調查，在地方政府上馬的投資項目中，有相當一部分被戲稱爲「首長項目」，投資內容往往只是「過場式」的「可行性研究」，甚至是非生產性的「假可行性研究」。這種假性需求長期以來構成了對通貨膨脹的人爲性壓力。許多地方企業長期虧損，但地方政府爲了維持地區的就業和社會穩定，往往迫使銀行体系貸出所謂的「安定團結貸款」。換言之，中央銀行的貨幣供應所承受的主要不是來自中央的壓力，而是地

方政府的催討。貨幣閘門在這種強大吸力下，不得不供應大量貨幣，形成流通中過多的貨幣，導致久治不瘉的通貨膨賬。

　　儘管近年來中央政府宣稱採取「緊縮財政」的措施，通過抑制財政支出以平抑物價，但實際上，自 1981-1987 年政府部門職員數量的增長速度爲年平均 8.9 ％，高於大多數部門勞動力的增長率，並且遠遠高於整個大陸勞動力年平均增長 2 ％的速度。 1993 年國有單位中每 100 名職工就有 9 名在行政機關、黨政機關和社會團体中兼職就業。國家財政支付的行政管理費用從 1978 年的 49 億元增加到 1993 年的 540 億元，是政府各項開支中增長速度最快的一個項目， 15 年中增長了 11 倍。另一方面，隨著改革的深入，企業的工資增長已經很難加以控制，在產權不清的情況下，企業的廠長經理總有一種增加福利和增加工資的偏好。「吃皇糧」和「加工資」，通貨膨賬問題自然日趨嚴重[47]。

　　在所有抑制通貨膨賬的方法都一一失效之餘，抑制社會超額需求的有效手段，就剩下了用行政手段來控制信貸規模和控制投資規模。然而，近年來地方政府權力擴大，投資資金多渠道化，中央對於投資規模的控制已日趨困難。於是，抑制通貨膨賬最後手段就剩控制信貸規模。但是近年許多國有企業的剩餘流動資金已趨於微薄，各種名目的呆賬越來越多，企業流動資金主要依靠銀行貸款獲得供應和補充。粗略估計，銀行貸款在企業流動資金中所占的比例幾乎要達到 90 ％以上。在此情況下，緊縮貸款也就意味著緊縮企業生產。換言之，以

---

[47] 數據引自周天勇，「中國發展面臨的三大嚴峻問題」，《當代經濟科學》

緊縮信貸規模爲主要手段的反通貨膨賑策略，具有很大的反作用，例如限制了生產規模和企業的擴大，將使往後的供給和需求關係更加惡化。應該緊縮的需求收縮不了，而在抑制通貨膨脹時，正常的生產卻受到影響，治理通貨膨脹的最後手段也難以收效。

關鍵之三：解決失業和流民問題

在中國大陸的土地上，存在著一支龐大的城市失業者和流動農民大軍，構成了中國大陸增強經濟實力的巨大障礙。失業與流動農民問題，是勞動力供需失衡的具體反映，問題涉及農村、人口、城市三大環節，同時也是城鄉、地區、貧富差距的集中表現。

從九０年代後 10 年和下世紀初前 10 年的勞動力供給來看，具有如下幾個特點：

1，就業壓力龐大

一般而言，在工業化和城市化的早期階段，實際勞動人口占勞動年齡人口約在 85 ％以上，到了後期階段，則大約降在 75 ％以下。目前中國大陸正處工業化早期階段，但據統計， 1993 年實際就業的社會勞動人數爲 60590 萬人，勞動力資源利用率僅有 77 ％左右。相對於世界各國工業化早期發展階段，中國大陸勞動就業率明顯偏低，這說明有一大比例的城鎮和農村中的勞動力處於待業狀況。

在本世紀末最後幾年中，除了每年平均需要消化新增的 311 萬勞

(西安)， 1995 年第 4 期，頁 18.

動人口之外，平均每年至少還需消化由於失業率提高，而需要重新就業的幾百萬人。從勞動力的初次分配來看，本世紀末的最後幾年，每年平均有 1200 萬左右勞動力需要就業，其壓力之龐大難以想像。

2，轉業壓力巨大

據統計， 1990 年在全民所有制單位的勞動者達 11094 萬人，其中約有三分之一的職工屬於「在職富餘」人員，隱蔽性失業人數達 3000 萬人以上；另外隨著企業技術進步和資本有機構成的提高，或是企業經營調整（如關、轉、併乃至破產，如媒礦、森林枯竭等），每年由這些企業中逸出的大量轉業人員，保守估計每年不下 100 萬人。因此，從勞動力的重新分配來看，若按照勞動力資源有效利用的目標，本世紀末幾年內每年平均要有 1600 萬勞動力需要重新轉業。

3，流動農工就業壓力龐大。據統計， 1990 年至 2000 年，城鎮勞動力供給每年平均增加約 1180 萬人，其中農村向城鎮轉移的勞動人口每年平均為 992 萬人， 2000 年至 2010 年，城鎮勞動力供給每年平均將增加 1511 萬人，其中農村向城鎮轉移的勞動人口將達 1042 萬人； 20 年中城鎮增加勞動力供給總計達 2.7 億人，其中農村將向城鎮轉移勞動人口總計近 2 億人[48]。

城鎮失業和農村流民，幾乎是以「滾雪球」的態勢在增加，若以25%-43%的流動趨勢率計算，中國大陸未來 10 年中的失業壓力和外出農民工規模，可以由下表看出：

---

[48] 參見周天勇，「中國發展面臨的三大嚴峻問題」，同注 47，頁 19-20.

【表格 八】預計 1995 -2004 年 10 年間城鎮失業與農工流動人口(單位：萬人)

年份	1995	1996	1997	1998	1999	2000	2001	2002	2003	2004
城鎮失業人口	2424	2570	2705	2852	3003	3149	3314	3482	3654	3829
流往城鎮農工	7325	7650	7920	8146	3326	8460	8666	8834	8959	9043

關鍵之四：緩解貧困人口

僅管中共當局宣稱全中國大陸基本解決了溫飽，人民生活正向小康邁進，並預言下一世紀初將實現小康局面，但是實際上，在當前所得分配出現兩極化的的過程中，局部地區已出現嚴重的貧困化趨勢[49]。貧困趨勢不緩解，綜合國力的提升將只是緣木求魚。然而種種跡象顯示，大陸的貧困趨勢〔相對貧困〕只會加劇不會和緩。

貧困人口的估計因「貧困線」的不同劃分標準而產生相當的差

---

[49] 貧困，在概念上可以劃分為「絕對貧困」與「相對貧困」。中國大陸對貧困的統計多半採用「絕對貧困」的概念。絕對貧困是指一個人或一個家庭的生活水平達不到一個社會可以接受的最低標準。至於「貧況線」是指在一定時間、空間和社會發展水平上，維持人們基本生活所必需的物品和服務的最低費用。

異。從 1978 年以來，中共當局在解決貧困問題上投注了大量的精力[50]，根 據中共官方統計，中國大陸絕對貧困意義上的貧困人口基本上是呈現下降趨勢的。貧困人口、貧困規模與貧況發生率皆有明顯下降，但「貧困問題」仍然是一個巨大而嚴峻的問題。

根據中共「國家統計局」 1994 年對 30 個省〔自治區、直轄市〕所作的調查， 1994 年中國大陸農村貧困人口總計爲 7000 萬人，比 1992 年減少了 1000 萬人，農村貧困人口比重爲 7.7%，比 1992 年下降了 1.1 個百分點。「國家統計局」所採取的計算方法是，依據農村居民維持基本生存所必需的最低費用、食品支出比重、最低熱量攝入量、基本食品消費項目、最低消費量選擇、基本食品價格的確定、最低食品支出額等等標準，以 1990 年不變價格計算出農村貧困線爲年人均純收入 300 元。在此基礎上，再考慮物價上漲因素，推算出 1994 年貧困線爲年人均純收入 440 元。根據此一貧困線標準估算〔基本上，中國農民的生活最低要求，客觀上已經相當低落〕，中國大陸當前低於年人均純收入 440 元的貧困總人口，保守估計在 7000 萬人以上[51]。

參見【表格 九】

---

[50] 據估計，中共當局每年大約撥出 40 億元從事扶貧工作，但中共當局自己評估，龐大的扶貧基金相對於巨大的貧困人口來說，強度還是不夠的。因此，在「國家八七扶貧攻堅計劃」中，中共當局已將公元 2000 前年解決農村貧困人口溫飽問題，緩解並消除絕對貧困，列爲一項重大任務。 參見「中

國 21 世紀議程－中國 21 世紀人口、環境與發展白皮書」，〔北京：中國社會科學出版，1944 年〕，頁 49.

[51] 參見《中國統計》，〔北京：中國統計雜誌社〕1995 年第 7 期，頁 14.

【表格九】 1978 － 1990 年中國大陸農村的貧困化趨勢

年份	鄉村人口 (億人)	貧民困發生率 (%)	貧困規模 (億人)
1978	8.03	30.7%	2.05
1985	8.44	14.8%	1.25
1990	8.96	9 .4%	0.85
1992	9.12	8.8%	0.80
1994	9.13	7.7%	0.70

　　如果深入觀察貧困的內涵與特徵，當前中國大陸的貧困化趨勢不僅存在於廣大農村，也存在於城鎮。城鎮貧困問題卻往往被人忽略。

　　1，城鎮貧困化特徵

　　城鎮貧困家庭的特徵是：入不敷出，食品消費處於低水平，絕大多數貧困家庭主要依靠困難補助或親朋、同事的資助，或者舉債維持生活。城鎮貧困家庭住房水平低，日常衣著用品少，家庭生活設施簡陋，家庭成員患病不能及時醫治，因生活所迫子女輟學或未成年勞動者比例過高。

　　以上海市和廈門兩市為例， 1993 年兩市制定了職工及其家屬最低生活標準，分別為 150 元(家屬 120 元、職工本人 165 元)和 130 元。若考慮 1994 、 1995 年價格分別上漲 20%和 13%(生活消費物價上漲指數比此還高)，兩市 1994 和 1995 年的最低生活保障標準，應分別為 180 、 203 元和 156 、 176 元。至於其他城鎮，居民最低生活保障標準將比兩市低一些， 1994 、 1995 年估計在 140 元和 150 元左右。

因此，一般所謂「城鎮貧困化」是指城鎮居民家庭每月人均貨幣支付能力低於「最低生活保障標準線」下。近年來，企業離退休職職工的退休工資偏低，物價上漲，城鎮貧困人口規模越來越大。如果按照 1989 至 1993 年城鎮貧困人口規模的平均增長率計算，最保守預計， 1995 年城鎮貧困人口也將達 2300 萬人。

　　2，農村貧困與農村外流人口的貧困特徵

　　農村貧困化的特徵是，每年斷糧在 15 天以上，營養極度不良，沒有像樣的衣物和被褥，多不禦寒，住房特別簡陋，不擋雨雪風寒；室內家具價值往往不超過幾十元，衛生狀況極差，日常收入僅夠支付油、鹽、火柴等開支，重大的疾病將使家庭陷於絕境，沒有能繳納學費，子女不能就學。

　　關於農村貧困人口的估計，大陸學術機構依貨幣支出能力作出的估算，要比官方依年均純收入的計算來得嚴重。一項研究顯示，依據 1992 年「國家統計局農調總隊」所確定的農村貧困線為 317 元，到 1993 至 1995 年，依「貧困」、「中度貧困」、「極度貧困」三種標準，農村貧困線分別為 487、 430、和 358 元。以此估計， 1993 年農村每年人均貨幣支出能力在 358 元貧困線以下的人口，約在 8000 至 9000 萬人。

　　近年來，由於農業生產資料、工業生產原料和糧食價格上漲，城鄉收入差距拉大， 1994 年的貧困線因此上調為 430 元，然而在此貧困線以下農村人口仍然超過了 9000 萬，若以相同標準衡量， 1995 年農村貧困人口將達到一億之眾。

　　農村貧困人口有一大部分產生於外出流動的農工人口之中。外出
人口貧困的特徵是：日工資收入低，甚至許多天沒有收入，勞動強度
大、時間長，工作條件和環境差，健康受到損害，飲食水平低，按照
所付出的勞動強度不能獲得相應的熱量和營養攝取，有的甚至因許多
天沒有收入而導致三餐不繼，居住條件差，冬不擋風寒，夏不擋雨淋，
沒有能力醫治大的疾病，有時嚴重的病況使其陷入困境甚至絕境。

　　若以外出流動農民的 15% 保守比例估算，所謂「貧困人口」的增
長規模，可由【表格　十】看出趨勢。

【表格十】 1995-2004 年貧困流民人口增長趨勢[52]

年份	1995	1996	1997	1998	1999	2000	2001	2002	2003	2004
貧困流民人口(萬人)	1099	1148	1188	1222	1249	1269	1300	1325	1344	1356

關鍵之五：縮小貧富差距

　　中國大陸的貧富差距原因是多方面的，一個基本原因就是區域發
展不平衡，以及宏觀經濟管理的不協調。雖然區域發展差距是區際合
作和競爭的基礎，但差距過大，會導致產業結構斷層、收入分配不公、

---

[52] 數據引自周天勇，「中國發展面臨的三大嚴峻問題」，同注 47，頁 21-
22.

國際貿易受阻、消費過度與消費不足並存，並最終引發社會問題。然而當前的問矛盾是，單純依賴市場力量不足以解決區域發展差距的問題，但國家宏觀調控又容易抑制經濟發展的利益誘因。可以確定的是，中國大陸的地區差別不斷擴大，至今未出現妥善解決的跡象。這一問題不妥善解決，不但會影響政治隱定和民族團結，而且會嚴重地影響經濟建設，成為綜合國力發展的最大障礙。

觀察貧富差距可以由「國民收入差距」、「儲蓄比例差距」、「區域發展差距」和「經濟增長或人均 GDP 差距」四項指標來衡量。這裏除了說明其差距現況，也分析差距的擴大趨勢。

1，國民收入差距

貧富差距是主要是指國民收入的分化和差距。宏觀上看，收入差距是社會總體分配格局的核心問題，微觀上看，則是衡量居民消費能力和滿足感的具體指標。依據「中國社會科學院」主編「1994-1995年中國：社會形勢分析與預測」指出：「不同地區、不同群體及不同階層居民收入差距的分化，是影響中國社會穩定和發展的最關鍵因素之一」[53]。而當前中國大陸居民收入的基本情況是：在收入增加的基礎上，相對差距持續擴大。

依據國際通用指標，衡量一個國家貧富差距的標準是根據洛倫茲曲線（LOrenz Curve）測算出來的「基尼系數」（Gini Coefficient）。該系數位於 0-1 之間，數值越小，表明收入分配越平均，反之，數值

---

[53] 參見 江流、陸學藝、單天倫等編，「社會藍皮書：『1994－1995年中國：社會形勢分析與預測」〔北京：中國社會科學院，1995年〕，頁101.

越大，則表示收入差距擴大。中國大陸目前的基尼系數究竟有多少，由於相關統計資料的缺欠和計算上的技術困難，尚存在不同的看法，有的認為是 0.4，有的認為至少在 0.5 以上。但不管計算結果如何，中國大陸的基尼系數偏高已是事實，它不僅高於發達國家，而且也高於部分發展中國家。

中國大陸是一個「發展中的低收入國家」。依據經濟學家提出的收入分配「倒U字型」理論，一個國家所得分配不均等多半發生在由前工業化過渡到早期經濟增長的階段。在此時期中，當人均國民生產總值偏低時，收入分配較為均等，當人均國民生產總值逐漸升高時，收入差距就開始拉大[54]。當前中國大陸正處於這個時期。

根據「世界銀行」的推算並作適當調整，1980 年中國大陸的人均國民生產總值約 410 美元（1980 年美元），若以 1970 年美元計算約為 205 美元，這就意味著中國大陸在 1970 年代中期，就開始進入了貧富分化的擴張階段。

從「世界銀行」的推算可以看出，中國 1978 年的基尼系數為 0.31，顯示貧富差距是比較小的，這與中國大陸當時實行的平均主義分配体制大体上是相吻合的。但自 1979 年中國大陸進一步走上現代發展之路以後，人均國民所得進入 300 到 500 美元的區間時，分配非均等化特徵就明顯表露出來，並且有逐漸擴大的趨勢。

(1)工農、職工、幹部〔職業類別〕收入的比較

---

[54] 趙春明，「對我國貧富差距問題的思考和分析」《北京師範大學學報》(北京)，1995 年第 2 期，頁 19-21.

　　從工農差別來看，由於計劃經濟時期實行「犧牲農業保障工業」的戰略方計，使工農產品長期存在「剪刀差」，農民收入始終偏低，兩者的差距越拉越大。如農業收入對照工業收入之比來看， 1952 年為 0.419， 1960 年降至 0.313， 1970 年雖升為 0.437，但 1975 年又下降到 0.383， 1979 年再次降為 0.374， 28 年間下降了 4.5 個百分點。據作者一次大陸訪問調查得知，大陸農民經常抱怨：工農差別不是「剪刀差」，而是「斧頭差」！

　　其次，即使農民之間的收入，差距也是可觀的。由於不同生產單位存在生產設備、自然條件、經營管理以及政治背景等方面上的差別，農民之間的人均收入差距並不亞於工農差距。以省為單位計，不同省市的農民人均收入相差 2 至 3 倍；以縣計，可達 5 至 6 倍；若以生產單位計，則高低收入差距可逾 10 倍。

　　從工人及機關幹部之間的收入差別來看，中國大陸長期實行工資等級制度所規定的高低差別，也超過了世界上的大多數國家。改革前的工資制度是 1956 年制訂的， 1963 年略作修正。按照工資等級標準，行政部門的高低收入分別是 23 元和 404.8 元，倍數為 17.6；工業部門的工資收入相差 8 倍左右。若按實際的起點工資計算，則全社會的工資差別在 11 倍以上。這一數額超過了當時其它社會主義國家的工資差別。例如羅馬尼亞高、低工資之比雖然在 1956 年達到 23 倍，但此後便持續下降，到 1975 年已降為 5.5 倍；前南斯拉夫規定個人最低收入應為全國居民平均水平的 80％，高低差別一般不能超過 4 倍；以韓國為例，同一行業方工人工資差別則更低，只有 2 至 3 倍左右。不僅如此，中國大陸的工資差別甚至還大於西方國家雇用勞動者之間

的差別。據法國 1970 年的調查，一般職工工資收入之比為 1 比 4，
此後則不斷縮小；日本職員與生產工人的平均工資是 1： 0.73 ～ 1：
0.78，職員內部高低差別為 1： 2.32。美國差別較大，職員收入高低
差別約 5 倍，一般行政人員為 8.7 倍，但即使如此，也尚未超過中國
大陸[55]。

(2)地區間國民收入差距的擴大趨勢

以中國三大地域〔東部、中部、西部〕來說，依據 1994 年上半
年統計，東、中、西部居民每月人均生活費收入分別為 316.3、 202.4、
211.1，三個地區的收入增長分別比 1993 年增加了 36.8%、 33.6%、
28.7%〔以東部為 1〕，但收入差距則由 1993 年的 1： 0.66： 0.71
擴大為 1： 0.64： 0.67。

再以不同地區的城鎮居民來看，以 1993 年按省份統計的城鎮居
民最高收入〔廣東，人均 4275 元〕和最低收入〔內蒙古， 1710 元〕
之比，已達 2.50： 1，而 1991 年，最高人均和最低人均的差距是 2.15：
1， 1987 年則只有 1.72： 1。而省區內不同地區的差距則更為明顯，
1993 年深圳市居民人均生活費高達 7070.5 元，比廣東省平均水平高
出 60%以上。至於農村居民收入， 1992 年東、中、西部農民人均純
收入差距之比為 1： 0.69： 0.66，1993 年擴大為 1： 0.66： 0.54，
反映收入差距的農戶間收入基尼系數，由 1992 年的 0.3135 擴大到
1993 年的 0.3304。縱向來看，在 1993 年的農村人均純收入的排序中，
上海以 2726.95 元居於榜首，第二和第三分別是北京和浙江，但第二

---

[55] 同注 54，頁 19-20.

位和第三位和上海的差距就高達 850 元和 1000 元。而排名最後的甘
肅省，只有 550.83 元，僅及上海的五分之一。以總體農村收入增長趨
勢來看，1993 年全國農村居民年純收入比 1993 年增長了 3.2%，全中
國大陸達到這一水平的只有 11 個省份[56]。

　　以全國範圍內城鄉收入差距反映出較為明顯的職業區別和社會
階層的差異。城鄉差距基本上和地區差距一樣呈現擴大趨勢。1992
年城鄉收入差距為 2.3：1，1993 年則擴大為 2.5：1。雖然在 1994
年間，農民現金收入的增長幅度超過城鎮居民現金收入的增長幅度，
但增長因素並不能真實反映農民收入的增加和城鄉差距的縮小。理由
是，1994 年農民現金收入增長的因素主要是農產品價格的上漲，而
非經濟發展的結果，其暫時性和階段性的特點是十分明顯的；扣除物
價因素之後，農村居民收入增長幅度為 13.3%，城鎮則為 7.8%，城鄉
收入比就達到 41：1，差距還是在擴大；另外，城鄉消費水平差距
繼續擴大，1994 年上半年農村居民生活消費支出增幅在扣除物價因
素之後為 4.7%，仍低於城鎮的 5.9%，其中主要原因是農產品價格上
漲同時，生產資料價格也在上漲，農民生產費用大幅增加，抵銷了其
生活費用支出的能力[57]。

　　(3)高低收入的差距

　　再從高低收入的差距來看，高低收入的進一步分化，其特色表現
為兩個高低階層的「相對穩定化」。據中共「國家計委」人力研究所

---

[56]參見江流、陸學藝、單天倫等編，「社會藍皮書：『1994－1995 年中國：
　　社會形勢分析與預測」〔北京：中國社會科學院，1995 年〕，頁 102-102.
[57]同注 56，頁 103-104.

的調查，目前城鄉居民中的「高收入者」已經逐漸形成一個明顯的階層，這一階層主要由 14 類人員所構成：股票證券經營中的獲利者、部分收入較高的個體工商戶、部分私營企業主、出場費較高的歌星、影星舞星... 等等。

與高收入者形成鮮明對照的，主要是中西部的貧困農民，目前有 8000 萬人處於溫飽問題未能解決的狀態。在城鎮方面，據統計， 1994 年上半年人均月收入在 103 元以下的城鎮居民有 2000 萬人，兩者合計達一億人以上[58]。

2，居民儲蓄比例的差距

從總体上看，中國大陸改革開放十多年來，基本上已打破了傳統經濟管理体制條件下的「先國家、二集体、三個人」的分配格局，逐步走向「藏富於民」的政策。據「國家統計局」公布的資料，中國大陸居民個人可支配收入占國內生產總值比重： 1978 年爲 49.3 ％， 1984 年爲 59.6 ％， 1985 年爲 58.7 ％， 1990 年達到 61.7 ％， 1991 年雖略有下降，但也高達 60.8 ％， 14 年間增加了 11.5 個百分點。

但在這個增幅中，每個人的所得是很不均衡的。據 1990 年 11 月份資料分析，中國大陸全國居民儲蓄存款爲 6932 億元，人均存款 611.3 元，其中城鎮居民爲 5094 億元，人均 1718 元，農村存款額爲 1830 億元，人均 207 元，二者相差達 8.3 倍。若以最高水平的珠海來計算，則其人均儲蓄額（ 3971 元）是全國居民人均存款的 6.5 倍，是農村人

---

[58] 「社會藍皮書：『 1994 － 1995 年中國：社會形勢分析與預測」，同注 56，頁 104.

均存款的 19.2 倍。到 1992 年 6 月底，中國大陸城鄉居民的儲蓄存款餘額增爲 10441 億元，其中城鎮居民 3445 億元，農村居民 2932 億元，城鄉個体戶 2737 億元，非農居民 1327 億元。如果將個体戶和非農居民存款除外，則中國大陸城鄉一般居民人均存款數僅爲 550 元，其中 8 億多農民的人均存款只有 295 元。這意味著人口占 95 ％以上的普通百姓，只不過在解決了溫飽之後略有盈餘。而與此同時，占人口不到 3 ％的高收入戶卻占總儲蓄額的 28 ％，人均存款爲 5400 元，是普通城鎮居民人均存款額的 5 倍、農村居民的 18.3 倍，差距十分懸殊[59]。

3，經濟增長和人均GDP的比較

(1)省際經濟增長的差距

中國大陸實行改革開放以來，經濟增長進入高速增長階段，但是這種增長是極不平衡的。1979 年至 1992 年期間，大陸經濟年增長率最高的省份是廣東 13.3%，其次是浙江 12.5%，海南 12.0%(1987 至 1992 年數據)、福建 11.6%，山東、江蘇和新疆均爲 11.4%。這七個省區是改革以來中國大陸經濟增長速度最快的地區。經濟年增長率最低的省份是黑龍江，爲 6.0%，其次是青海，爲 6.2%。較高省份和較低省份經濟增長的差距達 7.1 個百分點%。

1992 年以來，中國大陸各地區經濟增長率出現了更大的差異性。1992 年 GDP 增長率最高的省份是江蘇，爲 26.2%，最低的省份是黑龍江，爲 6.5%，兩者差距 19.7 個百分點。當年 GDP 增長率在 20%以上的省份有：海南(23.3)。廣東(22.0%)，福建(20.8%)； GDP 增長率

---

[59] 趙春明，「對我國貧富差距問題的思考和分析」，頁 18.

在 10%以下的省份有：西藏(7.1%)、青海(7.4%)、寧夏(7.5%)、陝西(8.7%)、

貴州(9.1%)、甘肅(9.7%)，大部份屬於少數民族地區。 1993 年 GDP 增長率最高的省份是浙江，爲 25.7%，最低的省份仍然是黑龍江，爲 5.8%，兩者相差 19.9 個百分點。當年 GDP 增長率在 20.0%以上的省份是：福建(25.7%)、海南(24.5%)、廣東(22.3%)、山東(22.3%)、安徽(22.3%)、廣西(21.2%)、江蘇(20.1%)。當年 GDP 增長率在 10%以下的省份有：西藏(8.2%)、新疆(9.5%)、青海(9.6%)、貴州(9.9%)。

(2)人均 GDP 的差距

真正反映地區差別的還不是經濟增長的總量，而是人均 GDP 。衡量人均 GDP 的差距可以由「地區人均 GDP 差距」、「全國最高－最低人均 GDP 差距」、「最富－最窮地區人均 GDP 差距」 、「最富省市－最窮省市人均 GDP 差距」四個方面來分析。

(a)東、中、西部地區人均 GDP 差距

當前中國大陸發展的最大差距就是所謂的「東西部差距」。自 1978 年至 1994 年，中國大陸東、中、西部人均 GDP 差距持續擴大，下表可以看出一般一 般趨勢：

【表格 十一 】東、中、西部人均 GDP 相對、絕對差距比較[60]

單位：元(人民幣)

---

[60] 參見楊春貴，「學習江澤民同志《正確處理社會主義現代化建設中的若干重大關係》(第十二講)」〔北京：中共中央黨校出版社， 1995 年〕頁 89.

		1978 年	1994 年	差距值
東 部 中 部 西 部		466 312 257	5352 2878 2320	
東部與中部	相對差距	33%	46.2%	13.2%
東部與西部		44.8%	56.7%	11.9%
東部與中部	絕對差距	154	2474	16.1%
東部與西部		209	3032	14.5%

(b)全國最高－最低人均 GDP 差距

先看全國最高地區和最低地區人均 GDP 絕對差距：

從 1978 年至 1994 年，大陸全國高低人均 GDP 的絕對差距不斷擴大。絕對差距 1978 年為 451 元，1985 年增加為 658 元，1990 年擴大為 1133 元,按現價計算,差距缺口擴大大約 2.5 倍。九０年代以後，差距仍然繼續擴大，1991 年擴大為 1324 元，1992 年擴大為 1683 元，1993 年進一步擴大為 2220 元；

再看全國最高和最低地區人均 GDP 相對差距：

九０年代以來，全國高低人均 GDP 相對差距也出現擴大趨勢。從地區人均 GDP 相對差異系數(指標準差除以平均值)來看，1990 年為 2%，1991 年為 66.8%，1992 年上升為 71.4%，1993 年略有下降為 9%，但仍高於 1990 年水平。若不考慮京、津、滬三大直轄市，人均 GDP 相對系數 1990 年為 29.4%，1991 年為 31.2%，1992 年上升為 34.7%，1993 年又進一步上升為 38.6%。

(c)全國最富和最窮地區人均 GDP 差距

先看絕對差距：

從最富的上海和最窮的貴州人均 GDP 之差看， 1978 年為 2323 元， 1985 年擴大為 3437 元， 1990 年擴大為 5024 元，按現價計算，差距缺口擴大為 2.2 倍。若不考慮京、津、滬三大直轄市， 1978 年最富的遼寧省與最窮的貴州省人均 GDP 相差 502 元。 1985 年最富的廣東省和和最窮的貴州省人均 GDP 相差 960 元， 1990 年急速擴大為 1658 元，差距缺口達到 3.3 倍。九０年代以後， 1991 年最富的上海和最窮的貴州相差 5785 元， 1992 年為 7643 元， 1993 年擴大為 10,468 元，按現價計算，差距缺口比 1990 年擴大 2.1 倍。

再看相對差距：

1990 年最富的上海和最窮的貴州人均 GDP 之比， 1990 年為 7.3 倍， 1991 年為 7.5 倍， 1992 年上升為 8.6 倍， 1993 年又上升為 9.5 倍；若不考慮京、津、滬三大直轄市的話， 1990 年廣東省與貴州省人均 GDP 之比為 3.1 倍， 1991 年為 3.1 倍， 1992 年為 3.2 倍， 1993 年又上升為 4.0 倍[61]。

貧富差距也反映在外商投資的方向。一般所說中國大陸地區經濟發展的差別，主要就是指沿海地區與內陸地區之間的差別。 1992 年沿海地區的人口占整個大陸人口的 3%，內陸地區占 58.7%，而 1991 年沿海地區占整個大陸 GDP 的 54.9%，內陸地區其占 45.1%。同年外商向沿海地區的直接投資占全部投資的 89.1%,內陸地區只占 5.4%(其

---

[61] 數據引自胡鞍鋼，《中國地區發展不平衡問題研究》，《中國軟科學》(北

餘比重爲未分類數字），沿海地區的國內資本形成占其總數的 57.0%，
內陸地區只占 38.9%[62]。

關鍵之六：扭轉農業基礎

中共當局多次承認，農業基礎脆弱和發展的落後性，是當前中國
大陸經濟實力最薄弱的環節。然而儘管面對社會和經濟發展對農業提
出強烈的要求，由於受到下列各種矛盾的制約，未來中國大陸農業的
增長仍然十分艱難。

1，耕地資源不斷減少，農業增長空間日趨狹小。

大陸是一個資源約束極爲強烈的國家，土地尤其是耕地資源高度
短缺。目前大陸人均耕地面積只有 1.2 公畝，同世界各國相比，大陸
人均耕地面積只及世界人均耕地面積的 32%、美國的 10%、法國的
28.5%、加拿大的 4.8%、澳洲的 3%。要在這個十分有限的資源空間
上解決未來 14 億人口吃飯問題已相當困難。但更嚴重的是，今後 15
年的耕地還要繼續減少。

當人均 GDP 要從低收入國家進入到中等收入國家水平的行列
時，勢必要越來越多依靠第二、第三產業的發展。而這兩大產業的發
展必然會從要素配置上對土地提出新的需求，迫使耕地向二、三產業
轉移。即使以樂觀的態度分析，未來 15 年中共當局若能採取有力措

京）1995 年第 8 期，頁 5-46.
[62] 數據引自張守一，《2000 年中國經濟發展前景與預測會議紀要》，《經濟
學動態》（北京），1995 年第 8 期，頁 20.

施，使耕地占用速度不再加快，每年耕地減少規模與改革 15 年來的情況大致相同，那麼，今後 15 年間整個大陸耕地還是要減少 6000 萬畝。顯然，耕地的不斷減少將使糧食生產愈趨緊張，對農業的生存與發展形成巨大威脅。

2，農業剩餘勞動力過多，難以實現規模化經營，影響了農業產品商品率和勞動生產率的提高。根據先進工業國家的經驗，當一國經濟發展進入工業化中期階段，傳統生產部門的剩餘勞動力轉移任務已基本完成，這時社會勞動力供給將出現短缺現象。然而，大陸情況與此完全相反。未來雖然經濟發展將步入工業化中期階段，但農業部門的勞動力仍將大量剩餘。

3，農產品生產成本不斷上升，收益持續下降，農業的比較優勢隨之很快喪失。由於人多地少，要想在有限的土地上增加生產，必須不斷加大物質技術的投入，其結果是農業生產成本持續上升。 1987 至 1992 年，大陸的糧食、棉花、油料和糖料四大宗產品的每畝物質生產成本分別上升了 2.05 倍、 2.61 倍、 2.13 倍和 4.33 倍，而同時期四類產品每畝產量僅僅分別增長 51.3%、 37.3%、 29.2%、 44.4%。面對單位產品成本迅速上升的壓力，農產品價格自然節節上升。自 1978年以來，中共當局為了政治因素採取強力穩定農村的政策，主要農產品收購價格的上漲速度大幅超越國際市場，上漲幅度甚至超過一倍以上，最高達到十倍。這將使主要農產品的價格與國際市場差距越來越小，屆時農業在國際市場上的競爭將迅速消失。一旦農業比較優勢喪失後，如果完全開放國外市場，大陸的農產品價格將很難再大幅上漲，相反的，農業生產成本卻不受限制地增加，農業收益將急劇下降，

農民無利可圖，最後必將導致農民壓縮生產甚至放棄生產。

4，農業發展資金短缺

當前中國大陸以活勞動投入為主體的傳統農業增長方式已達到臨界點，農業的增長將愈來愈多的依靠資本和現代物質技術投入的增加。實際情況顯示，以資金為主體的物質技術投入對農產品增長的貢獻在迅速上升。但是這種趨向與中國大陸未來的結構轉換將發生尖銳的衝突。在 1996 至 2010 年間，工業發展特別是城市工業發展將全面進入產業升級和集約化經營階段，需要大量的資金投入，在資本配置上，工業與農業發展將形成了強烈的競爭關係。在全社會資金有限的條件下，工業發展愈快，產業結構轉移愈迅速，占有資金就愈多，相反農業發展占用的資金便越來越不足。一個明顯的趨勢是，未來工業要長期保持一定速度的增長，農業發展必然會面臨資金投入不足的困境[63]。

儘管中共當局一再宣稱要把農業問題放在經濟發展的首要位置，要加大對農村的投入，但實際上，農村資金的投入長年不及農業總產值的增長。1991-1994 年間，農業總產值年均增長 6.6%，農業資金年均增長僅僅 18%，扣除同期價格因素，產值與資金兩者大致相互抵消。另一方面，農村資金對農業的真正投入多年來一直呈現「被排擠」的現象。以農村外部資金來說，1995 年在國家固定資產投資中，無論在總量或分配上，工業依然占據絕對多數，對農業投入的下滑局面依然沒有改變。再以農村內部資金來說，農業與非農業投資的比重

---

[63] 參見馬曉河，「1996—2010 年我國農業發展思路」，《農村經濟文稿》（北

依然向非農業傾斜。「八五」時期，非農業投資年均增長 58.1%，而對農業的投資年均增長僅爲 27%，是非農業的二分之一。下表可以看出，「輕農」、「賤農」現象並未好轉：

【表格 十二】農業與非農業的投資比較[64]

年份	在固定資產投資額中		在農村固定資產投之中	
	農業	工業	農業	非農業
1991	2.8	58.2	15.3	25.0
1992	2.5	52.3	12.2	43.0
1993	2.2	46.6	9.6	45.3
1994	1.9	42.2	12.2	56.3
1995	2.0		13.6	53.3

關鍵之七：推進國企改革

國有企業虧損已被認爲是中國大陸提經濟實力的最大障礙。近年來，國有企業改革工作投入大量精力，但改革至今仍未取得突破性進展。當前國有企業面臨的主要問題有以下幾個方面：

京）, 1995 年第 8 期, 頁 20.

[64] 參見中國社會科學院農村發展研究所、國家統計局農村社會經濟調查總隊，「1995 年中國農村經濟發展年度報告：兼析 1996 年發展

1，企業運行機制不順。

在長期計劃經濟体制下，國有企業四十年的習慣勢力根深蒂固。80年代推行利潤留成、二步利改稅制以及承包制等制度，但改革措施均屬於政府行爲，不僅受到地方政府基於本位主義的的抵制，同時也未能觸動企業內部經營機制的改革。90年代以來，儘管大力推展市場經濟，但政府部門和企業還是不能適應。一方面，經營管理者的思想觀念尙待更新，管理素質急待提高，二方面，產權尙待明晰，企業經營者和職工的權、責、利不能銜接。企業上下缺乏激勵，任憑國有資產流失，甚至販賣國有資產，中飽私囊。有些國有企業則空有虛名，早已資不抵債。

2，債務累積難以償還

在實行所謂「撥改貸」(即由政府直接拔款改爲由銀行貸款)之前，國有企業的債務很少，1978年全國國有企業使用銀行貸款僅351億元，與其存款額度大体相當。1983年實行「撥改貸」之後，隨著經濟增長速度的要求，企業生產規模不斷擴大，流動資金貸款、基建貸款、技改貸款的額度，每年以20%以上的速度遞增。1978年工業貸款餘額只有323億元，1985年達到950億元，增長近2倍，1990年爲3560億元，5年增長近3倍；1994年底7209億元，4年又增1倍多。1995年六月底，僅短期貸款就達9857億元，再加上中長期貸款約3000多億元，到1995年年中的工業貸款總額高達1.3萬億元，相當於1994年國有企業全部實現利潤的11倍，也相當於國有企業稅

趨勢」〔北京：中國社會科學出版社，1996年〕，頁132-133.

後利潤的 24 倍。即使未來不再貸款，稅後利潤也不用於技術改造，不考慮通貨膨脹率，不增加職工的工資、獎金和福利，銀行全面停息（這當然是不可能的， 1994 年國有企業支付銀行利息九百多億元，超過其實現利潤），按 1994 年盈利水平(實際上近幾年盈利額逐年下降)，國有企業需要四分之一世紀才能還清債務，如計算歸還銀行利息，則要半個多世紀還清銀行債務。

3，企業冗員出路難尋

1994 年國有及國有控股工業企業擁有職工 4600 多萬人，富餘人員大体占三分之一左右。停產、半停產的企業，富餘人員則更多。若按 20%估算兩者合計將達 9000 萬人，按 30%計算則為 1400 萬人。1994 年國有及國有控股企業帳面工資和福利費總額人均近 6000 元，加上工資外的收入和實物，超過 8000 元。企業為富餘人員年負擔工資福利費達 800 億至 1120 億元，與其實現利潤大体相當。富餘人員企業內部消化不了，又不能推向社會，已形成經濟發展的重大包袱。

4，社會負擔沈重

國有企業的社會負擔來自三個方面：一是「企業辦社會」；二是照顧離退休人員。粗略估計，目前各行各業離退休人員多達 2899 萬人，其中國有企業離退休職工 1620 萬人，每年支付離退休金達 690 億元，相當於企業當年實現利潤的 40%左右；三是社會攤派。各地、各部門興辦事業，缺乏資金就向企業攤派，來的都是紅頭文件，企業不敢頂。企業形容自己是「一碗醬」，誰都想蘸一嘴，這些額外的負擔，在市場經濟國家是極為罕見的。

5，設備老化，產品缺乏競爭力

1949 年以來，國有工業 43 年購置的固定資產原價為 23102 億元，累計提取折舊基金 7424 億元，其淨值只有 18870 億元，淨值率為 68%。相對於其他企業〔集體企業為 70%，港台投資企業為 73%，外高投資企業為 78%〕，國有企業老舊由此可見一斑。在人均占有固定資產方面，國有工業為 4.4 萬元，國有控股企業為 7.7 萬元，台港投資企業為 7.8 萬元，外商投資企業為 7.8 萬元，其中又以國有工業設備裝備率最低。國有企業多是 60 年代前建廠的，設備陳舊產品老化，根本缺乏在市場應有的競爭力。

6，資產負債過高，難以承受市場的波動

據統計，1994 年國有工業的資產總額 3.85 萬億元，負債總額 61 萬億元，資產負債率為 67.8%。從負債用途看，流動負債率 8%，固定負債率為 67.4%，流動負債率高於固定負債率，這說明國有企業的自有流動資金只有 0.2%，其餘生產經營資金都是靠銀行貸款或相互拖欠來支撐的。遇有市場銷售不佳或企業相互拖欠加大，生產經營必然難以為繼，利息包袱越背越重，經濟效益一路下滑。

7，資金、利潤不斷下降

據統計，1985 年國有工業資金利潤和資金利稅率分別為 2%和 23.8%，1990 年降至 2.6%和 10.1%，1994 年再下降為 2.15%和 7.47%。利潤率不足正常流動資金貸款利率的五分之一。與此同時，企業虧損一年比一年嚴重，企業虧損面 1985 年僅 9.6%，1990 年上升為 27.6%，1994 年高達 30.9%。企業虧損額 1985 年為 32.4 億元，1990 年增加到 8 億元，5 年增虧 10 倍之多。1994 年虧損達 513 億元，

1995 年又創新高，竟達 560 億元。中共年年抓虧損，國有企業虧損面、虧損額卻年年擴大，實已超出政府能力之所及[65]。

關鍵之八：控制經濟波動

自「一五」以來，儘管經濟趨勢上保持相當高的增長水平，但這種增長又是在一種「擴張－收縮」的交替中實現的，此即一般俗稱「一收即死、一放即亂」的現象。不論從社會總產值的年增長率或從國民收入年增長率來評估，中國大陸的經濟增長都呈現出一種跳躍式的、持續不斷的波動過程，與國際比較，中國大陸的經濟波動周期〔由經濟不穩定系數觀察〕，尤其突出〔如表格十三〕，表現出一種不規則、高低巨幅振盪的特性。

【表格 十三】 1953-1952 年經濟增長變化與經濟波動幅度[66]

年度	社會總產值 (億元)	社會總產值 增長率(%)	國民收入 (億元)	國民收入 (增長率)	跨度 (年)	波動幅度 (%)
1953 － 1957	1241-1606	18.7-6.1	709-908	14-4.5	4	12.6
1958-1961	2138-1978	32.6-33.5	1118-996	22.0-29.7	3	66.1

[65] 數據引自趙民山，「國有工業企業面臨的主要問題」，《中國國情與國力》（北京），1995 年第 11 期，頁 28-29.
[66] 孫可娜，「中國經濟周期波動問題研究」〔天津：人民出版社，1995 年〕，頁 6-8.

1965-1967	2695-2774	19.0-9.9	1387-1487	17.0-7.2	2	28.9
1969-1972	3184-4396	25.3-4.5	1617-2136	19.3-2.9	3	20.8
1975-1976	5379-5433	11.5-1.4	2503-2427	8.3-2.7	1	10.1
1978-1981	6848-9071	13.1-4.6	3010-3940	12.3-4.9	3	8.5
1985-1986	16587-19066	17.2-10.3	7031-7887	13.1-8.0	1	6.9
1988-1989	27807-34519	15.8-5.4	11738-13176	11.3-3.7	1	10.4
1992						

注：1，表中年度的選取以社會總產值的最大波動幅度(最高、最低)
爲選入年。
2，表中波動幅度一項以社會總產值增長率的變動爲依據。

【表格 十四】　　中國大陸與其他國家經濟周期波動幅度的比較

國 別	中國大陸	美國	日本	德國	法國	英國	前蘇聯	印度
平均波動值(%)	22.09	6.63	8.73	7.46	6.15	7.53	5.15	9.9
經濟不穩定系數	0.1175	0.0271	0.0420	0.0342	0.0229	0.0230	0.0293	

注：1，平均波動值的取值範圍爲 1953 － 1985 年，印度則爲
1951 － 1979 年。

2，經濟不穩定的計算公式爲：$\sqrt{\dfrac{\sum\limits_{1}^{n}(x-\bar{x})^2}{N}}$

　　傳統一個錯誤看法認爲，經濟波動是資本主義經濟的基本矛盾，
社會主義對經濟波動具有先天的免疫性。理由是社會主義計劃經濟具

有克服市場盲目性的特性。但實際上,由表格十三可以看出,經濟波動往往出現在計劃經濟最嚴格控制的年代。現在中國大陸才體驗到,經濟波動不僅是資本主義所特有,社會主義經濟體制一樣不可避免,甚至比資本主義經濟爲害更烈。綜合以上兩表可以獲得幾個結論:

1,中國大陸的經濟波動主要表現爲以社會總產值爲標誌的擴張與收縮的交替過程,波動程度往往是有關國家的三倍。

2,周期波動幅度的大小與經濟增長率有極大的相關性,凡經濟增長率較高的年份,都有一個較大的經濟落差相伴其後。

3,從過去經驗與統計數字來看,經濟增長率一旦超過 15%,明顯的波動就會出現,而 20%以上的高速增長,則毫無例外的引起經濟的劇烈顛簸,對國民經濟造成重大的衝擊。

4,實際觀察經濟波動的起伏,從高峰到谷底的落差最高達到 66.2%,最低也在 6.9%,平均振幅達 23.1%,超過西方國家的平均波動幅度。

5,一般西方國家的經濟波動與世界經濟環境具有密切的連瑣反應,具有同步性,中國大陸的經濟波動往往不受世界經濟環境的影響,經濟高峰與谷底與世界經濟的繁榮與蕭條沒有必然的關係。

顯然,將經濟波動控制在可忍受和相對合理的範圍內,不僅影響中國大陸經濟力的累積與增長,也考驗中共當局的決策與危機處理能力。

第二章　資源力

一，資源力在綜合國力中的地位

所謂「資源力」主要指資源和環境，它是人類賴以生存和發展的物質基礎和條件。它包括自然資源、國土、氣候、水、生物、礦產、人力資源（數量和質量）、地理條件、環境保護能力等。在綜合國力的構成要素中，資源力是不可或缺的條件，並且在綜合國力的發展中居於關鍵的地位。對中國大陸來說，未來的發展戰略取決於對基本國情認識的深度與廣度，尤其如何正確估計資源條件，制定合理有效的資源開發利用戰略，對中國大陸綜合國力的提升至關重要。

一般來說，資源力由地理因素、人口素質和自然資源三部份組成。

地理因素：地理因素主要包括一個國家所處的地理位置、國土面積、自然氣侯和地形地貌等。地理位置是指一個國家在地球上所處的位置特徵，以海陸爲標誌，表現爲內陸國、沿海國和海島國等不同形式；國土面積是指國土面積的大小和國土面積的構成等。從地理因素方面看，國土面積的大小與一國的國防能力成正比，土地幅員遼闊的國家，戰爭期間迴旋餘地大，敵國很難將其征服或占領其全部領土。但是，一個小國往往因爲其地理位置具有好高的戰略地位，而具有很

高的國際影響力。此外，地理位置往往決定了自然氣侯，直接影響一個國家的經濟類型和生產活動，進而影響經濟發展的程度與實力。

人口因素：人口是從事經濟活動和戰爭不可少的因素之一。人口的數量和質量-即人口素質的高低，構成國家實力的決定性因素。美國歷史學家保羅‧甘迺迪在其《大國的興衰》一書中，把十六世紀以來各世界強國之興衰同其人口之變化聯繫起來，認為人口是國力消長的重要因素之一。人口狀況包括人口的數量和質量兩方面，其規模與素質必須與國土和資源形成適當比例，才能發揮有效的戰略作用，否則過多的人口將產生反作用，甚至削弱一個國家的綜合國力。

自然資源：一般是指天然存在的自然物，不包括人類加工製造的原材料，如土地資源、礦產資源、海洋資源、生物資源、水利資源等，它們既是生產資料的基本來源，也是人類生產勞動的對象。自然資源儲備量的大小，對潛在的綜合國力有重大影響，一國有豐富的自然資源，往往意味有成為政治經濟強國的基礎。

二，總量：資源大國

中國大陸向來以「人口眾多，地大物博」著稱於世。確實，無論以自然資源還是以人力資源而言，在總量上，中國大陸是一個資源大國。

自然資源方面，國土面積僅次於前蘇聯（俄羅斯）、加拿大。可耕地面積僅次於美國和印度。過去 20 多年來，法、加、澳、印等國

家的可耕地面積呈增加趨勢，美、蘇、德等國呈穩定趨勢，中國大陸、日、英等國則呈現減少趨勢。中國大陸可耕地從 10156 萬公頃，減少為 9282 萬公頃，每年淨減 43.7 萬公頃，折合 655 萬畝。在森林面積方面，中國大陸 1990 年為 12646 萬公頃，少於俄羅斯、巴西、加、美、位居第 5，但中國大陸宜林地面積約有 40 億畝，比現有林地大 2.3 倍。水力資源蘊藏量達 6.8 億千瓦，居世界前列。

　中國大陸的經濟結構和社會生活，從現在以至本世紀末，基本上是建立在國產能源基礎之上，能源的進出口占消費量的比重不大。中國大陸是世界上少數以煤為主要能源的國家之一，煤炭儲量名列世界前茅。 45 種礦產資源總價值估計為 11 萬億美元，居世界第三位。礦產資源中的錳、鋁土礦、鉛、鋅、鈷、鎢、錫、汞、鉍、銅、鉭、鋰、稀土、煤、螢石、菱鎂礦、硫、磷、重晶石、石棉、石膏、石墨等 25 種礦產，探明儲量均列世界前五位。海上石油發展潛力很大。固體礦產資源特點是共生礦床多，礦物組成複雜，綜合利用潛力很大。礦物原料方面，尚未開拓的地區或新領域比較多。到 2000 年時，能夠滿足中國大陸鋼鐵生產能力 9400 萬噸的需要。 10 種有色金屬達到 510 萬噸，氮磷鉀化肥達 6400 萬噸，水泥 3 億噸。所需其它礦物資源，基本上可以自給，有些礦物有餘，只有少量礦產如鉻、鉀、金剛石等後備儲量不足。海洋資源的開發，前景廣闊。海洋捕撈、海水製鹽、海洋運輸、海水養殖等傳統產業有很大潛力。海洋化工、海洋空間開發、海底金屬開採等，中國大陸都有得天獨厚的優勢。

　人力資源方面，中國大陸是人口第一大國。近年來嬰兒死亡率逐年下降，人口預期壽命延長。預計嬰兒死亡率可由 1981 年的 35‰ 下

降到 2000 年的 20‰；人口預期壽命從 1970 年的 58 歲，延長到 1980 年的 67 歲和 1990 年的 70 歲，估計到 2000 年可達 74 歲。這已和俄羅斯、韓國等國處於同一水平，僅略低於西方發達國家。兩項反映總體發展情況的人力資源指標：人口數量與身体素質指標，位於世界前列。

綜合自然、人力諸因素，中國大陸資源總量次於俄羅斯、美國，位居世界第三位[1]。

中國大陸的自然資源狀況，如下表：

【表格 一】 中國大陸自然狀況及資源

項 目	1990 年
一自然狀況	
1，國土	
國土面積	960 萬平方里
海域面積	427.2 平方里
海洋平均深度	961 米
海洋最大深度	5550 米
岸線總長度	32000 多公里
大陸岸線長度	18000 多公里
島嶼海岸線長度	14000 多公里
島嶼個數	5000 多個

---

[1] 數據引自「對中國綜合國力和測度的一般分析」，《中國社會科學》(北京)，1995 年第 5 期，頁 12.

島嶼面積	30000 平方公里以上

2，氣侯

熱量分布(積溫>=0^{0}C)

黑龍江北部及青藏高原	2000—2500^{0}C
東北平原	3000—4000^{0}C
華北平原	4000—5000^{0}C
長江流域及以南地區	5800—6000^{0}C
南嶺以南地區	7000—8000^{0}C

降水量

全國年降水總量	60000 億立方米
全國年平均降水量	629 毫米
台灣中部地區	>4000 毫米
華南沿海	1600—2000 毫米
長江流域	1000—1500 毫米
華北、東北	400—800 毫米
西北內陸	100—200 毫米
塔里木、吐魯番和	
柴達木盆地	<25 毫米

氣侯帶面積比例(國土面積=100)

濕潤地區(乾燥度<1.0)	32%
半濕潤地區(乾燥度=1.0—15)	15%
半乾旱地區(乾燥度=1.5—2.0)	22%
乾旱地區(乾燥度>2.0)	31%

二、自然資源

1、土地資源

耕地面積	9566 萬方公頃
荒地面積	10800 萬方公頃

#宜農荒地	3535 萬公頃
林地用地面積	26743 萬公頃
#宜林荒山荒地	7661.46 萬公頃
草地面積	40000 萬公頃
#可利用草地	22434 萬公頃

2，林木資源

活立木總蓄積量	105.72 億立方米
森林面積	12465 萬公頃
森林蓄積量	91.41 億立方米
森林覆蓋率	12.98%

3，水利資源

大陸

地表水資源總量	26500 億立方米
地表徑流	19800 億立方米
地下(淺層)水量	6200 億立方米
冰川融水量	500 億立方米
水力資源蘊藏量	6.76 億千瓦
#可開發量	3.79 億千瓦
淡水總面積	1664 萬公頃
#可養殖面積	503 萬公頃
#已養殖面積	305 萬公頃

4，海洋資源

海洋能源理論蘊藏量	6.3 億千瓦
海洋帶面積	35 萬平方公里
海涂面積	202.93 萬公頃
海洋漁場面積	280.8 萬平方公里
海水可養殖面積	49.2 萬八頃

#已養殖面積	16.3 萬公頃
淺海灘涂可養殖面積	133.3 萬公頃
#已養殖面積	32.52 萬公頃
5，礦產資源(保有儲量	
煤	9543.94 億噸
鐵礦石	501.17 億噸
磷礦石	157.15 億噸
鉀鹽	3.96 億噸
鹽	3636.00 億噸

注：1，土地、水利資源，均爲九０年代前淸查數，有待進一步勘測。
　　2，氣候資料多年平均值。
　　3，森林資源依據中國大陸第三次(1984－1988)淸查數[2]。

三，人均：資源小國

　　中國大陸是一個人口大國，到 1995 年 2 月 15 日，中國人口已達 12 億，占世界總人口的 22%。中國也是一個資源大國，所謂「地大物博」。但一旦以人口這一巨量分母平均，中國大陸就「地不大、物不博」了。

　　中國大陸的水資源居世界前列，但人均淡水擁有量只是世界人均占有值的四分之一。在整個中國大陸 570 多個城市中，現在已有 300 多個城市缺水，並有包括北京在內的 40 多個城市嚴重缺水。

---

[2] 數據引自《中國國情與國力》(北京)，1992 年第 1 期，頁 75.

　　中國大陸土地面積居世界第三位，僅次於俄羅斯和加拿大。然而人均土地擁有量則是世界人均土地擁有量的四分之一。目前人均耕地只有 1.3 畝，約爲世界平均數的 30%，有的地區已下降至 0.7 畝以下，即在聯合國估算的人均耕地警戒線 0.795 畝以下。中國大陸又是世界上水土流失最嚴重的國家之一。據 1992 年遙感普查，中國大陸水土流失面積爲 367 萬平方公里，占國土面積的 38.2%，每年流失的土壤量達 50 億噸，約占全世界每年流失量的五分之一。中國大陸還是沙漠化嚴重的國家之一。沙漠和沙漠化面積已達 153 萬平方公里，占國土總面積的 15.9%。目前沙漠化面積正以每年兩千平方公里的速度蔓延。人均草原面積 0.20 公頃，相當於世界平均水平的 32.3%。人均河川徑流量相當於世界平均數的 25%，耕地人均徑流量只相當於世界平均數的 74.5%。

　　從中國大陸耕地、水資源來看，長江以北耕地占整個大陸的 64%，河川徑流量卻不足整個大陸的 20%，地多水少；長江以南耕地占整個大陸的 36%，水資源卻占整個大陸的 80% 之多，地少水多。地多水少的地區容易發生旱災，無法「地盡其用」，地少水多的地區不僅無法充分利用水資源，而且由於雨水集中在春夏三、四月裡，容易造成洪澇災害，致使水土流失，農業欠收甚至絕收。寶貴的資源在沒有得到很好利用前，與沒有資源並沒有兩樣。

　　中國大陸是一個「貧林」國家。森林的人均擁有量不足 2 畝，只相當於世界人均占有值的六分之一。人均木材蓄積量 9.2 立方米，只相當於世界平均水平的 32.3%。

森林覆蓋率的高低是當今世界衡量一個國家的生態環境質量和文明程度的重要標誌。一個國家要具備整体的生態功能,森林覆蓋率必須達到 30%以上,而且必須分布均勻。中國大陸的森林覆蓋率只有 13.92%,分布極不均勻,幾乎有四分之一的森林資源集中在東北和西南。

生物多樣性在中國大陸亦遭到嚴重破壞。50 年來,中國大陸約有 200 種高等植物滅絕,目前約有 4600 種高等植物和 400 種野生動物瀕臨絕種狀態。

隨著經濟的發展,對能源的需求迅速增長。石油的後備資源不足,可採儲量不能保証 2000 年時的需要。作為中國大陸主要能源的煤,缺口也很大。人均擁有的礦產資源僅居世界第 80 位,主要礦產資源的人均占有水平除了鎢、稀土較高外,其餘均低於世界平均水平,有些還不及世界平均水平的三分之一。鐵礦、能源等一些對經濟發展有重要制約作用的礦產資源,人均占有量不及世界平均水平的二分之一。在 45 種重要礦產中,已有 11 種不能滿足需求。鐵、錳、鉻、鋁等已經依賴進口。

然而在能源短缺的情況下,資源浪費情況卻十分嚴重,中國大陸的能源利用率平均只有 30%。礦產和木材利用率約為 40%-50%,化工原料利用率為 33%,粉煤灰利用率為 20.7%,工業用水的重複利用率平均不到 30%(發達國家一般都在 78%-80%),鐵礦最終開採利用率只有 20%左右,單一採礦生產程序較多,伴生有用成分被廢棄,綜合利用率僅 50%左右,各種廢渣的綜合利用率平均也只有 20%左右,遠遠低於世界平均水平。

　　中國大陸的環境狀況更是不容樂觀。工業「三廢」(廢氣、廢液、廢物)的排放量逐年增大。大氣、江湖污染嚴重。根據估計，農田被三廢污染的面積已達 1000 萬公頃。漁業資源也在衰退。環境污染爲中國大陸第二大死亡原因，其中又以肺癌死亡率最高。呼吸系統疾病是農村居民首要死亡原因。這些情況都與環境惡化直接相關[3]。

　　下表爲中國大陸人均資源占有量的國際比較，「人均資源小國」的事實，通過對比可以清楚看出。

【表格 二】中國大陸人均資源國際比較[4]

資源	世界平均水平	中國	美國	蘇聯	印度
1，國土(畝/人)	41.3	13.5	58.1	119.9	5.88
2，森林面積(公頃/人)	0.28	0.09	0.78	0.81	0.22
樹林覆蓋率%	0.83	0.11	1.10	3.34	0.09
林木蓄積量	30.2	12.0	28.9	42.3	22.6
(立方米)					
3，草原面積(公頃/人)	62.8	9.6	83.4	306.5	4.9
4，水資源(立方米)	0.65	0.21	0.99	1.34	0.016
河川徑流量	10000	2700	18000	14000	
(立方米/人)		2700	13904	18500	2780

---

[3] 數據引自孫小禮，「可持續發展：中國必然的選擇」，《北京日報》(北京)，1995 年 11 月 21 日，第 3 版。

[4] 數據引自黃碩鳳，「綜合國力與國情研究」，《中國國情與國力》(北京)，1992 年第 1 期，頁 19；關於八 0 年代統計資料可參見《中國統計年鑑》(1989)；楊帆等，「中國：1990-2020」〔瀋陽：遼寧人民出版社，1991年〕，頁 101.

四，「面對中國的極限」

1995 年，美國「世界觀察研究所」發表了《世界情況報告》，梅根‧瑞安(Megan Ryan)和克里斯多夫‧佛萊文(Christopher Flavin)撰寫有關中國大陸部分，標題爲「面對中國的極限」(Facing China's Limits)。報告肯定中國大陸近幾十年來在減少貧困和提供人民基本福利方面所取得的進展，但同時指出多項事實證明，中國大陸由於資源短缺，正成爲可持續發展、增強經濟實力的嚴重障礙。兩位專家指出，中國文化與哲學的兩大主題：與自然的和諧和對家庭的承諾，實際上正深刻影響著當代世界。中國人的倫理觀－即在不損害子孫後代可能的選擇和自然環境健康的情況下滿足現代人的需求，與聯合國所揭櫫的「可持續發展」概念，是相當吻合的。但實際上，「可持續發展」觀念，在中國大陸卻面臨嚴重考驗。中國大陸十二億人口(世界五分之一的人口)，在致富過程中以驚人的速度消耗自然資源。如果中國大陸經濟增長模式持續下去，未來16年中國大陸煤消耗將增加一倍，糧食消費增加40%，空氣和水污染排放物的增加則難以估計。

中國大陸最大困境是人口眾多，人均資源僅占世界資源很少的比例，中國大陸國土面積相當於美國國土面積，但人口是美國的4.5倍。中國大陸的人口占世界人口的22%，但淡水和農田僅占世界的7%，森林占世界森林資源的3%，石油儲量占世界儲量的2%。資源條件的薄弱，將嚴重制約中國大陸21世紀的後續發展，其在世界資源總量

中的「低占有」狀態，由下表可以看出：

【表格 三】1990 年中國大陸人口、經濟產出、自然資源和
污染物占世界比例

類別	占世界總計的比例(%)
人口	22
經濟產出 (按購賣力平價計算)	7
農田	7
水澆地	19
森林和林地	3
保護地	4
原木生產	8
淡水	7
石油儲量	2
煤儲量	11
碳排放	11
硫排放	16

　　從人口與資源的尖銳對比衡量，中國大陸的資源力確實薄弱。鄰近的日本、韓國，由於進口糧食、石油、木製品和出口工業品，避免了資源短缺的困境，但中國大陸並不具備大規模進口糧食和基本能源的條件，即使有此條件，以人口對資源的消耗量來看，未來幾年內，

全世界是否能夠向中國大陸提供其所需的全部石油和糧食，令人十分懷疑。

中國大陸雖然走向市場經濟，促進了經濟發展，但並沒有完全利用市場法則來衡量或估算有限的環境資源價值。在中國大陸，水、能源和原木僅以其環境價值的一部份出售，妨礙了對環境資源的高效率利用，換言之，近年的經濟發展是以損害不可再生自然資源爲代價的，而未來的經濟發展，這種代價可能將付出更高[5]。

五，積重難返的人口危機

人口膨脹阻礙綜合國力的增長，在中國大陸已獲得充分的證明和體認。具體分析，最主要是阻礙了生活資料、生產資料和技術進步的可持續發展。

1，總人口與生活資料的矛盾

人的生存需求是第一位的。占世界人口總數 22%的中國大陸對基本生活資料的需求十分巨大。以糧食爲例， 1983 年糧食生產 38728 萬噸， 1994 年增長到 44500 萬噸，增長 14.7%；但由於同期人口增長 16.4%，致使人均占有糧食由 376 公斤降低到 371 公斤，下降了 1.3%。其他生活資源的增長也有類似的情況。人口過剩和生活資源不足的矛盾，對綜合國力提升構成了嚴重障礙。

---

[5] 梅甘‧瑞安，克里斯多夫‧弗萊文，「中國可持續發展面臨的問題」，《未來與發展》(北京)， 1995 年第 12 期，頁 17.

2，資產增長與勞動裝備的矛盾

國民經濟由生產、分配、交換和消費四個環節組成，環節之間緊密相聯，互相制約，但比較而言，生產處於主要地位，具支配的作用。因此，生產年齡人口(包括適齡的勞動人口、在校人口、失業人口與非自立人口所構成的勞動人口)與生產資料之間的比例關係，及其與之相適應的勞動就業比例，就成為綜合國力增強、國民經濟可持續發展的關鍵性指標。一般來說，從事生產的勞動力與固定資產之間的基本關係是：勞動力人數同固定資產成正相關，與勞動者裝備成負相關，三者之間關係為：(1)固定資產增長速度大於勞動者技術裝備增長速度，就業人數增加；(2)固定資產增長速度等於勞動者技術裝備增長速度，就業人數不變，(3)固定資產增長速度小於勞動者技術裝備增長速度，就業人數減少。以此標準衡量中國大陸所面臨的問題是：(1)固定資產薄弱，滿足不了城鄉新增就業人口需要，(2)增加就業人數和提高勞動生產率兩者處於矛盾狀態，無法兩面顧及。

3，人口質量與經濟技術的矛盾

隨著社會發展，勞動者技術與文化水平在生產要素中越來越居於重要地位。以日本為例，1905-1960 年間，物化資本增長 6 倍，用在教育上的人力資本投資增長22倍，在勞動人口僅增加70%的情況下，取得了國民收入增長 10 倍的效果。由於日本全國普及高中教育，大學和研究生成倍增長，培養了大批科技人才和熟練工人，在大量引進國外先進技術的基礎上發展本國技術，建立一系列新興產業，短短 20 年時間消除了與歐美國家大約落後 30 年的科技差距，達到經濟和科技發達國家水平。

當前的中國大陸人無論是身体素質還是文化素質,與發達國家相比有著很大差距。目前,中國大陸城鎮「恩格爾系數」為 52.86%,鄉村高達 56.8%。加上醫療、保健、衛生水平不高,出生監督系統薄弱,包括「低能兒」等先天性致殘率比例過高。受高等教育人口比例甚至低於某些發展中國家。目前中國大陸尚有 1.8 億 15 歲以上文盲人口。這當然會阻礙經濟技術的可持續發展,自然也阻礙了綜合國力的增強[6]。

六, 劍拔弩張的資源危機

如前所述,中國大陸是一個「人均資源貧困」的國家。但是由於對此一基本國情認識不足,多數人仍停留於「中國地大物博」的傳統觀念之中,造成了資源危機的嚴重局面。具體分析有如下幾個方面。

1,土地資源量減質變

1957-1990 年間,中國大陸平均每年減少耕地 780 萬畝, 1993 年減少 600 萬畝, 1994 年減少 596.9 萬畝;由於長期重用輕養,目前質量較差的耕地已超過了 50%;在城市建築所占用的耕地中,約有 45% 處於閒置或低效使用,每年損失約 800 億元;耕地轉為工業用地的比例高於國外 1-2 倍;耕地沙漠化每年新增 2000 多平方公里。在草場資源方面,由於長期過度放牧、不合理開墾和受自然災害影響,退化

---

[6] 數據引自朱啓貴,「中國可持續發展的障礙與對策」,《中國國情與國力》(北京), 1995 年第 11 期,頁 17.

狀況十分嚴重，目前草原生產能力分別僅及澳大利亞的六十分之一，和美國的二十一分之一[7]。

根據「國家土地管理局」編制的《全國土地利用總体規模綱要》相關數據，1990 年中國大陸耕地面積應當是 18.6 億畝。按當年人口平均，人均耕地面積爲 1.6 畝。按照這一規模，如果能將年均耕地淨減面積控制在 250-300 萬畝左右，到 2010 年耕地面積將下降到 17.7 到 17.2 億畝，人均耕地則降至 1.23-1.26 畝。但是，這是一個非常樂觀的估計，明顯低估了對耕地的破壞和占用程度。但即使根據這一樂觀數據，中國大陸耕地資源在未來十幾年的遞減趨勢，也是令人擔憂的[8]。

中國大陸擁有世界農田的 7%。五 0 年代中期中國大陸大力開墾荒地，農田總面積已達到最大值。近年來農田迅速損失，在過去 30 年期間約有 1500 萬公頃可耕地轉爲非農業使用，約相當於法國、義大利農田面積的總和。僅在 1992 年就有 667000 公頃良田(爲新加坡總面積的 10 倍多)不再耕種。近年來，由於城市郊區土地重新劃分爲工業區，由於可以比農田應用價值增加 15-20 倍，地方政府出租土地獲利甚豐，這種趨勢又加重了對農田的大量侵占。

與土地資源危機相聯繫的糧食危機也在惡化之中。隨著飲食結構的變化，中國大陸的糧食需求日益增高。如果以人均糧食消費從九 0 年代中期的 300 公斤，增加到相當於目前台灣水平的 400 公斤，則糧

---

[7] 同注 6，頁 17.
[8] 數據引自林崗，「未來 15 年我國經濟發展的若干基本條件簡析」，《蘭州

食總需求將增加 70%。即使生產力有所提高,但由於農田損失造成糧食減產近五分之一,中國大陸需要進口約 4 億噸糧食來彌補缺糧。1980 年以來,世界糧食出口每年平均二億噸,可以確定幾乎沒有一個國家有能力提供中國大陸如此龐大的糧食需求[9]。

2,礦產資源回收率低。

中國大陸礦產資源回收率在 30%左右,低於國外 10-20 個百分點。經濟賴以生存發展的 15 種主要礦產中,有 7 種均存在著儲量不足或供應短缺現象。按 2000 年國民經濟發展目標,可供開採的石油後備儲量和煤、鋼的儲量均嚴重不足[10]。

目前,鐵、鋁等大宗礦產儲量的耗損速度遠大於探明儲量的增長速度,粗略估計中國大陸未來的鐵礦生產能力將縮減 10%。現有三分之二的有色金屬礦中,主要金屬的生產已至晚期,一些銅礦的可採儲量已近枯竭。到 1990 年底,原油探明儲量中有一半左右在現有技術和經濟條件下難以開採,天然氣大規模開採利用的後備儲量不足。中國大陸能源礦產中,煤所占比重熱能很大,但煤礦集中在華北、西北和西南,而 60%的煤炭消費量卻在東部經濟發達地區。能源地理分布的不平衡,導致北煤南運,西電東送,嚴重制約能源供應的增長。中國大陸能源消費水平,不僅低於發達國家,而且大幅低於世界平均水平。 1991 年世界人均能源消費量爲 2029 公斤標準煤,而中國大陸僅

學院學報》(蘭州), 1995 年第 4 期, 頁 5.
[9] 同注 5 , 頁 10.
[10] 數據引自同注 6 , 頁 18.

爲 896 公斤，僅占世界人均消耗水平的 44%[11]。

1982 年以來中國大陸的石油消費約增加了一倍，中國大陸從 1993 年起，從一個石油出口國轉變爲石油進口國。預計公元 2000 年進口石油將達到 130 萬桶/天，數量相當驚人。如果中國大陸石油消費達到目前日本的水平，則中國大陸的石油需求將達到 6100 萬桶/天，相當於目前世界石油的總產量[12]。這就等於要把整個世界所開採的石油都提供給中國大陸。

3，物耗過高

1953-1992 年，中國大陸國民收入增長了 11.9 倍，同期能源消耗增長了 19.1 倍，4 種有色金屬消耗增長了 35 倍。據 1986 年統計，中國大陸每生產 1 美元的 GNP ，所消耗的能源是世界平均水平的 2.3 倍、日本的 7.8 倍、美國的 4.5 倍、巴西的 3.4 倍、印度的 1.8 倍。從總量上看，中國大陸能源消耗與日本差不多，但問題是中國大陸的 GNP 僅相當於日本的六分之一。

在資源危機的同時，中國大陸對資源危機的認識卻嚴重不足。傳統觀念認爲自然資源「沒有價值」，可以無償占用，「取之不盡，用之不竭」，因而忽視了對資源基礎的保護，以致掠奪性生產，造成經濟產值的虛幻增加和資源基礎的持續削弱。日前中國大陸有 10 萬名採金大軍，成百座金礦在各路大軍的濫挖下正在逐漸消失，每年有 10

---

[11] 數據引自同注 8，頁 16.
[12] 同 5，頁 11.

萬兩黃金去向不明[13]。

七，每況愈下的環境危機

當今中國大陸，在經濟高速發展的同時，伴隨著過快的資源消耗和投入的相對萎縮，一方面加快了資源短缺，另一方面破壞了生態環境，出現了災害頻繁的惡性循環。

1，大氣污染狀況

以煤為主的能源結構導致大氣污染嚴重。主要污染物是燃煤排放的煙塵和二氧化硫。1991 年，煙塵濃度北方城市平均為 $0.43mg/M^3$，南方城市平均為 $0.23mg/M^3$。一些城市已出現酸雨，而且面積在不斷擴大。

2，水污染狀況

七大水系中、珠江、長江、黃河幹流水質較好，但流經城市的江段有不同程度的污染。松花江、淮河、海河和遼河水系污染嚴重。城市河流和湖泊水質比大江大河差。1993 年統計的 131 條流經城市的河流中，嚴重、重度和中度污染的合計有 65 條，符合 1、2 類水質標準的只占十分之一。

目前，影響中國大陸水源環境的主要是有機物污染，這些污染物來自化工、石化、造紙、食品、製革、紡織企業排放的高濃度有機廢

---

[13] 數據引自同注 6，頁 18.

水和大量未經處理的生活污水。近年來，城市生活污水排放量逐年增多，1993 年比 1988 年增加了 37%。

3，固体廢物及噪聲污染

中國大陸工業固体廢物產生量 1993 年已達 6.2 億噸，處置率 25.8%，綜合利用率 40%，其餘大部份堆存起來，累積堆存占地 5 萬公頃。其中一些有毒廢渣造成土壤和地下水的污染，構成重大的環境隱患。城市垃圾大部份未經無害化處理，普遍採用集中堆放或簡單的填埋辦法，造成大氣和地下水污染。

一些城市區域環境噪音平均都在 55 分貝以上，其中近三分之一高於 60 分貝。大部份大中城市交通幹線兩側區域噪聲超過 70 分貝。

然而在環境污染方面，最突出的還是以下三個方面，一是二氧化硫的污染，因缺乏有效措施，排放量一直呈現升高趨勢。1993 年已達到 1800 萬噸，比 1988 年增長 17.8%，預計 2000 年將突破 2000 萬噸；二是城市生活廢水和鄉鎮工業污水逐年增加。據大陸有關部門 1989 年對鄉鎮工業污染源調查，廢水排放量占縣及縣以上工業排水量的 7.3%，以後則每年上一台階，目前已到 30%以上；三是工業有害廢棄物絕大多數未得到有效處理，環境污染呈現惡性循環的態勢。

環境問題所引起的嚴重後果已一一暴露，擇其要者有以下幾個方面：

1，侵蝕經濟成果

整個大陸由於環境污染和生態破壞所造成的損失，以 80 年代而言，每年經濟損失平均為 883 億元，其中因大氣污染造成的損失為 68 億元，水污染的損失為 377 億元，固体廢棄物損失為 212 億元，這個

數字相當於同期平均國民收入的 10%以上。 90 年代以後，平均每年的損失則高達 2000 多億元。其中農業是最大的受害者，僅西南、華南酸雨區每年農林損失就達 120 億元。工業和城市垃圾對土地的侵占，使每年損失的糧食達 120 億公斤。每年平均發生大面積污染死魚事故約 1000 起，直接的經濟損失達 4 億元。

2，影響改革開放

與世界 50 座城市比較，污染嚴重的 10 個城市中，中國大陸占了一半，北京、瀋陽、西安、上海、廣州均榜上有名。環境污染是北京申辦公元 2004 年奧運失利的重要原因之一。

3，危害人民健康

中國大陸空氣污染導致呼吸系統疾病發病率的百分比為 30%以上；城市居民每年因大氣污染所導致慢性支氣管炎和心肺疾病患者達 500 萬人。鄉鎮企業污染已使一些地區出現了明顯的「公害病」，如鉛中毒、砷中毒、鎘中毒等。

4，擾亂社會安寧

因環境污染引發的廠群〔即資方與勞方〕之間、城市之間和省際之間的糾紛屢有發生，且衝突越來越嚴重，有些地區甚至激化為群眾之間的械鬥，政府不斷受到群眾的批判。

5，遭受國際制裁

依據《蒙特利議定書哥本哈根修正案》規定，發達國家於 1994 年全部停止使用哈龍尼類物質， 1996 年全部停止使用氟氯烴類物質。雖然發展中國家有 10 年寬限期，但發達國家停止使用後，中國大陸就成為世界上生產與使用這些管制物數量最多的國家，未來將不

斷受到國際的批評甚至制裁，承受國際生態組織的巨大壓力[14]。

八，水資源告急

水資源是資源力構成中最重要的因素之一，水資源短缺的困境，最鮮明的反映出當前中國大陸資源力薄弱的現狀。

中國大陸的水問題，主要表現在以下五個方面：

1，缺水

中國大陸現有水利工程年供水量約 5000 億立方米，但農業每年缺水 300 億立方米，每年受旱面積 2-3 億畝；在 517 個城市中有 300 個城市缺水，缺水量每年達 60 億立方米。缺水的類型包括水源缺乏、工程不足、污染嚴重、設施陳舊四種類型。缺水已危及到中國大陸北方的廣大地區，例如華北地區有耕地 2.1 億畝，年供水量僅 420 億立方米，在豐水年期間缺水 80 億立方米，枯水年期間缺水 120 億立方米，已經影響工農業產值減產 300-400 億元之多，整個大陸農業缺水使糧食每年平均減產 25 億多公斤，影響城市工業產值 700 億元，其中 50 個城市嚴重缺水，已經影響 500 多萬人日常用水並因此減少 300 億元經濟產值。

2，洪澇嚴重

中國大陸每年因洪澇所造成的直接經濟損失達 300 億元， 1991

---

[14] 數據引自王玉慶，「中國的環境問題」，《中國國情與國力》(北京)，1994 年第 6 期，頁 4-5.

年超過 600 億元。大江大河的洪水災害仍是大陸的心腹之患。據估計，大陸有 5 億人口、 60%的產值處於洪水位以下的警戒線下，整個大陸 517 個城市中有 400 個是不設防的。 1991 年江淮的洪澇大災害竟是在江河大堤未決口的情況下發生的。

3，水環境和水污染日益惡化

中國大陸 80%以上人口居住在七大江河、五大湖泊周圍，這「七河五湖」區域，占有中國大陸 85%的工農業產值。每年從城市、工礦企業排出未經處理的污水達 365 億立方米，已使七大江河與五大湖泊 20-30%的水体遭受污染，水質惡化造成的經濟損失達 300 億元。以黃河為例，黃河水資源總量 500 億立方米，由於流經大陸最乾旱的西北地區和缺水的華北平原，目前開發利用率已達 50%以上，但仍不能滿足流域發展的需要。目前流域內出現一系列水環境問題，包括污水排放量達 30 億立方米，四級水污染河段占 12000 公里幹、支流的 60%以上；加上人為破壞，中國大陸東部溼潤、半溼潤的丘陵地的水土不斷流失，造成湖南、江西、福建等省的江河湖淤積。

4，地下水超採

中國大陸地下水資源總量 87000 億立方米，可開採量為 2900 億立方米，已開採量達 880 億立方米，有四分之一農田灌溉靠地下水；三分之二的城市水資源來自地下水。由於地下水開採缺乏規劃和管理，嚴重超量開採，水位持續下降。例如華北地區已開採量達到可開採量的 70%，而局部地區嚴重超採，河北省滄州地區地下水 10 幾年來下降 70 多米，漏斗面積不斷加大。華北地區超採地下水量累計達 300 億立方米，其中北京地區已達 30 億立方米。由於超採，地面發生

沈降，暴雨排水困難，使洪澇災害加重。又如天津、上海二市，問題更加嚴重，上海地面沈降 1.5 米，有的地方達 2.5 米，天津塘沽地區地面已在海平面以下，必須依靠海提加以保護。

5，管理水平低

在水資源短缺的同時，中國大陸用水效率卻很低。八０年代初，中國大陸年總取水量與美國大体相當，但中國大陸國民經濟總產值為美國的 1/4 。這是由於管理水平偏低，灌溉技術落後和工程配備不全所致。不少灌溉區灌水定額偏大，畝次淨灌水量多在 100 立方米以上，渠系利用系數一般在 0.4 左右，從有關科學研究試驗的成果看，每畝經濟用水定額約在 200-300 立方米，而實際上除少數北方乾旱缺水的地區外，一般都在 600 立方米以上。在用水的經濟效益方面，國際先進水平約在每立方米產糧 2 公斤左右，中國大陸平均只有 0.5 公斤。在工業供水方面，中國大陸八０年代的重覆利用率只有 45%，而美國、日本已達 75%，從單位產品的取水量看，每噸鋼取水中國大陸為 25-26 立方米，而美、英、德、日則在 5.5 立方米以下；每噸啤酒的取水量，中國大陸為 20-60 立方米，國外中等水平只在 10 立方米以下[15]。

九，當局對資源問題的認識與對策

對資源力的衰竭，中共當局當然也並非視若無睹。儘管他們實際

---

[15] 數據引自張啓舜等，「中國的水問題」，《中國國情與國力》(北京)，1994 年第 6 期，頁 9-10.

上縮小了問題的嚴重性，甚至有蓄意掩飾之嫌，但還是在一些重要會議上，對資源危機問題作出呼籲、提出對策。

中共總總書記江澤民在「十五屆五中全會」閉幕講話中指出：「在現代建設中，必須把實現「可持續發展」作爲一個重大戰略[16]。要把控制人口、節約能源、保護環境放到重要位置，使人口增長與社會生產力的發展相適應，使經濟建設與資源、環境相協調，實現良性循環。」江澤民還以還要爲子孫後代著想，不能吃祖宗飯、斷子孫路，先污染、後治理，強調環境與資源的重要性[17]。

國務院總理李鵬強調要按照《中國 21 世紀議程》的要求，努力做到合理開發和利用資源，大力推廣和運用節能、節材、節水、降耕技術，堅決執行保護資源、保護環境的法律法規[18]。

由中共領導人的講話中可以看出，當局對保護環境和資源的重要性已有了認識，但顯然對當前的環境問題、資源危機、生態危機的嚴重性認識不足。

那麼，究竟如何具体消除這些危機，以增強綜合國力呢？在「中

---

[16] 「可持續發展」概念，是在八０年代初提出的，而後逐步形成系統觀念，目前此一概念作爲解釋環境與發展問題的唯一出路而成爲各國共識。按國際通行的解釋，可持續發展是指既滿足當代人的需求，同時又不損害後代人滿足需求的能力，既要達到發展經濟的目的，又要保護人類賴以生存的大氣、淡水、海洋、土地和森林等自然資源和環境，使子孫後代能夠永續發展。

[17] 江澤民，「中共十四屆五中全會閉幕詞」，《人民日報》，(北京)， 1995 年 9 月 28 日，第 1 版.

[18] 李鵬，「關於國民經濟和社會叔展『九五』計劃和 2010 年遠景目標的說明」，《文匯報》(上海)， 1995 年 10 月 6 日，第 3 版.

華人民共和國國民經濟和社會發展『九五』計劃和 2000 年遠景目標
綱要」中的有關條文，概略提出了資源保護和生態保護兩項對策。

1，國土資源保護和開發

依法保護並合理開發土地、水、森林、草原、礦產和海洋資源，
完善自然資源有償使用制度和價格体系，逐步建立資源更新的經濟補
償機制。另外還包括加強土地管理，加強海洋資源調查，開發海洋產
業，保護海洋環境；加強測繪工作，做好基礎地理信息系統建設，加
強地質勘查，貫徹保証基礎地質，加強普查、擇優詳查、對口勘探的
方針，努力增加礦產資源儲蓄；加強災害性天氣、氣候和地震災害的
監測預報與防治。

2，環境和生態保護

堅持經濟建設、城鄉建設與環境建設同步實施、同步發展。增強
全民環保意識，實施污染物排放總量控制，健全環境保護和管理体系
和法規体系。另外，加強工業污染的控制，逐步從末端治理轉向生產
全部過程的控制。到公元 2000 年，縣及縣以上工業廢水處理率達到
83%，廢氣處理率 86%，固体廢物綜合利用率 50%。城市污染集中處
理率達到 25%，綠化覆蓋率 27%，垃圾無害處理率 50%，城市區域環
境噪音達標率提高 5-10 個百分點；重點治理淮河、海河、遼河、太
湖、巢湖、滇池和酸雨控制區，控制二氧化硫污染區。保護國土生態
環境，發展生態農業。加快水土流失地區綜合治理和森林植被恢復發
展，控制農田污染和水污染，力爭在公元 2000 年，森林覆蓋率達到

15.5%[19]。

這些條文除了關於廢氣處理率、廢水處理率的目標等較具体外，其餘的均是籠而統之。究竟投入多少資金用於環境保護，如何將環境納入國民經濟核算体系，如何建立可持續發展指標体系，如何提高可持續發展立法能力，擴大公眾在參與關於可持續發展的立法作用，如何具体將國有資源實行資產化管理，如何轉變污染防治策略，如何調整產業結構，制定產業政策，發展環保產業等等，都完全沒有涉及。

十，《中國 21 世紀議程》

編制《中國 21 世紀議程》，是中共當局實踐對 1992 年聯合國「環境發展大會」的承諾。1992 年 7 月，國務院「環境委員會」決定由「國家計劃委員會」和「國家科學技術委員會」領頭〔其實主要由鄧小平之女鄧楠主持〕，組織國務院各部門共同編制《中國 21 世紀議程》，並於 993 年 3 月成立了「中國 21 世紀議程管理中心」，負責日常工作。編制和實施《中國 21 世紀議程》得到了聯合國「開發計劃署」〔UNDP〕的高度重視，並將其列為與中國大陸政府正式合作的項目。

從 1992 年 8 月開始，經過國務院 52 個部門、機構、300 多名中外專家的共同努力，《中國 21 世紀議程》數易其稿，最後終於在 1994

---

[19] 「中華人民共和國國民經濟和社會發展「九五」計劃和 2010 年遠景目標綱要」，《文匯報》(北京)，1996 年 3 月 20 日，第 5 版.

年 3 月 25 日經國務院審議通過。《中國 21 世紀議程》從環境與發展的總体聯繫出發，闡述了中國大陸今後在人口、經濟、社會、資源與環境等各個領域的可持續發展戰略、政策和行動框架。

《中國 21 世紀議程》全書共有二十章，下設 78 個方案領域，大体上分爲可持續發展總体戰略、社會可持續發展、經濟可持續發展、資源保護與可持續利用以及環境保護四大部份，其主要內容如下：

第一部份：可持續發展總体戰略。包括可持續發展的戰略與對策、可持續發展立法與實施、費用與資金機制、教育與可持續發展能力建設以及團体公眾參與可持續發展等。從總体上論述了中國大陸可持續發展的背景、戰略與行動，強調可持續發展的前提是發展，提出了要逐步建立國家可持續發展的政策体系、法律体系以及促進可持續發展的綜合決策機制和協調管理機制，依靠科技進步增強經濟效益，提高勞動者素質，不斷改善發展質量，促進可持續發展的社會体系和可持續利用的資源與環境基礎建設。

第二部份：社會可持續發展。包括人口、居民消費與社會服務、消除貧困、衛生與健康、人類住區可持續發展和防災滅等內容。方案則包括貫徹實行計劃生育、控制人口數量、提高人口素質這一基本國策。同時注重滿足人民基本的衛生保健需求，減少地方病，控制傳染病，減少因環境污染和公害引起的健康危害，保護易感人群，迎接城市的衛生挑戰。

第三部份：包括可持續發展的經濟、工業與農業政策。涵蓋工業、交通、通信業的可持續發展、能源生產和消費的可持續發展。其中還涉及市場經濟体制、綜合的經濟與資源環境核算体系、有效利用經濟

手段和市場機制、促進經濟的發展，調整農業結構，優化資源生產要素結合，提高農業投入和農業綜合管理水平，保護農業自然環境和生態環境；改善工業結構和布局，推廣清潔生產工藝和技術；推廣少污染的煤炭開採技術和清潔煤技術，開採利用新能源和可再生能源。

第四部份：包括自然資源保護與可持續利用、生物多樣性保護、荒漠化防治、保護大氣層和固体廢物無害化管理等。也包括建立基於市場經濟機制與政府宏觀調控相結合的自然資源管理体系，在管理決策中推行可持續發展影響評估制度；完善生物多樣性保護法規，建立土地荒漠化的監測和信息系統；控制溫室氣体排放，發展破壞臭氧層物質的替代產品和替代技術，防治酸雨；完善有害廢棄物處理、處置的法規和技術標準体系，實施廢物最小量化，提倡資源化利用，發展無害化處置技術和建設示範工程等等。

如此大規模的致力於環境與資源的重新部署，對中國大陸而言是史無前例的。以中國大陸有限的資金、技術與人力，當然無法獨立完成，因此，國際投資與技術合作，是這項巨大工程得以落實的關鍵。

為了向國際社會廣泛宣傳《中國 21 世紀議程》，爭取國際社會對《中國 21 世紀議程》及其第一批優先項目計劃在資金和技術上的支持，中國大陸乃與聯合國「開發計劃署」〔 UNDP 〕聯合於 1994 年 7 月 7 日至 9 日，在北京召開了「中國 21 世紀議程高級國際圓桌會議」[20]，獲得聯合國的支持與各國的重視。

---

[20] 參見「環境與發展的跨世紀工程--《中國 21 世紀工程開始啟動》」，《管理世界》，(北京)，1994 年第 6 期，頁 8-11.

　　這一《中國二十一世紀議程》顯然要比「全國人大」通過的《綱要》要具体得多，不僅符合世界環境發展的主流觀念，實踐上亦具有方向感與操作性。鄧楠在講到爲什麼要編制《中國 21 世紀議程》時指出，中國有五千年的文明史，創造了輝煌的文化，積累了豐富的經驗，對人類的發展作出重要的貢獻。但同時由於過量的人口增長，給自己背上了沈重的包袱，成爲解決環境和發展問題的首要難題，使得以落後的方式向大自然索取民族生存基礎的這塊土地越來越脆弱。中國大陸 40 多年的建設雖然取得了很大成就，但也走了許多彎路，工業整体水平和素質不高，能源資源消耗太大，經濟效益低落。依鄧楠的看法，中國大陸國力有限，資金與技術不足，缺乏其他國家工業化過程中所擁有的資源優勢和環境容量，不能再走「先污染，後治理」的老路。

　　當然，中國大陸要在短期內對生態保護、環境治理等方面增加大量資金將十分困難，經濟体制轉換中仍然存在重數量、輕質量的錯誤觀念，造成管理体制、經濟發展戰略和資源環境保護政策彼此分離、無法搭配的困境。導求一條良性循環的道路，尋求經濟發展、人口、資源、環境相互協調的可持續發展道路，將是中國大陸唯一的選擇[21]。

---

[21] 鄧楠，「關於《中國 21 世紀議程》的報告」，《管理世界》(北京)，1994年第 6 期，頁 5-6.

第三章　科技力

一，科技是綜合國力競爭的關鍵因素

21 世紀將是人類歷史上科技高度發展、競爭空前激烈、充滿著機遇和挑戰的世紀。未來，國家之間靠什麼在綜合國力戰場上參賽取勝？這是當今各國都在深究的全球性問題。

依據大陸軍事學者的研究估計，在今後相當長的時期內〔至少到公元 2020 年〕，美國、俄羅斯、日本和西歐等先進工業國家，將展開一場異常激烈的爭奪綜合國力優勢的競爭。在競爭過程中，科技進步將是增強綜合國力的主軸。概括估計，科技在綜合國力中占有重要比重，約占 20.7%。其他如軍事力量只占 13.6%，教育文化占 11.4%，經濟力量占 24.9%。但經濟力量的發展約有 56% 是靠科技進步而獲益的。因此，發展科技與開發科技，將是加速增強綜合國力的前提條件[1]。

在綜合國力中，無論是軍事力量的增強，還是經濟發展的加速，科學技術都扮演著重要的角色。在西方發達國家，科技進步已成為經濟增長的主要源泉，對發展中國家而言，經濟進步尤其依賴於科技發

---

[1] 黃碩鳳，「2000 年：工農業發展依靠科技作用的預測」，《中國國情與國力》（北京），1993 年第 2 期，頁 30.

展的水平。高科技在現代戰爭中的作用,在海灣戰爭中得到了有力的證實,歷次科技革命的結果表明,科技革命能夠在較短時間內改變國家實力對比關係,促進國際政治格局發生演變。因此,國際間的競爭,就其實質而言是綜合國力的競爭,而綜合國力之爭,關鍵則是科技之爭。

德國「法蘭克福學派」〔 The Frankfurt School 〕理論家哈伯瑪斯〔 Jurgen Habermas 〕早在 1968 年就提出「科學技術是資本主義第一生產力」的觀點,中國大陸領導人鄧小平也在 1979 年作了同樣的表述[2],強調科學技術在綜合國力中的重要地位。

進入後冷戰時期,國際社會出現了一種新的趨勢,就是各國根據變化了的世界地圖,重新制定面對未來的新科技政策,特別是將科技創新和國力競爭結合起來。另一方面,科技的全球性與服務性也日漸突顯,科技成為領導或支配其他社會部門的國家政策。具體來說,有如下幾種趨勢:

1,提高科技決策在政府決策中的地位。如美國成立「國家科學委員會」,領導人即是總統柯林頓,任務是協調國家科技發展戰略,對預算分配提出建議。

2,科技政策的核心從軍事轉到民用,從單純為了提高科技實力轉到以提高綜合國力的競爭力為核心。

---

2 參見宋國誠,「大陸學界對『科學技術是第一生產力』的論辯」,《中國大陸研究》,第 36 卷第 2 期,〔台北:政大國際關係研究中心, 1993 年 2 月〕,頁 50-63.

3，政府介入工業技術發展過程。發達國家的工業一般都是以企業為主，政府只管基礎研究和與軍事有關的工業技術。現在則認為政府應該介入工業技術的發展。美國把政府的指導、參與技術開發、開展技術合作，作為恢復美國經濟領導地位的重大保證措施。

上述各點足以証明，國際社會已普遍把科技開發作為提高綜合國力的關鍵因素。處於這種背景下的中國大陸，其動向自然也為世人所關注。

二，中國大陸科技力的評估 －「科技黃皮書」

「科技黃皮書」是有關中國大陸科技指標的系列報告。從報告內容可以探知中國大陸科技實力的一般現況：

〔一〕人員部分

1，大學生與研究生在校人數 〔1980,1985,1989—1993〕(單位：萬人)

	1980	1985	1989	1990	1991	1992	1993
大學生	114.4	170.3	208.2	206.3	204.4	218.4	253.6
研究生	2.2	8.7	10.1	9.3	8.8	9.4	10.7

2，畢業大學生與研究生數〔1990—1993〕(單位：萬人)

	1990	1991	1992	1993
畢業大學生	61.36	64.13	60.42	57.07
畢業研究生	3.54	3.25	2.57	2.28

3，大學博士、碩士生情況〔1990—1993〕(單位：萬人)

	1990	1991	1992	1993
博士總數	11345	12331	14558	17570
碩士總數	80658	75542	79417	88835

4，科技活動人員狀況〔1988—1993〕(單位：萬人)

	1988	1989	1990	1991	1992	1993
科技活動人員	209.38	209.89	209.35	217.95	220.65	242.63
科學家與工程師	108.48	114.99	118.19	121.41	127.67	148.43
所占比重(%)	51.35	54.79	56.32	55.71	57.86	61.18

〔二〕經費部分

國家財政 1979 年至 1994 年對科技撥款共 1932 億元，占本期財

政總支出的 4.5%。 1990 年整個大陸科技財力資源爲 421.6 億元,用於研究與發展(R&D)的經費 125.4 億元, R&D 經費占 GDP 的比值 0.70%。 1994 年整個大陸用於 R&D 的經費與 GDP 的比值下降爲 0.5%。

〔三〕機構部分

中國大陸的科學研究與技術開發機構,主要是由政府部門所屬研究與開發機構、高等學校及其研究開發機構、大中型工業企業及其技術開發機構三類組成。

1991-1993 年中國大陸這三類科學研究與技術開發機構數如【表格 一】所示。從中可以看出,在這三年之中,政府部門所屬研究開發機構的數量變化不大, 1991 年爲 7772 個, 1992 年減少至 7574 個, 1993 年又降至 7506 個;從事自然科學和技術領域科技活動的高等學校的數量變化較小, 1991-1993 年分別爲 806 所, 804 所和 814 所,高校所屬研究與發展機構的數量變化也不大, 1992-1993 年分別爲 1676 個、 1819 個和 1902 個;但大中型工業企業及其技術開發機構數量則增長較快, 1993 年分別爲 18516 個和 10477 個,分別比 1991 年增長了 24.0%和 19.2%。

【表格一】中國大陸科學研究與技術開發機構 (單位: 個)

研究機構類型	1991	1992	1993

政府研究與開發機構	7772	7574	7506
大中型工業企業	14935	16991	18516
企業技術開發機構	8792	9432	10477
高等技術學校	806	804	814
高校研究與發展機構	1617	1819	1802

〔四〕專利部分

專利是一種知識產權，是指發明創造首創者所擁有的、受到法律保護的獨占權益。一個國家的專利申請量和專利批准量，可以反映創新的活躍程度和科技水平。因此，世界各國都將專利作爲衡量科技產出的一項重要指標。

進入 90 年代以來，中國大陸受理的專利申請量增長較快， 1992 年爲 67135 件， 1993 年達到 77276 件，分別比上年增長 34.2%，和 15.1%。專利授權量的增長幅度更大， 1992 年授予專利權 31475 件， 1993 年授予專利權達到 62127 件，分別比上年增長 27.9%和 97.4%。 1985 年 4 月 1 日至 1993 年 12 月 31 日中國大陸專利申請受理量累計達到 361794 件，授權量累計達 179855 件。

科技論文是指爲描述科技活動的結果或進展，或論述某個科學技術問題而專門描寫的文章，採用文獻計量法對科技論文發展數量及其被引用狀況進行統計分析，也可以反映一個國家的學術水平及其在世界所處的地位。

1992 年，中國大陸 1225 種科技期刊刊載科技論文 98575 篇，與 1991 年相比，增加 4140 篇，增長率為 4.4%，高於 1989—1991 年的平均增長率的 3.3%。

〔五〕科技論文

1988 年以來，在國內科技論文總量中，引人注目的是由國家級、省部級基金和海外資金支持下產生的論文(以下簡稱基金論文)每年以 2000 篇左右的速度穩步遞增。 1988-1992 年，基金論文數分別為 3796 篇、 5670 篇、 8187 篇、 10233 篇和 12392 篇。 5 年內增長了 2.26 倍。基金論文數量占國內論文總數的比重也分年增長了 4.4%，6.6%， 9.2%， 10.8%， 12.6%[3]。

三，國家統計局對科技力的評估

「科技黃皮書」所公布的有關大陸科技實力的數據，實際上並不能涵蓋大陸的全部科技現狀。若要進一步了解中國大陸的科技實力，還須借助於「國家統計局」所發表的有關統計資料。

1995 年 5 月 22 日「國家統計局」公布統計資料，對科技事業的「家底」做了詳細介紹。該項統計從以下六個方面對大陸的科技實力作了總体評估。

---

[3] 「中國科技黃皮書」，《北京青年報》(北京),1995 年 5 月 29 日，第 4 版.

〔一〕科技人員與機構明顯增加

1994 年底國有企業單位專業技術人員達 1865.9 萬人，是 1978 年的 4.3 倍。平均每萬名職工中擁有專業技術人員 1258 人，是 1978 的 2.1 倍。研究與開發機構不斷發展擴大。 1994 年底，整個大陸有獨立的科技研究開發機構 5860 個，共有 49 萬名科學家和工程師。整個大陸各類高校共創辦研究與開發機構 30000 個，從事研究與開發人員 79 萬人。工礦企業的科技實力明顯增強。 1994 年在 1.9 萬個大中型工業企業中已設立 11656 個技術開發機構，擁有技術開發人員 94 萬人。

〔二〕多方開展科技活動

國家重點科技攻關項目計劃，八Ｏ年代共取得成果 15000 項，獲得經濟效益 400 多億元。「八五」國家科技攻關計劃共安排農業、資源勘探、重大裝備、能源、交通、原材料、機械電子、高新技術、社會發展等 179 個項目。 1986 年制定的《高技術研究發展計劃》，選擇了生物、航天、信息、激光、自動化、能源；新材料等七個領域實施重點突破，已取得了 400 多項成果，有 10%的成果形成產品進入市場。 1994 年底，國家建立重點實驗室 156 個，其中有 80 個對外開放。 1987 年爲推動科技成果產業化、商品化，實施火炬計劃，到 1994 年整個大陸共有 52 個國家級高新技術開發區，已認定的高新技術企業 11962 家。 1994 年整個大陸火炬計劃高新技術產業實現產值 799 億元，實現技術貿易總收入 996 億元，利稅總額 104 億元。截至 1994 年底，共建立 67 個國家工程研究中心， 142 條工業性示範線。 1985

年國家組織實施了振興農村經濟的「星火」計劃，截至 1994 年底，整個大陸已建立 43 個國家級星火技術密集區，共完成項目 51000 項。

八０年代，軟科學研究在中國大陸迅速崛起，至今整個大陸已有軟科學研究機構 960 個，研究人員 29000 人，取得 947 項成果。 1993年，根據三種國際檢索工具，中國大陸科技人員在國際期刊上發表論文 20178 篇。按論文數量排列，大陸已從徘徊多年的世界第 15 位上升至第 12 位。

〔三〕科技服務諮詢日趨活躍

中國大陸「科協」系統已初步形成科技服務諮詢培訓体系和運行機制。截至 1994 年底，已建立了 160 個全國性科協組織，擁有 430.8萬個會員。 1994 年整個大陸共有產品質量檢測機構 3000 個，其中國家級檢測中心 234 個。

〔四〕國際合作和交流領域擴大

九０年代中國大陸先後與 134 個國家和地區建立了科技合作關係，同 83 個國家締結了政府間科技合作和經濟合作協定。在聯合國系統 30 多個科技機構取得合法席位。中國大陸學術團体參加國際學術組織 600 個。技術產品出口貿易大幅度增長， 1987-1994 年高技術出口額達 238 億美元。

〔五〕取得高新科技成果

1979 年以來，共取得重大科技成果 34.5 萬項，是實行改革開放以前 30 年的 19.3 倍，獲國家獎勵的成果 8580 煩，其中國家自然獎 467 項，國家發明獎 2256 項，國家科技進步獎 5178 項，所創經濟收益達 3000 億元以上。在高技術領域，1979 年至 1994 年共成功地發射了 43 顆人造衛星，並能使衛星成功地返回地面。1981 年成功地用一枚運載火箭發射三顆衛星。另外還成功地完成了水下導航、洲際運載火箭、「長征三號」大推力火箭的發射。北京正負電子撞擊對撞成功、五兆瓦低溫核供熱反應堆建成並運行、大亞灣核電站建成發電、原子級操縱和原子級加工居世界前列、國家計算機與網路設施實現國內和國際聯網、「銀河」巨型電子計算機、智能型英漢機器翻譯系統、導彈、衛星無線電測控系統研制成功。

〔六〕科技成果轉化有所進展

1986-1994 年，中國大陸通過技術市場共締結技術合同 185 項，成交技術合同總金額 956 億元。到 1994 年底，「國家專利局」共批准專利 223152 件，其中國內 201408 件，占 90.3%；國外 21744 件，占 9.7%。使中國大陸的專利實施率達到 30%。在國家重點科技攻關方面，八０年代科技攻關共取得 15000 項科技成果，有 12000 項科技成果在國民經濟的各個領域得到推廣和應用，並獲到直接經濟效益 400 多億元。例如在農業方面，培育了水稻、小麥、棉花、大豆等主要農作物的優良品種 397 個，推廣面積 6.4 億畝；在資源勘探方面採

用新技術，大大提高了礦藏勘探的現代化水平；在交通運輸方面，鐵路機車牽引能力有了很大的提高，結束了蒸氣機車的生產歷史；在發展大規模集成電路的計算機輔助設計系統中，開發了近 500 種專用集成電路，並應用在電力、冶金、化工、紡織、輕工等行業；在輕工紡織等消費品領域，開發出一大批新技術和新產品，豐富了市場，改善了人民生活，增強了出口創匯能力；在環境保護、預防自然災害、重大疾病防治方面也取得了進展。

上述資料均顯示中國大陸的科技實力不斷增強。但報告中也承認，總体上中國大陸科學技術水平與發達國家相比，差距還很大，特別是在科研人員待遇和研究經費比重方面。據估計，中國大陸基礎研究、應用研究、實驗發展經費比例爲 1:0.5:0.9，美國則爲 1:2:5，日本爲 1:2:4，科技投資水平遠低於發達國家水平；中國大陸文盲、半文盲率爲 15.9%，勞動者素質普遍較低；大學生入學率僅爲 1.7%，遠低於世界平均水平的 12.7%，科技人員的比例僅占人口 1.5%，與一個國家現代化發展的需要，不能相稱[4]。

四，七大科技工程

自八〇年代以來，中國大陸爲加速科技開發和邁向高新科技研究領域，先後由國家規劃領導，制定一系列科技攻關計劃，其目的除了

---

[4] 數據引自《人民日報》，1995 年 5 月 24 日，第 8 版.

引導中國大陸整體科技水平、培養尖端科技人才之外，還具有向世界展示科技雄心、突破高新科技瓶頸的作用。在評估中國大陸的科技實力時，自然不能忽略這一系列投資巨大、涉及高層科技研究的工程計劃。這些由政府組織領導的科技攻關計劃，都以面向 21 世紀爲目標，是中國大陸科技實力的重大標誌。

這一系列科技攻關計劃，橫跨了由科技領導體制、科技實驗區、經濟、農業以至科技人才的長期培養，在中國大陸稱爲「中國七大科技工程」。

〔一〕「八六三計劃」工程。

這項工程始於 1986 年，是在 1986 年中共當局制定《高技術研究發展計劃綱要》之後成立，主要致力於高新科技的開發與研究，組織並網羅全國最尖端的科技人才。，這項工程實施以來，中國大陸高技術科研隊伍的素質明顯提高，高技術研究開發實力明顯增強，特別是在一些重大關鍵技術上取得了突破，使中國大陸高技術研究開始在國際上占有一席之地。

在「國家科委」負責的五個領域中，已取得研究成果 650 餘項，達到國際 80 年代中、後期水平的有 300 多項。其中，部分已達到國際先進水平。

在「八六三」計劃的實施中，形成了一支陣容整齊、精幹的國家高科技究發展隊伍。該項計劃採取首席科學家負責的「專家管理体制」。每年直接參與「八六三」計劃決策的專家近 200 人，間接參與決策的 1000 餘人。累計參加「國家科委」領導的五個領域的科技人

員已達 15000 人以上。

〔二〕高新技術開發區產業工程。

這是中國大陸一項迎向跨世紀國際挑戰的產業工程。雖然起步晚，但發展快。如果從最早的「中關村」電子一街算起，只有 15、6 年的歷史；如果從第一個國家級試驗區—「北京新技術產業試驗區」算起，也只有 5、6 年的歷史。目前中國大陸已擁有 52 個國家級、40 個省級高新技術產業開發區，遍及除西藏、青海、內蒙古、寧夏以外的各大中城市。

〔三〕「三金」工程

所謂「三金工程」是指金橋、金關、金卡工程。這是中國大陸開發「信息高速公路」的一項戰略。中國大陸對信息的重視，始於八０年代初對世界新技術革命的討論和研究。 1980 年，鄧小平提出「開發信息資源，服務四化建設，發展高科技，實現產業化」的主張。江澤民亦主張，應在「八五」和 90 年代期間，把信息產業與能源、交通、原材料等支柱性產業同時並舉推動。於是以信息產業為核心的「三金」工程乃在九０年代初正式啟動實施。

〔四〕「攀登計劃」工程。

1992 年中國大陸正式實施了攀登計劃，遴選首批 30 個國家基礎性研究重大關鍵項目，給予較強的持續穩定的支持，力圖在 5 年到 10 年內取得突破性進展。 1992 年國家增撥自然科學基金 5000 萬元。整

個大陸有 108 個重點基礎性研究項目和 3378 項基礎性研究項目獲得
國家自然科學基金資助。資助總金額達 2.24 億多元。近年來，中共當
局還撥出較多經費，用於實驗室的建設和現有實驗儀器設備的更新，
增加對重點、開放實驗室和科技行政的補助。中國大陸官方宣佈，很
多基礎科學研究領域經過「努力攀登、奮勇拼搏」，取得了相當的成
果。有的成果開拓、建立和發展了新的科學領域；有的可望獲得重大
效益；有的推動了以新技術爲基礎的產業部門的發展；有的對大陸
自然資源和自然條件進行大規模綜合科學考察，爲國民經濟發展提供
了綜合性基礎資料和開發方案，爲國家重大決策提供依據；基礎研究
與人才培養相結合，也爲年輕科技人員的成長創造了條件。

〔五〕「星火計劃工程」

即中國大陸第一個依靠科技振興農村經濟的指導性開發計劃。
「星火計劃」實施九年以來，取得了 6 個方面的顯著成果。一是把科
學技術引入廣大農村。截至 1993 年底，星火計劃已累計安排示範項
目 5 萬多項，覆蓋了整個大陸 85%以上的縣市，產生了相當的經濟效
益和社會效益。其中 50%以上已開花結果，很多項目都產生了可喜的
效果：已開發技術裝備 400 多套在整個大陸形成 43 個國家級星火技
術密集區， 71 個產值超億元、利稅超千萬元的區域性支柱產業。二
是在深化科技体制改革中起到了表率作用。星火計劃首開科技進入了
經濟建設主戰場的先河，爲科技成果的轉化開闢途徑。三是促進農村
市場經濟体制的建設。四是刺激農民的科技意識和市場意識，星火計
劃實施九年以來，在農村培訓各類技術和管理人員 2070 萬人次。五

是產生了廣泛的國際影響。 1990 年 7 月聯合國「亞太經合組織」在中國大陸星火計劃的考察報告中提出：六０年代，很多發展中國家都開發了許多類似的計劃，但均未成功，唯獨中國大陸找到了創新的路子，獲得了成功，對發達中國家，尤其是亞太地區有著普遍的借鑒意義。聯合國「開發計劃合作局」甚至稱星火計劃不僅是中國大陸的，也是世界的星火計劃。

〔六〕「綠色証書」工程。

「綠色証書」工程是一項由大陸農業部帶頭、各級政府直接領導，有計劃的對農民進行崗位培訓的教育工程。農民科學文化素質的高低，接受和運用農業科技成果能力的強弱，直接制約農業和農村經濟的發展。要想在現有年產 45000 億公斤糧食的基礎上再增加 500 億公斤的糧食，要加快農業現代化進程，當務之急是提高農民的文化水平。爲此，「農業部」從 1988 年起，開辦農村成人技術教育，並把它命名爲「綠色証書」工程。

〔七〕跨世紀人才工程。

從 80 年代中期起，中國大陸開始實施一項培養跨世紀學科「帶頭人」的工程。這項工作已從開始時的少數部門地區，擴展到了整個大陸。依據「人事部」制定的「百千萬工程」計劃，到 2000 年，預計要在以自然科學爲主的、對國民經濟發展影響重大的學科門類中，造就出 100 名 45 歲左右能夠進入世界科技前沿的學科帶頭人； 1000 名 45 歲以下，具有國內先進水平、保持學科優勢的學科帶頭人；一

萬名 30-45 歲之間，在各類學科領域裡起骨幹作用的年輕優秀人才。
另外，「國家教委」計劃到本世紀末培養 1000 名優秀跨世紀的學術
技術帶頭人；「中國科學院」則提出「百人計劃」；上海實施「科技
啓明星」計劃，北京和武漢分別實施「科技新星」計劃和「晨光」計
劃。清華大學的目標是，在本世紀末下世紀初，要培養數 10 名科學
院院士和具工程院院士水準的學科帶頭人，還要有一支 500 人左右的
年輕學術骨幹。

　　爲了幫助年輕學者充分施展才華，一系列專門爲年輕人立項的科
學基金相繼推出，分別是：國家自然科學基金委員會設立的「青年基
金」、「優秀青年人才專項基金」、「出國留學人員短期回國服務基
金」；國家教委設立的：「優秀青年教師基金」、「霍英東青年基金」、
「跨世紀優秀人才基金」。另外，中國科學院廣東分院、廣東省社會
科學院，也推出了所謂「放手讓青年人去闖」的人才工程[5]。

五，1994 年科技成果分析

　　下面通過統計資料，集中分析 1994 年度中國大陸科技成果，以
便對目前大陸科技實力有一更清晰的認識。

　　〔一〕基本情況

---

[5] 徐少華「未來世紀中國靠什麼取勝」，《廠長經理日報》（成都），
　1995 年 2 月 12 日，第 11 版.

1994 年，整個大陸共取得重大科技成果 30230 項，獲得省部級獎
勵的科技成果爲 9911 項。詳見如【表格 二】：

【表格二】 1991—1994 年度大陸鑒定、登記、獎勵基本情況

年度	鑒定項目數	登記項目數	獎勵項目數
1991	32837	32635	10509
1992	35428	33384	10921
1993	36869	32916	10816
1994	32964	30230	9911

〔二〕科技成果分類情況

1，任務來源

登記的 30230 項重大科技成果中，列入省、部以上科技計劃項目
的有 14632 項，占總數的 49.4%，其中：國家計劃項目 2328 項，占
成果總數的 40.7%；計劃外項目 15598 項，占成果總數的 51.6%。詳
見如【表格 三】：

【表格三】 科技成果任務來源分布

年度	國家計劃		省部計劃		計劃外		總計
	項目數	%	項目數	%	項目數	%	項目數

1991	5708	17.5		13319	40.8		13626	41.7		32653
1992	3533	10.6		13618	40.8		16233	48.6		33384
1993	3851	11.7		13125	39.9		15490	48.6		32916
1994	2328	7.7		12304	40.7		15598	51.6		30230

2，成果性質分布

在 30230 項重大科技成果中，應用技術成果 28644 項，占成果總數的 88.8%，與 1993 年相比，所占比重有所下降；基礎理論成果 1965 項，占成果總數 6.5%，比 1993 年上升 1.4 個百分點；軟科學成果 1421，占成果總數的 4.7%，比 1993 年上升 1.6 個百分點。詳見如【表格 四】：

【表格四】　科技成果性質分析

| 年度 | 應用技術成果 | | 軟科學成果 | | 基礎科學成果 | | 總計 |
	項目數	%	項目數	%	項目數	%	項目數
1991	28258	86.5	1626	5.0	2769	8.5	32653
1992	31948	95.7	526	1.6	910	2.7	33384
1993	30253	91.0	997	3.4	1666	5.1	32916
1994	26844	88.8	1421	4.7	1965	6.5	30230

3，成果完成單位

在 30230 項重大科技成果中，由科研機構完成的成果 7255 項，

占成果總數的 24%；大專院校 7225 項，占 23.9%；工礦企業 10097
項，占 33.4%；集体個体企業 2781 項，占 9.2%；其它單位 2872 項，
占 9.5%，與 1993 年相比，科研機構完成的成果所占比例下降了 9.1
個百分點，而大專院校增加了 6.3 個百分點。工礦企業及其它單位完
成的成果分別減少了 0.8 、 3.3 個百分點。集体個体完成的成果增長
了 6.5 個百分點。詳見【表格 五】：

【表格五】 科技成果單位完成屬性分布

年度	科研機構		大專院校		工礦企業		集体個体		其它單位		總計
	項目數	%	項目數	%	項目數	%	項目數	%	項目數	%	項目數
1991	10990	33.7	7836	24.1	9381	28.7	826	2.5	3593	11.0	32653
1992	11328	33.9	7729	23.3	9866	29.6	584	1.7	3814	11.5	33384
1993	10890	33.1	5803	17.6	11114	33.8	885	2.7	4224	12.8	32916
1994	7225	24.0	7225	23.9	10097	33.3	2781	9.2	2872	9.5	30230

4， 成果水平的分布

在 30230 項重大科技成果中，達到國際先進水平以上的成果有
4988 項，占成果總數的 16.5%(其中國際領先的 635 項，占成果總數
的 2.1%)，達到國內領先和國內先進水平的成果 20284 項，占成果總
數的 67.1%(其中國內領先水平 9613 項，占成果總數的 31.8%)。與 1993
年相比，總體水平有所提高。詳見【表格 六】：

【表格六】 科技成果水平分布

年度	國際領先		國際先進		國內領先		國內先進		總計
	項目數	%	項目數	%	項目數	%	項目數	%	項目數
1991	823	2.5	5420	16.6	8372	25.6	11066	33.9	25681
1992	740	2.2	4528	13.6	8810	26.4	10503	31.5	24581
1993	804	2.4	4482	13.6	8249	25.1	12342	37.5	25877
1994	635	2.1	4353	14.4	9613	31.8	10671	35.3	25272

注： 表中百分比的分母為當年重大科技成果的總數。1991、1992、1993、1994 年度的重大科技成果分別為 32653、33384、32916、30230 項。

5、成果的應用情況

1994 年度已應用的技術成果有 20804 項，占應用技術成果的 26844 項的 77.5%，比 1993 年度增長了 3.8 個百分點。但是也有若干研究成果未能充份得到利用。

在應用技術成果中，未能充分應用的主要原因是：缺乏資金的有 1035 項，占未應用成果的 9.4%；技術不配套的有 248 項，占未應用成果的 4.1%；無「接產」單位的有 568 項，占未應用成果的 9.4%；尚未進行工業性實驗的有 779 項，占未應用成果總數的 12.9%；由於其它方面等因素未應用的成果有 3140 項，占未應用成果總數的 52%。歷年科技成果未充分利用的情況，詳見【表格七】：

【表格七】 科技成果未應用原因分析

年度	缺乏資金		技術不配套		無接產單位		未工業性試驗		其它原因		總計
	項目數	%	項目數	%	項目數	%	項目數	%	項目數	%	項目數
1991	1003	14.8	366	5.4	597	8.8	4814	71.0	6780		
1992	1340	15.4	339	3.9	678	7.8	6341	72.9	8698		
1993	2829	32.5	744	8.6	747	8.6	4368	50.2	8688		
1994	1305	21.6	248	4.1	568	9.4	779	12.9	3140	52.0	6040

6，成果的行業分布情況

根據國民經濟行業分類，以成果的主要對象劃分，在 1994 年度 26844 項重大應用技術成果中，農業成果 5422 項，占應用技術成果總數的 20.2%；工業成果 11301 項，占總數的 42.1%，工、農業成果占總數的 62.4%。建築業成果 859 項，占 3.2%；交通運輸、郵電通訊業 832 項，占 31%；衛生、体育、社會、福利業 4241 項，占 15.8%。詳見【表格 八】：

7、經濟效益情況

根據對 6739 項成果的統計，項目資金總投入爲 125.77 億元，累計新增產值 786.98 億元，新增利稅 153.85 億元，創收外匯 6.64 億(美)元，節約資金 37.3 億元。平均單項投入爲 186.63 億元[6]。

---

[6] 數據引自「1993 年度全國科技成果統計分析」，《中國信息導報》(北京)，1995 年第 9 期，頁 3-6.

【表格八】 科技成果應用行業分類

年度	1991		1992		1993		1994	
行業	項目數	%	項目數	%	項目數	%	項目數	%
農、牧、漁、水利業	5218	17.5	4927	15.2	5521	17.7	5422	20.2
工業	14571	48.8	14827	45.7	14917	47.7	11301	42.1
地質普查和勘探業	499	1.7	1233	3.8	1038	3.3	430	1.6
建築業	738	2.5	698	2.1	1020	3.3	859	3.2
交通運輸、郵電通訊業	1091	3.7	1147	3.5	1339	2.1	832	3.1
商飲業、儲業業	1097	3.7	354	1.1	653	1.4	376	1.4
房地產、公用事業和諮詢業	263	0.9	287	0.9	422	9.4	483	1.8
衛生、体育、社會福利業	2872	9.6	3121	9.6	2943	2.1	4241	15.8
文教、廣播電視業	493	1.6	452	1.4	648	4.7	403	1.5
科研、綜合和技術服務業	1401	4.7	1328	4.1	1167	0.4	698	2.6
金融、保險業	65	0.2	118	0.4	120	0.7	188	0.7
其它行業	1576	5.3	3928	12.8	1162	3.7	1611	6.0
合　計	29884		32474		31250		26844	

六，科技實力的國際比較

前述依據官方和半官方統計資料，對中國大陸科技實力作了概略的描述，從描述中可以看出，官方立場仍顯傾向於「正面評估」或「期待性高估」。儘管中國大陸在科技研究與創新方面，表現出「唯恐落後」憂患意識，處處表現出邁入尖端、力爭領先的衝勁。但是對於科技體質的薄弱環節，諸如科技管理體制的官僚化、科技投資比例不足、科技商品運用的落伍等結構性問題，卻少有著墨。

百年來，中國由於科技落後而處於西方列強的侵略和宰制，對西方「科技霸權」具有一定的民族排拒感，當前如何發展具有中國人特色的科技研究，展現「中國科技新世紀」，不僅具有民族主義強烈的趨動力，也具有政治上「中國不落牛尾」的涵意。正是這些原因，中共官方對中國大陸科技實力作了較樂觀的估計，如果將中國大陸科技發展現況與先進國家進行對比，國際差距就無法諱言了。

差距之一：科技經費投入不足

一般來說，研究與發展(R&D)經費投入占 GDP 的比重，是國際上衡量一個國家科技實力的重要標誌。中國大陸自 1988 年以來，雖然研究與發展經費投入總額持續增長，但近幾年增長幅度逐年縮小，並低於 GDP 的增長幅度，科技投入占國內 GDP 的比重呈下降趨勢。

大陸 R&D 經費投入總額從 1988 年的 99.7 億元增加到 1994 年的 222 億元。 1992 年以前研究與發展經費支出的增長，與同期 GDP 的增長幅度大体持平，兩者的比例關係基本穩定。據統計， 1992 年增

長幅度為 18.8%； 1993 年為 16%，比 1992 年下降 2.8 個百分點； 1994
年為 13.3%，又比 1993 年下降 5.5 個百分點。而同期 GDP 卻保持較
高的增長幅度，分別為 20.7%、28.8%、39.6%。科技投入與 GDP 呈
現「一消一長」的趨勢，科技投入的增長幅度低於 GDP 增長幅度，
使其占 GDP 的比重明顯下降。分年來看，中國大陸 1988-1994 年 R&D
經費投入占 GDP 比重分別為 0.71%、 0.70%、 0.70%、 0.71%、
0.70%、 0.69%、 0.6%、 0.50%。下降趨勢一目了然[7]。

　　與發達國家相比，中國大陸 R&D 經費投入占 GDP 的比重是很低
的。在聯合國「教科文」組織 1995 年發表的《世界科學報告》中，
各國科研經費在國內生產總值的百分比，中國大陸與印度並列為
0.8，往下則有拉丁美洲、中東國家，均為 0.4，往上有亞洲新興工業
國家為，為 1.6，中歐和東歐國家為 1.7[8]。

　　另以 1990 年為例。R&D 經費占 GDP 的比重，美國為 2.6%，日
本為 2.86%，德國為 2.84%，法國為 2.28%，義大利為 1.19%，英國為
2.31%，加拿大為 1.33%，蘇聯為 4.32%，當年中國大陸僅為 0.71%，
遠低於上述國家，甚至還低於印度(0.90%)。 20 多年來，韓國綜合國
力和經濟實力增長迅速，其 R&D/GDP 值也相應由 1970 年的 0.83%逐
步上升到 1980 年的 0.62%和 1990 年的 1.83%[9]，中國大陸的比值卻不

---

[7] 數據引自邢明發，「我國科學研究與發展(R&D)狀況展望與分析」，《科
　　學與科學技術管理》(天津)， 1995 年第 10 期，頁 34.
[8] 數據引自鴿子，《21 世紀，中國靠什麼立國?對第一生產力的理性思考》，
　　《集團經濟研究》(蘇州)， 1995 年第 10 期，頁 43.
[9] 數據引自「對中國綜合國力的測度和一般分析」，《中國社會科學》(北

斷下降,與鄰近的韓國形成鮮明的對比。

分析科技投入占 GDP 比重,意義在於從中可以觀察出科技發展用以支撐和推動經濟發展的後備實力與遠期潛力。有人認為,從 1992-1994 年, GDP 都以每年 10%以上的比例遞增, R&D 占 GDP 的比值儘管在下降,但絕對數額只會增加不會減少。然而這是完全錯誤的觀點。從相對比例關係來看,雖然中國大陸 R&D 的費用持續增加,但扣除物價上漲因素後的 R&D 的實際投入並未增加。實際上,在 R&D 的投入中有相當一部份用於支付從業人員的工資或獎金,基於工資剛性法則,工資和獎金的上升速度必然大於物價上漲的速度。所以在扣除物價上漲因素後的 R&D 費用中,直接用於發展科技工作的課題費,亦即其絕對值,實際上亦不斷縮小。

差距之二: 成果轉化比率低落

現代社會生產力的提高,取決於科學技術在經濟生產中運用的程度。據國際有關科技專家測定,在西方發達國家,科學技術在國民生產總值增長中的作用,已由本世紀初的 5%-20%上升到目前的 60%-80%。科學技術在生產中的作用越來越大。許多發達國家投入大量的人力、資金,進行科學技術的研究、推廣和運用,縮短了科學成果在研究和運用之間的周期,取得了十分顯著的經濟效果。而在中國大陸,經濟的增長在很大程度上是靠高積累、高投入,採用「粗放-外

京), 1995 年第 5 期,頁 14.

延」的模式來實現的,也就是靠投入大量人力,資金和資源來發展經濟。科學技術對國民經濟總產值增長速度中的貢獻值只占 30%左右。比發達國家五、六０年代還低 30 個百分點!而同期的美國和日本,比例已經高達 80%以上[10]。

持平而論,從 1980 年起,中國大陸的重大科技成果一直以 25%的速度增長。如前所述,1981 年至 1991 的 10 年裏,大陸獲得省部級以上重大成果共 15.6 萬項。進入 90 年代後,每年登記的重大成果更是高達三萬多項,其中達到或超過國際水平的約占 15%,上海市甚至達到 37%,同時每年還有三萬多項專利成果。從科技成果總量上看,中國大陸已與美、日相當。但是如此龐大的科技成果群,在經歷了 10 多年經濟及科技体制改革後,雖然擺脫了八０年代以前所謂「三品」〔即科研成果成爲禮品、樣品、產品〕的命運,但是官方公布的科技成品推廣率卻仍只有 10%左右。例如在機械工業部門,一項成果的覆蓋面在 3 到 5 年中,能達到該項成果可應用面積的 10%,便被官方認定已達到推廣效果了,至於「國家教委」對所屬院校科研產品覆蓋面的要求則更低,只要求達 4%即可。

一個奇特的現象是,中國大陸一些一流的學術刊物受到包括美國在內發達國家高度重視,一些具有市場價值的成果甚至迅速地在異國他鄉,轉化爲能創造經濟利潤的現實生產力,其中有些科技產品還回銷中國大陸市場,實現高額的經濟價值。

科技資源何不能開發爲現實的經濟優勢,進而成爲綜合國力的組

---

[10] 數據引自同注 5,頁 12.

成部份,是評估中國大陸科技實力的一個切入口。但何以如此?正如國務院「國家科委」科技成果司司長唐新民指出,目前在中國大陸,科技與經濟事實上仍是「兩張皮」:一是觀念問題。所有人口頭上都承認科學技術是第一生產力,但行動上卻把科技放在末尾位置;科技人員仍然只重研究,輕視推廣;許多企業仍然抱著「等、靠、要」的態度,等著政府給成果、投資金;此外,政策部門也有誤解,認爲現在既然實行市場經濟的政策,一切靠市場,因而在科技成果推廣上放棄了政府調控,這與發達國家政府始終直接參與科技研究和產品推廣,截然不同。二是投入問題。發達國家在研究、開發、應用的投入比例是 1:10:100,而中國大陸,甚至在工業基礎最雄厚的上海,高技術企業在科研、試產與批量生產的資金投入比例也只達到 1:1.63:10.55。三是政策法規不配套。例如農業科技推廣法,強調農業資訊網絡的推廣,但許多地方政府竟把農業科技站裁撤了,使原本健全的推廣体系解体。四是科技成果不成熟,科技產品商品化的工藝與技術條件不夠,成本過高,經濟效益低落,不能滿足社會化大生產的需求。

不但如此,中國大陸的科技體制基本上沿襲前蘇聯的体制,科技資源分布不合理,導致科技與成果的分割。整個中國大陸近 70%的科學家和工程師集中在企業之外的科研機構,所耗費的科研經費占全部科技投入的 60-70%,而全國 18663 家大型企業科技力量卻十分薄弱。在這些國民經濟的支柱產業中,雖然約有一半的企業擁有自己的技術開發機構〔美國和日本則是接近 100%〕,但中、大學畢業以上科技人員卻僅有 41.4 萬人,占全國科技人員總數比例不到 30%,若平均

計算，每個企業只有 22 人，而在美、日等發達國家，企業科技人員占全部科技人員總數近 70%。從企業對科技投資的比例來看，規模更無法與發達國家相比。美、日等國已接近 70%，中國大陸只有 13.8%。1993 年整個中國大陸技術改造資金共投資 248.6 億元，僅僅是德國西門子公司一年開發費的 56%左右。因為資金、人才的匱乏，企業的技術開發項目相對減少，平均每家企業是 2.5 個，開發的新產品更少，平均每家只有 1.33 個[11]。

差距之三：技術引進消化不良

技術引進是發展中國家增強科技實力的必經之路。從成功的經驗看，日本、韓國等國引進國外先進技術，發揮「後發優勢」，在較短時間內迅速實現了工業化、現代化。尤其是二次大戰後，日、韓等國在落後發達國家三十年的差距下，通過技術引進和運用，短短幾年便躍入世界一流國家的行列。以日本為例，日本在技術引進方面只用了技術投資的 25%，卻完成了工業主體技術的 70%。戰後 15 年，日本的工業產值增長中的 32%是從引進技術得來的，運用引進的技術所創造的產值是技術引進成本的 10 倍。另外，引進技術以生產新產品，還可以節約大量的外匯。以 1960 年為例，日本引進技術花費了 1 億美元外匯，但相對節約設備進口竟達 45 億美元。

中國大陸技術引進所產生的效果當然也是不可抹煞的。在 1981-

---

[11] 數據引自同注 8，頁 43-45.

1986 年期間，輕紡、機電產品出口增長的 45%，是通過引進技術和進一步改造實現的，但是技術引進的規模與效益並不成比例。在 1980-1989 年期間，中國大陸技術引進的平均費用，高於日本 1958-1967 年年平均水平的 20 倍。截至 1989 年底，「六五計劃」後三年引進的三千多項技術改造項目，仍有 32%尚未投產，已投產項目中的半數難以獲得國產合格的配件和材料，經濟效益嚴重低落。據統計，從引進項目的成交到投產，平均耗時約 4 年，經濟效益處於「遲延反映」的狀態。

技術引進是加速技術傳播，消除「技術落差」的重要手段，是發展中國家急起直追世界先進水平的重要策略。但中國大陸技術引進的邊際效益何以如此低落？根本的原因在於技術消化吸收的差距。一般在技術引進方面獲得成功的國家，無一不是在技術引進的消化吸收上取得成效。五０年代至七０年代，日本在技術引進費用上增加了 14 倍，而用於消化吸收方面的科研費卻增加了 73 倍，消化費用往往是引進費用的 2 至 3 倍，可見日本極為重視外來技術的本土性運用，以及引進技術的再開發與再利用。

中國大陸自改革開放以來，共引進先進技術和裝備 3 萬項以上，總價值過 1000 億美元。但在大量引進之餘卻產生消化不良的現象，沒有將技術引進轉化為科技實力的增長。一般來說，影響技術消化不良的因素很多，主要的有如下幾個方面：

1，技術選擇的錯位

中國大陸過去引進的技術常常是國外已趨「成熟期」的技術，有的甚至是過期的技術。這就使技術引進本身帶有「時間後滯性」，而且所引進的技術基本上是成套設備或生產線，軟體技術很少，在技術本身的生命周期上也帶有滯後性。日本的情況就不同，日本從國外引進許多尚處於中試階段和不完善的技術，購買專利技術圖紙等軟件技術，引進的都是高度智能密集的資訊形態技術。早在六０年代初，日本以這種方式引進的技術就已經達 80%以上，設備進口只有 10%。

2，科研機構和技術引進脫離

在中國大陸的科研機構中，有80%科研項目與企業的技術發展沒有直接的關係，約有 83%的科研人員，獨立於企業之外在政府所屬的研究機關中從事研究活動，使得政府科研機構很難直接參與企業的技術引進與消化吸收工作。反觀日本， R&D 力量主要分布於企業，技術開發以民間為主體，民間研究經費約占全國總經費的 65-70%。日本大約有 1700 家企業擁有不同規模的研究機構，其中約有 350 家企業具有 600 所水平較高的研究所，尤其是大企業集團擁有完善的科研開發系統和先進設施。

3，宏觀管理和政策引導不得法

中國大陸至今缺乏系統性、科學化的科技管理體制，其中尤其缺乏一套技術引進的資訊管理和運用體系。科技引進政策往往與現行產業政策、科技政策、財政金融政策不協調，甚至阻礙或束縛了技術消化的速度與效益。基本上，技術的引進與消化吸收是一個連續過程，

但現行体制卻將引進技術、消化吸收、科研開發等工作人爲割裂，造成縱向傳導和橫向協作的困難，阻礙了技術擴散，妨礙了引進技術的再利用與再創新。

4，技術引進階段資金分配的不合理

日本在 1954-1964 年間所引進的技術，平均每項耗資 4300 萬日元，而爲消化吸收每項引進技術所花費的研究開發費高達 5.3 億日元。在此期間，對引進技術進行再投資而生產的商品中，有 13%是自主開發，12%是由技術引進生產，其餘 75%的產品是依靠技術消化而生產的，由此可以看出技術消化的重要性。拿中國大陸的情況與日本、韓國作比較，便可明顯感到投入分配上的差距。如下表[12]：

【表格 九】 中、日、韓歷年技術引進情況 (費用單位：百萬美元)

年份	日本 (1958-1967)	年均	韓國 (1968-1977)	年均	中國大陸 (1952-1958)	年均	(1980-1989)	年均
項目數	8150	81.5	2135	213.5	867	32.44	17063	1706
費用	1321.6	132.16	211.96	21.196	11240	416.3	27000	2700
每項費用	0.163		0.099		12.831		1.582	

---

[12] 數據引自吳運建等，「我國技術引進消化吸收現狀及影響因素分析」，《華東科技管理》(上海)，1994 年第 11 期，頁 16-17.

【表格 十】中、日技術引進與消化吸收經費之比

項目 國別	機械	化纖	冶金	電氣	綜合
中國大陸	5.43:1	185.19:1	7.12:1	11.78:1	10.79:1(1986年)
日本	1.4:3	1.8:1	1:11.0	1:10	1:4.9(1963年)

差距之四：科技人才閒置老化

按照國際一般標準，一個國家每 10 萬人口中科學家和工程師少於 4 人，按人口平均的科研經費小於 1 至 1.5 美元的國家，則被列爲低等國家，而中國大陸 1982 年每 10 萬中的科研人員和工程師僅有 1 人左右，按人口平均的科研經費則僅爲 0.3 美元。在一方面科技人員按人口比例來看已經極爲稀薄情況下，另一方面人才閒置浪費的情況則卻更爲突出。在中國大陸的 1003 萬專業技術人員中(不包括中、小學教師)，能夠在工作中發揮全部能力的人員，只占 14.6%，而有 30% 的人發揮不了作用。

科技隊伍人員老化和青黃不接的狀況也相當嚴重。目前在專業技術隊伍的年齡分布上，45 歲以上的在整個專業隊伍中所占的比例很大，這種狀況在基礎研究和應用基礎研究領域尤其突出。中國大陸基礎研究的「大本營」－中國科學院，1980 年間，46 歲以上的占了基礎研究課題人員的 48%。據 1992 年統計，科學院系統的高級研究人

員平均年齡超過 53 歲，到 2000 年，正好超過一個敏感數字──60 歲，意味者多數高級研究人員在短期內將大量而快速的退出工作崗位[13]。

1992 年，中國大陸科技界被國際重要刊物引証的論文數急劇增長，國際排名從徘徊多年的 15 位上升至 12 位，與 1985 年的 26 位相比，更是不可同日而語。人們從這些數字中看到了理論研究的曙光，然而對於科技界的有識之士來說，數字的背卻隱藏著許多的憂慮。論文的數量確實有所增長，然而質量卻不斷下降，被引用的論文中有重大理論建樹的文章少了，多的是一些可有可無、理論價值不大的小文章。在對論文內容做過具体分析以後，「國家科委」高技術發展研究中心主任邵立勤指出：重量輕質的現象，一方面反映出某些學科領域充滿學風浮泛、急功近利的思想，另一方面也顯示科技後勁不足的問題[14]。

中國大陸若欲增強科技實力，當務之急是培養一批稱職的高級科技人才。要達到此一目標，博士研究生教育是一條途徑。但以目前中國大陸的博士生教育，是否能培養一流的科學家或工程師，確實令人懷疑。主要問題在於：(1)博士生導師年齡偏高，國際上著名學者少，理論學習和新知獲取呈現落伍狀態(2)研究經費嚴重缺乏。目前博士生每月研究經費 1.5 千元以下的占 50%，1.5-2 千元的占 12%，5 千-1萬元的占 20%，1 萬元以上的僅占 6%(3)研究儀器設備落後，研究資料缺乏(4)與國外的學術交流少(5)博士生的生活待遇差，平均每月收

[13] 數據引自徐少華，「未來世紀中國靠什麼取勝」，同注 5，第 11 版
[14] 轉引自鴿子，「21 世紀，中國靠什麼立國」，同注 8，頁 44-45

入僅 60 元左右(6)博士生「急功近利」思想濃厚。在一次對博士生的調查中發現，畢業後選擇工作考慮的主要因素， 50%-60%把收入條件放在第一位，只有 20%-30%把終生研究條件放在第一位。

與世界的發達國家相比，中國大陸的世界一流科學家不僅數量少，而且質量不高。據有關專家測算，中國大陸的一流科學家約 4 千人，僅爲美國(12 萬)的 3.3%；若按「堪稱世界一流科學家」的人數計算，則僅爲美國的 0.5%、英國的 1.8%、日本的 2.5%，印度的 25.4%。科技人才是科技實力的重心，中國大陸在這一方面顯然不具優勢[15]。

差距之五：科研体制僵化落伍

戰後日本的科技實力之所以快速增長，一個重要原因是建立了完善的的科研体制。日本占主導地位的科研模式是一種「需求型」模式。所謂需求模式是指科學研究以市場需求爲導向，從生產條件出發，科研成果直接應用於生產，實現科技成果商品化。需求模式的典型特徵是科研經費主要由生產部門提供，以生產導向結合科技創新。與需求模式相對的是「供應型」模式，特徵是科學研究從學科發展出發，其成果通過一定渠道尋找合作者，以求開發和推廣，科研經費主要則由政府提供。

一般來說，完善的科研體制應是上述兩種體制的混合，採取單一

---

[15] 數據引自李鈞侃，「加速培養中國的世界一流科學家」，《科學與科學技術管理》(天津)， 1995 年第 11 期，頁 27.

模式往往不利於整体的科技發展。但二者的比例關係各國之間則有所差異。這種比例關係主要決定於科研模式的主體,也就是投資主體或經費來源。因此,由投資主體和經費來源可以看出一國科研模式的主次地位－政府主導或企業優先?由經費來源的比例與構成,也可分析一國科技實力的發展空間和整體效益。下【表格 十一】是中國大陸與部分發達國家科研經費構成的比較:

【表格十一】 中國大陸與部分發達國家 R&D 經費來源(%)

國家	年份	政府	工業界	國外資助	其它
美國	1991	43.2	51.9		4.9
日本	1990	14.7	82.0	0.1	3.2
德國	1990	34.2	63.8	1.4	0.6
法國	1991	49.3	44.0	6.7	
英國	1990	35.8	49.4	11.5	3.3
中國大陸	1990	54.9	23.4		21.7

從【表格十一】可以看出,發達國家中日本工業界對科研經費的負擔比例最高,依次是德、美、英、法。政府投入部分,日本所占比例最低,依次是德、英、美、法。扣除政府在基礎研究和公益性應用開發研究的投入,應該說以上發達國家都是需求模式占優勢,尤其日本的需求模式傾向更為明顯。近年來日本對其他 4 個國家科技實力的超趕速度與競爭壓力,已被其他 4 個充分體認和感受到。

再從科技人力資源的配置來看，在一般工業國家，企業占有的科技人力資源通常在 70%以上，但在中國大陸，儘管財政收入的 80%依靠企業，但企業的科技人力資源占有比例卻很低。 1990 年企業占有科技人員比例只有 42%， 1994 年不升反降，減爲 39.7%。再從科技人力的產業分佈來看， 1989 年，科技人力分佈第一產業爲 4.3%，第二產業 23.2%，第三產業則高達 72.5%，科技人力資源配置的扭曲，必將導致第一產業因缺乏科技推動而遲延勞動力的升級和移轉，第三產業則因科技資源的飽和，而阻止新科技人力的流入[16]。

中國大陸的科研模式是一種典型的「供應模式」。改革開放之前，科研機構完全獨立於生產部門，成果向企業轉移是通過政府的指令性計劃實現的。供應型科研模式占統治地位是計劃經濟体制的典型特徵。改革開放以後，科研模式略有變化，企業科研投入在全部經費中所占比例從八０年代中期不足 10%，增加到九０年代的 20%以上，然而中國大陸並沒有因此改變以供應模式爲主導的科研體制。

然而，兩種模式孰優孰劣是顯而易見。據美國一些經濟學家的調查，從政府科研部門產出的科研成果，約有 50%以上被生產和市場證明根本不可行，有 30%儘管生產與市場可行，但在商業上未必能成功，而真正轉化爲商品的只有 20%左右。需求型科研模式則不然，企業與科研部門的合作，從設定科研題目和生產計劃開始，企業以市場爲導向提出科研項目，並提供經費，又了解企業的生產條件和實際需

---

[16] 江流、陸學藝、單天倫主編，「(社會籃皮書)「 1995-1996 年中國：社會形勢分析與預測」〔北京：中國社會科學出版社， 1996 年〕，頁 250-252.

要，以這種方式所取得的成果成熟度較高、針對性強，能夠順利地實現產業化和商品化，甚至開發一個，成功一個。兩種科研模式相對比較之下，無怪乎日本科技實力日益增強，而中國大陸科技實力卻徘徊不前。[17]

供應型科研模式，反映了科技組織的結構性矛盾。中國大陸的科技體制及組織結構是在計劃經濟体制幾十年的影響下形成的，存在著嚴重的結構性問題。概括起來，主要有三個方面：

1，政府所屬獨立於企業之外的科技機構數量太多，對此本章已作過充分的論述。

2，科技機構條塊分割的狀況沒有得到改善。中國大陸的科技体制是仿照原蘇聯 50 年代的体制，以適應非市場化的產品經濟模式而形成的，機構設置按照自成体系的指導思想組建，科技單位由條塊分割、壁壘森嚴的封閉型單位組成。科技人員是部門所有、單位所有，部門與單位之間少有往來，造成科學院與國家有關部委以及地方科技組織結構分離，佈局重覆、力量分散。

3，由於歷史原因，陸目前科研院所「大而全」、「小而全」的狀況基本上沒有改變。科研院所猶如獨立的「小社會」，結構虛置、理論與實務脫節。通常，科研院所只有三分之一的科研人員在從事研究與開發工作，非科研性的經費開支逐年增加，科研工作本末倒置，

---

[17] 數據引自解飛厚等，「科技向生產力轉化應從轉變科研模式著手」，《科技導報》(北京)，1995 年第 7 期，頁 3-5.

效益逐年下降[18]。

中國大陸科技實力的國際差距已如上述，其實，中國大陸科技界有識之士也並非看不到問題的實質，在官方一片慶功喝采中也不斷發出隱憂之慮。據「中國社會科學院」的「綜合國力比較研究課題組」則認為，中國大陸的科技實力精打細算之後居第 10 位，略優於澳大利亞和巴西等國，但與鄰近的韓國已不能相提並論，韓國已從 1970 年的第 11 位躍居第 5 位[19]，其超趕之速度令中國大陸大感瞠乎其後。

七，科技新政策的提出

在綜合國力的七個構成因素中，科技力應是中國大陸最薄弱的環節。那麼大陸當局採取何種措施以改變這種局面呢？

〔一〕國家科委的獻策

面對此一局面，中共「國家科委」常務副主任朱麗蘭提出了整治對策，從「形勢」、「思路」和「原動力」三方面，向中共高層獻策。

形勢有三：

1，有利於科技和經濟一体化的大環境正在形成。因此要抓住新的機遇。

---

[18] 安慶軍，「切實解決我國科技組織結構性矛盾」，《中國科協報》(北京)，1995 年 10 月 12 日，第 2 版.
[19] 同注 9，頁 15.

2，經濟發展依靠科技的迫切性日益突出。因此要有清醒的認
　　識。

3，進入國際經濟大循環、大系統，急需強化技術創新能力。因
　　此要有競爭與創新的突破。

思路有四：

1，科技工作必須與經濟發展的目標和要求緊密結合，置身於國
　　際開發的大系統中，從戰略、計劃、体制、機制等多方面加
　　速科技經濟一体化。

2，按照「三個層次」，即綜合國力、經濟發展、社會進步進行
　　戰略部署，在運用政策導引、市場牽動，全面推進科技工作
　　的同時，加強集成，集中一定的財、人力，重點攻克當前的
　　未來經濟發展的重大難題。

3，科技工作既遵循市場經濟規律，又要符合科技自身發展的規
　　律。既要立足今天，更要著眼於明天和後天，不能只有短期
　　的計劃，更要有長遠的目標。

4，抓好各個行業的科技進步試點示範，提高國家創新能力。
　　認清形勢、建立思路並不難，關鍵在於如何去實現，而關鍵
　　之在於科技發展的原動力。

原動力有賴於從六個方面創造：

1，加大科技体制改革的力度，市場是科技和經濟結合的最佳媒
　　介，改革目標在促進科技經濟一体化的動力。按照「穩住一
　　頭，放開一片」的方針，加快結構調整、人才分流的步伐，

加大改革力度，形成市場經濟体制下科技力量的合理布局，
力爭在 2000 年以前，建立既適應和促進社會主義市場經濟發
展，又符合科技自身發展規律的科技体制改革的目標，形成
結構優化、佈局合理的研究開發体系。

2，建立市場經濟和技術創新有機結合、富有生機和活力的運行
機制。在國家宏觀調控下，以市場調節來配置科技資源。

3，建立現代科技企業制度和現代研究所制度。一方面要建立現
代企業制度，尤其是科技性的企業，另一方面，要建立現代
研究制度，包括不同類型的研究機構。

4，切實增加科技投入。要通過全社會的努力，多層次、多渠道
地增加科技投入。採取有力措施，達到《科技進步法》所提
2000 年達到 1.5%的目標〔1993 年科技入才 0.62%，而且逐
年下降，即使達到 1.5%，與發達國家相比，還有很大距離〕。

5，重視跨世紀優秀人才的培養。高層次的科研人員到 2000 年
時，90%左右都要退休，當務之急是青黃相接，加快中青年
科研人員的脫穎而出。

6，加強科技知識的普及和宣傳，提高民族科技素質，深植精神
文明建設[20]。

〔二〕《加快決定》的頒佈

---

[20] 朱麗蘭，「迎接 21 世紀的國家科技發展戰略」，《中外科技發展戰略》
(北京)，1995 年第 8 期，頁 1-8.

1995 年 5 月下旬，中共當局召開了「全國科學技術大會」。這是繼 1978 年的「全國科學大會」後，又一次力圖推進科學技術發展的會議。會議之前，中共中央發布了《中共中央、國務院關於加速科學技術進步的決定》〔以下簡稱《決定》〕。此一決定可以視爲中共跨世紀增進科技實力的總綱領。

該《決定》提出了大陸科技工作的六條方針，主旨環繞在經濟建設依靠科學技術，科學技術面向經濟發展兩大主題。具體六條方針如下：

1，經濟和社會發展要以科技進步爲主要推動力，科技工作要把解決經濟和社會發展中的重大問題作爲首要任務。從戰略目標、政策、体制、規劃、計劃、等方面体現科技與經濟的有機結合。

2，經濟改革作爲科技發展的動力，在發展中深化科技体制改革。在政府宏觀調控下，充分發揮市場機制對科技進步的推動作用。

3，堅持自主研究與引進國外先進技術相結合，推動科技成果向現實生產力的轉化。

4，長遠目標和近期目標相結合，合理部署技術開發及推廣、應用研究和基礎研究工作。

5，根據世界科技發展趨勢和具体國情，科技發展採取「有限目標」，突出重點，集中力量，攻克關鍵，勇於創新。

6，研究開發與群眾性科技活動相結合，研究開發與科技普及，

推廣相結合，科技與教育相結合[21]。

〔三〕《遠景目標綱要》的規劃

《國民經濟和社會發展「九五」計劃和 2010 年遠景目標綱要》，對大陸的科研工作也作了進一步的規劃。在佈局上，要比《決定》更具宏觀面與全局性。具體來說有「三個中心」、「六項措施」。

三個中心是：

1，適應市場需求，強化技術開發和產品開發，加速科技成果商品化、產業化進程。集中力量解決經濟社會發展中的重大關鍵技術。堅持自主研究開發和引進技術相結合的方針，用先進製造技術，加快重大裝備的國產化步伐，加快現有設備的更新改造。執行知識產權保護政策，依法保護專利發明。

2，積極發展高技術及其產業。把握世界高技術發展的趨勢，重點開發電子訊息、生物、新材料、新能源、航空、海洋等方面的高技術，在一些重要領域接近或達到國際先進水平。積極應用高技術改造傳統產業。

3，加強基礎性科學研究，瞄準世界科學前沿，重點攻關，力爭在中國大陸具有優勢的領域中有重大突破。

六項措施是：

---

[21] 「中共中央國務院關於加速科技技術進步的決定」，《中華工商時報》(北京)，1995 年 5 月 23 日，第 2 版.

1，加強農業科學研究和技術開發，注重高技術與常規技術的結合，加快推廣成熟適用的先進技術。積極促進生物、計算機、遙感等高技術在農業上的應用。

2，提高產業技術開發創新能力，加大產品開發力度。根據產業發展需要，結合重大工程組織攻關，著力解決關鍵性，共性，基礎性的重大技術。通過加強對技術的工程化和系統集成，加快科技成果向現實生產力轉化的進程。

3，積極發展高科技及其產業。在有利於經濟發展和可跨躍的技術層次上，開發高技術研究和開發工作。在計算機軟硬件和網絡等電子技術、新材料技術、農業醫藥等生物工程技術以及新能源、航天、航空、海洋等方面開發具有自主知識產權的技術。

4，加快社會發展重點領域的科學研究與技術發展。在計劃生育、重大疾病防治、新藥創新等方面攻克一批關鍵技術。建立一批以科技引導社會發展的綜合實驗區，開發和推廣一批重大科技成果。

5，加強基礎性科學研究和科研基礎設施建設。圍繞國民經濟和社會發展中重大科技問題，瞄準國際科學發展的前沿，選擇有優勢的領域，集中力量開展研究。

6，積極開展國際間科學合作交流，充分利用國內、國外科學發展的豐富資源，把科學發現與技術突破相互結合，推動科學研究和複雜技術系統中跨學科的研究，提高工程化研究的能

力[22]。

無論是《決定》還是《綱要》，都提出了非常引人注目的目標與
措施。問題當然還是在於否有實現的能力？

---

[22] 「中華人民共和國國民經濟和社會發展「九五」計劃和 2010 年遠景目標
綱要」，《文匯報》(上海)，1996 年 3 月 20，第 4 版.

第四章　軍事力

一，軍事力與綜合國力

　　一般認爲，中國大陸是個軍事大國，其軍事力量名列世界前列。但評估中國大陸的軍事實力，不能只是從軍隊人數、武器裝備或國防經費來衡量，而應由綜合國力，特別是從應付未來戰爭的國防總體潛力加以匯總評估。因此從綜合國力的系統觀點來分析，特別是深入分析作爲綜合基礎的國防經濟、戰略思想、軍事科技和軍事人力的素質與規模，才能全面把握中國大陸的軍事潛力、戰略意志及其綜合作戰能力。

　　基本上，擁有強大的軍事能力並不表示具有對外威脅的能力。以當前中國大陸的經濟實力，將無法立即發動一場耗資昂貴的現代戰爭。以戰略思想看，當前中國大陸的戰略目標主要在「求和」而非「求戰」，換言之，中國大陸的軍事實力並非發揮於現在，而是展現於未來。

　　綜合國力與軍事力的關聯，早在中國傳統的國防與戰略思想中就已出現。管仲《侈靡篇》說：「甲兵之本，必先於田宅」，「孫子兵法」《軍爭篇》則載有：「軍無輜重則亡，無糧草則亡，無委積則亡」。

中國向來強調「富國強兵」，國富實際上就是綜合國力的強大興盛。軍事依賴於綜合國力的思想，在中國早已有之。

中國傳統「兵術」向來也講究「綜合性」。尉繚子的「天時不如地利、地利不如人和」，說明「人」的因素在軍事能力上的重要性，孔明的「攻心為上、攻城次之」，說明心理戰往往是取勝的關鍵，「聲東擊西」，則是一種講究欺敵致勝的藝術[1]。中國傳統的軍事思想，包括一套戰略、戰術與用兵之法，與西方的「軍力」〔military power〕或「實力」〔physical force〕概念有很大的不同，其中最大的差異在於，中國的軍事思想強調的正是「綜合國力」。

現代國家之間的軍事衝突或戰爭，本質上是以科技、經濟為主體的綜合國力的競爭，綜合國力各個要素都對國防產生重要的影響[2]。傳統的觀念認為，軍事力是國家能力的主要部分，冷戰時期，國防武力和軍隊裝備數量甚至被視為國家能力的集中表現。隨著綜合國力概念逐漸取代國家能力概念，現在的觀點是，綜合國力決定了一國軍事能力的高低，而不是軍事能力單一因素決定綜合國力的水平。

現代戰爭已走向「高科技戰爭」的形態，國防科技與國防經濟對一國軍事力量具有決定性的影響。一般而言，高科技戰爭是指將「高

---

[1] 關於中國大陸戰略思想〔核子戰略〕的傳統因素，可參見 Chong-Pin Lin〔林中斌〕'China's Nuclear weapons strategy : Tradition within Evolution'，〔Lexington, Mass : Lexington Books, 1988〕pp.17-36.

[2] 「綜合國防力量」與「綜合國力」概念上有所區別。綜合國防力量是指與國防直接相關的常備軍、後備力量、國防工業、國防科技、國防體制、全民國防意識與軍事科學等因素的綜合。參見陳可吼主編，「戰爭，和平與國防」，〔北京：國防大學出版社，1989年〕，頁145.

科技產業」〔high technology〕的最新成果運用於國防或軍事領域。高科技戰爭及其所帶來的軍事技術的進步，不僅改變了戰爭的觀念、軍隊的成份，也拓展了戰爭的領域和作戰的形式[3]。

實際上，20世紀以來世界科技的高速發展，人類已經沒有能力評估如何運用科技於軍事用途，進而在戰爭中取勝，科技的發展已使人類被迫依賴科技來維持和平與發展。英國戰略防衛學家和實務專家Timothy Garden 指出，科技對軍事能力的的影響，尚且不在於科技決定一國軍事裝備或武器品質，也不是「科技軟體」主宰了「軍事硬體」，而是科技發展已經將軍事遠遠拋之在後。隨著21世紀科技在各種領域的發展，諸如高能物理、電腦、核子物理、航太科學、化學、材料科學、生物工程和電子科學的全面推進，科技發明的速度已經超過對其產品的生產，科技將大幅超越經濟生產和軍事生產的能力。問題不在於科技能為軍事提供什麼？而是軍事能夠運用科技到什麼程度？換言之，每一種新武器在進入裝備服役時，就已經過時[4]。

九０年代以來，科技對國防現代化建設的影響，主要表現在以下四個方面：

１，高科技的發展推動著國防工業結構的調整和變革，進而直接影響武裝力量的裝備水平。高科技的發展和運用，不斷形成新的產業部門，並加入國防工業之中，給國防工業的發展增添新的活力。特別

---

[3] 參見于化庭、劉國裕主編，「高技術戰爭與軍隊質量建設」，〔北京：國防大學出版社，1993年〕，頁16-21.

[4] Timothy Garden, 'The Technology Trap : science and the Military' 〔London : Brassey's Publisher, 1989〕, p.2.

是微電子技術的異軍突起和迅速發展，正衝擊著現代軍事的各個領域，微電子產業也由此成為國防工業的一個重要部門[5]。當前世界主要軍事強國，都把軍事技術和國防工業能力，視為國家權力的重要標誌。換言之，高技術的迅速發展以及它對經濟、政治、軍事、外交等方面的影響不斷擴大，使高技術日益超越「純科技」範疇，而與國家的生存發展和安全戰略密切相關。現代化武器裝備是現代化工業的產物，沒有高技術產業，就不可能生產出現代化的武器裝備。可以說，作為綜合國力的核心，高技術是面向 21 世紀國際競爭的「制高點」，各國搶占此一「制高點」所進行的無形戰爭，甚至要比實際戰場上的有形戰爭，要來得緊張而激烈。

2，各國科技實力的差別，包括社會生產力、科技產業和國防工業水平，決定了各國軍隊的規模、素質和訓練水平。目前美俄兩個大體能夠維持 220 萬人和 440 萬人的常備軍，究其原因，主要還是各自擁有領先的科技能力和雄厚的軍事工業基礎。與軍隊的規模一樣，軍隊成員的素質最終也取決於社會經濟條件，軍隊成員的文化水平和訓練水平也與一國的科技能力同步發展。

3，經濟與科技的進步，不僅推動著軍隊武器裝備的不斷換代更新，也影響軍隊組織和作戰方式的變化。從武器裝備、人員編成、組織編制，乃至戰術運用和戰略構想，無不受到一國綜合國力的制約與

---

[5] 軍事科技一般是指科技軍用化的過程與結果。包括軍用微電子技術、軍用電子計算機技術、軍用航空工程、軍用生物工程、軍用新能源與材料和軍用軟體工程等等。參見「戰爭，和平與國防」，同注 2，頁 146.

影響。依目前中國大陸的軍事觀點，現代戰爭的主要特徵在於「多維化」與「合成化」。現代軍隊組織結構，由於隸屬關係及所涉及的空間作戰形態等因素而趨於多維合成化，並且具體表現於各種作戰力量的功能合成化。例如：宏觀軍事決策的多維合成、軍種兵科的功能合成、作戰空間的立体合成以及有形作戰部隊和無形作戰的系統合成。在當今世界，大國為爭奪未來的軍事戰略優勢，正在憑藉各自的經濟和科技實力，將各種新技術廣泛應用於軍事。例如太空武器的發展，已使未來戰爭的方式具有太空化、導彈化、智能化、電子化等特徵[6]。

4，綜合國力的發展，直接或間接影響著各國軍事戰略的選擇、創新和變化。軍事戰略發展的歷史証明，綜合國力的發展以及由此引起的國防實力的變化，不僅推動著武器裝備的發展和軍隊數量與質量的變化，隨著技術的創新，先後有所謂「閃電戰」、「大縱深」、「梯階配備」等大型戰略思想的提出。當前世界各國軍事戰略的調整和修改，是同其各自在世界綜合國力對比中的地位消長直接相關的，。例如美國隨著它經濟實力不斷變化，曾先後採取了「遏制戰略」、「大規模報復戰略」、「靈活反應戰略」。換言之，現代軍事戰略是一種動態思想，必須對國內外環境的變化作出反應。一般來說，一個國家對攻擊性或防禦性戰略的選擇，除社會政治因素外，主要取決於經濟實力、國防現代化程度、作戰能力和戰略構想，換言之，戰略選擇不

---

[6] 中國大陸是以「現代高技術戰爭」概括未來世界戰爭的主要形態，其特徵是「高效化」〔成本與消耗的降低〕、「精確化」〔武器、指揮和情報的精準性〕、「一體化」〔武器、軍隊和作戰的綜合性〕、「智能化」〔武器與人員的高智性〕和「空間化」〔「天軍」的出現〕。參見周碧松、李

是主觀隨意的選擇，它往往是綜合國力對比下客觀估算的結果。

由以上四個觀點來看，儘管中國大陸被視爲軍事大國，但由於現代戰爭技術，特別是微電子技術仍處於相當落後的狀態，其武裝力量與裝備水平都還不能達到世界先進水平，另一方面，中國大陸的科技與經濟實力與發達國家相比還有相當差距，其軍隊規模，特別是人員素質和訓練水平也還未達到世界高級水準。至於軍事戰略思想，目前還停留在由傳統「人民解放戰爭」向「現代高技術戰爭」的過渡期，換言之，以目前中國大陸的綜合國力水平，還不足以驅動其軍事戰略思想的重大創新。

從世界科技發展、國際權力格局和中國國情來看，未來中國大陸軍事能力的關鍵將取決於科技、思想、人力與裝備四大因素。

二，戰略研判

中國大陸向來以「世界戰爭是否爆發」〔實質即爲戰爭與和平問題〕爲起點，來分析世界格局的演變和軍事力量的對比。從過去「世界大戰不可避免」，到「不可避免，但可推遲」，到「世界大戰可以防止」，再到今日的「世界大戰可以避免」。在此觀點下，世紀之交前後，世界大戰將不可能發生，中國大陸所面臨的主要威脅將是局部的有限戰爭或武裝衝突。中國大陸對未來世界戰爭與和平的估計，是

杰編「現代高技術戰爭」，〔北京：兵器工業出版社， 1993 年〕，頁 197-210.

謹慎且樂觀的。與同為社會主義國家的前蘇聯比較，由於中國大陸始終沒有「參與世界大戰」的軍事意圖，也沒有真正介入世界超強的軍備競賽，因而可以免於類似蘇聯的解體，致力於國內經濟建設。在這種「世戰可免」的估計下[7]，中國大陸的軍事發展主要致力於「未來取向」的國防現代化，以及軍隊日常的質量建設。

〔一〕世界的多級化與「新均勢」

早在八０年代末期，中國大陸就已放棄國際政治上階級鬥爭的觀點，放棄所謂社會主義「必然取代」資本主義的預言，經過多次對社會主義時局觀的重新界定，「和平共存論」代替了原來的「革命取代論」。1985年，鄧小平以「東西南北」四個字概括未來的世界局勢，「東西」為爭取和平問題，「南北」則意味發展經濟問題。「中國社科院美國研究所」學者資中筠認為，儘管未來國家競爭趨於激烈，但基於未來戰爭消耗將遠大於經濟生產的速度，國家利益的爭奪主要是採取和平途徑而不是戰爭手段。前國務院「國際問題研究中心」學者宦鄉，則以「一個世界、兩種制度、政治多級、競爭共處」概括未來局勢，認為跨世紀世界局勢的發展將是一個由爭取和平到進入和平發展的過渡期，在此期間，國際競爭將表現為三種形式，一是爭霸，如

---

[7] 中國大陸對跨世紀世界局勢的基本估計是：世界出現新的緩和趨勢，發生新的世界大戰的可能性也越來越小。冷戰時代已經過去，沒有世界大戰的和平環境還會延續較長的時間。參見宦鄉：《致軍事未來研究會成立大會的賀信》，轉引自聶全林主編，「國際環境與未來國防」，〔北京：國防大學出版社，1989年〕，頁25.

美、蘇的競爭；二是超趕，如西歐、日本對美國的競爭；三是生存與發展，亦即包括中國大陸在內的第三世界國的現代化問題[8]。顯然，從未來世界局勢與競爭形式來看，中國大陸應屬於生存與發展的模式。

對 21 世紀世界格局的基本估計，將影響中國大陸國防建設的目標與角色。據中國大陸一般的估計，二次戰後美蘇爭霸體制已經瓦解，兩大超強已渡過對立、擴張的顛峰期，其對各自盟國的控制能力大為下降。九０年代以後，蘇聯解體，美國國力衰退。美國早在 1985起，就由債權國淪為債務國，日本則上升為世界最大的債權國，以雄厚的經濟實力支撐其走向政治與軍事大國的趨向，將日益明顯；另外，亞太經濟實力的興起，以中國大陸市場為基本誘因的東亞經濟圈逐漸成形，以東亞國家兩位數字以上的經濟增長率，將在 21 世紀表現強勁的「後起追趕」態勢，東、西德統一後的德國再度崛起，連帶形成一個日益團結的歐洲聯盟，東歐走向非共化改革，藉由市場經濟與國際貿易，經濟實力正在復甦，第三世界國家在爭取獨立之後，將形成一個影響世界均勢的另一個國家集團。換言之，世界戰略形勢已經改變，「雙中心」體制瓦解，世界格局朝向「多中心」發展，形成一個由美、俄、中、日、歐所組成的「多極化」格局[9]。

相對於世界多級化格局的形成，亞太地區的戰略地位卻顯著提

---

[8] 參見胡光正、肖顯社，「影響 21 世紀的爭鳴」〔北京：解放軍出版社，1989 年〕頁 39-48.

[9] 中國大陸對未來世界格局的判斷，可以概括為「一、三、五」格局，也就是「一超、三中心、五大力量」的塔式結構。參見宋國誠，「九０年代中共的國際觀」，《中國大陸研究》，第 36 卷第 12 期，〔台北：國際關係研究中心，1993 年十二月，頁 55-67.

高。自七０年代以來，就成為世界最富有活力與潛力的地區，整個七
０年代，世界經濟平均增長率為 4%，亞太地區則達到 5.5%，八０年
代前期，世界經濟平均增長率為 1.4%，亞太地區則為 4%，九０年代
以後，亞太地區 GNP 總值已占世界 GNP 比重達 16%，估計到公元 2000
年將達到 23%。

從貿易方面看，亞太地區是全世界尚未真正開發的的「最後一個
市場」，其中尤以中國大陸最為龐大。亞太地區在世界貿易總額中的
比重，已由 1980 年的 15.3%，增加到 1983 年的 17.7%。 1980 年，美
國對亞太地區的貿易額達 1200 億美元，首度超過西歐。 1984 年，美
國對亞太地區的貿易額占美國外貿總額的 35%，對亞太地區的私人直
接投資，從 1975 年到 1982 年的七年之間，成長了 3.8 倍[10]。

一般而言，提升軍事能力的目的在於更為確實有力的保障國家的
安全，但是「安全」一詞原本就是一個難以定義的概念，但無論如何，
國家安全目標的確立，必須以戰略環境的分析與預測為前提。特別是
確立國家面臨各種威脅的性質、來源與程度。威脅的性質包括總體威
脅、周邊威脅或潛在威脅；威脅的來源包括直接敵對國、敵對同盟國
或利害衝突國； 至於威脅程度則包括威脅形成的蘊釀期、公開期和對
抗期三個階段。對中國大陸來說，預測在世紀交替前後都不存在明顯
的外來威脅。

在沒有明顯外來威脅的和平發展階段，過去將軍事戰略、國防發

---

[10] 糜振玉等，「中國的國防構想」，〔北京：解放軍出版社， 1988 年〕，
頁 15-16.

展戰略和國家安全戰略三者「合而爲一」的全方位備戰觀點，必須有所改變。一般而言，軍事戰略的目標在於打贏戰爭，核心問題是「戰而求勝」，國防發展戰略是實現國防現代化目標，涉及國防建設中宏觀規劃問題，核心在於「先勝而後求戰」，國家安全戰略則是維持國家的長期發展與安定，核心目標是「不戰而屈人之兵」。目前中國大陸基本上已經放棄了過去一元化的戰略思考模式，未來將走向一種多維的思考與結構[11]。

基於以上的估計，中國大陸改變了過去「準備早打、大打、打核戰」的思想，由「臨戰」時期的國防建設轉向和平時期的國防建設。轉變方向有以下四個方面：

1，由狹義的軍隊建設走向廣義的國防建設。改變過去臨戰、備戰的觀點，提高軍隊的間接建設在國防建設的比重，亦即厚植廣泛的國防潛力，在攻敵致勝之餘首先追求立於不敗之地。

2，由臨戰狀態下的應急性建設轉向對和平狀態下謀求生存發展的建設。過去由於要求大量而快速的將國防潛力投入於軍事實力，造成巨大的浪費[12]，因此，國防建設由致力於「國防硬件」轉向「國防軟件」的謀劃，從強化現實力轉向國防潛力的蓄積。

---

[11] 參見孫明明、蔡小紅，「動盪中的國家安全」〔北京：解放軍出版社，1988年〕，頁81.

[12] 早在1980年3月中共中央軍委擴大會議中，鄧小平就提出「冷靜觀察國際形勢，爭取時間不打仗，減少軍費開支加強國家建設」的指示〔《鄧小平文選》1983年版，頁249〕，1985年5月，中央軍委擴大會議後，鄧小平即宣佈：中國軍隊裁減員額100萬。但實際上，截至1990年，中國大陸常備軍還在320萬左右，至1996年還在290萬以上。

3，從單目標的建設轉向多目標的建設，從單純考慮國防力量的戰時運用轉向國防體系的現代化。致力於使國防現代化與工業、農業、科技等產業協調發展，即使面臨戰爭威脅，也從過去考慮單一的戰爭威脅轉向應付來自政治、經濟與科技方面的威脅。

4，從著重短期裝備轉向長期科研。臨戰狀態下的國防準備講求武器裝備的立即應戰，但武器的使用價值往往很短，跟不上戰爭規模的需求。面向未來，在武器裝備研制上，力求跨過武器發展的中間環節，提高發展起點，儲備先進的國防科技能力，採取多研究、少生產、少裝備的政策。

5，由「消耗型」國防轉向「增殖型」國防。過去國防工業只求應戰，武器生產周期很短，許多軍品生產出來即面臨積壓，不是失效就是落伍。未來中國大陸的國防型態，將從軍品民營化、軍備民用化、資源管理科學化等管道，提升國防建設對國民經濟的增殖能力，採取「增殖型國防」的路線[13]。

在這種新的國防戰略思考下，中國大陸跨世紀的國家安全目標，將以增強或實現以下幾個實力目標為原則：

1，獨立自主能力：對內保證經濟建設的持續發展，對外阻止外國勢力干預內政。繼續以第三世界國家立場採取反霸路線，讓「超級大國在迎頭相撞時要考慮中國的存在，在干涉第三世界時要考慮中國的影響」。

2，威嚇能力：不僅增強軍事威嚇能力，還包括政治、經濟、科

---

[13] 參見聶全林，「國際環境與未來國防」，頁 63-65.

技、文化等「國家綜合威嚇能力」，使「敵人意識到採取的軍事行動「所付」將大於「所得」，意識到任何進攻行動將難以奏效，從而放棄行動企圖」。

3，競爭能力：爭取在軍事科技局部或關鍵性領域，超趕世界先進水平，以維繫所謂「防禦性發展中國家」的戰略主動權。

4，國家潛力：通過「平戰結合」、「軍經轉化」等國防建設，通過將軍事實力隱匿於經濟實力之中，實現國家安全的最終目標－生存與發展[14]。

〔二〕未來國防論

所謂「未來國防論」是指建立一套完善而高效的國防經濟體系，以適應未來 21 世紀綜合國力的競賽，也就是應付未來總體競爭的國防準備。

國防經濟體系實質上就是將國民經濟各產業部門對國防作最充分的準備。包括經濟實力轉化為國防實力，平時工業轉化為戰時工業，特別是能源工業、冶金工業、核能工業的國防準備。其他還包括農業、交通運輸、郵電通信、戰備物資和軍事科技工業的國防準備，其最終目的在實現一種「增殖性國防」。

由於戰爭與和平總是交替進行的，軍事需求在平時與戰時有很大的差距，此即所謂軍需工業和或軍品生產的不均衡性。如何使平時軍事生產量不致過大，以致造成軍品積壓和財政負擔，也不致生產過

小,以致造成應戰不及,換言之,維持國防經濟平戰轉化、軍民結合,是所謂「增殖性國防」的基本目標。

建立「增殖性國防」的另一個考慮,是現代戰爭對經濟實力的依賴日益明顯。戰爭費用與成本占國民經濟的比重不斷上升[15]。有鑒於此,美國早已採取「軍民結合」政策。美國「太空總署」於 1962 年成立「技術利用局」,將航太工業中的材料、物件、能源、測試裝置、控制與環境技術等,向民間轉移。在 10 年內花費研制經費 250 億美元,但卻獲得 520 億美元的收益,內部利潤率達 33%。法國則採取武器出口創匯政策,七０年代以來,法國向全世界 80 幾個國家出售武器,年利潤達 100 多億法郎,既減輕軍事預算的負擔,也對國民經濟產生正面影響。

以中國大陸的經濟實力和現代戰爭耗資巨大,至少在公元 2020 年以前,中國大陸是沒有能力打一場世界性戰爭的,即使一場傳統的局部戰爭,也將使中國大陸的經濟嚴重受創。因此,走軍民結合、兼容並蓄的增殖性國防的道路,對中國大陸蓄積跨世紀軍事能力而言,顯得格外重要。

中國大陸的軍事工業主要有六大部門,分別是軍事航天工業、軍事航空工業、軍事核工業、軍事電子工業、軍事船舶工業、軍事兵器

---

[14] 參見孫明明、蔡小紅,「動盪中的國家安全」,頁 54-69.
[15] 據粗略估計,19 世紀的戰爭不過耗費參戰國國民收入的 8-13%,到一次大戰就足足耗費參戰國國民收入的 50%,二次大戰的全部直接費用(1937 年以後中國戰區戰費除外〕達 11170 億美元,相當於所有參戰國國民收入和的 60-70%。參見賀起俊主編,「國防的多維結構」,〔北京:國防大學出版社,1989 年〕,頁 65.

工業和軍事化學工業。 1978 年十一屆「三中全會」提出「縮短戰線，突出重點，狠抓科研，加速更新」八字方針，開始走向「高效益」的國防精兵主義路線。 1987 年，中國大陸加速軍工產品向「軍民結合」轉變，當年就使航天、航空、核工和兵器四個軍工部門的工業總產值增長了 22%，隔年再增長 25%。到「八五」結束後，中國大陸軍工生產民品的比例已達 65%以上。另外，八０年代末期，中國大陸也開始採取軍品出口創匯政策，自行研制的運輸機「運-7」和「運-8」已局部進入東南亞市場，著名的重慶嘉陵機器廠與日本本田工業合作，生產的摩托車已銷往 20 多個國家。僅 1987 年一年，航天、航空和核工三個部門的出口額，就增長了 65%。 1988 年起，中國大陸開始進行人造衛星商業發射，目前已成為中國大陸國防創匯增收上的主要來源。

三，國防經費

中國大陸自 1949 年以來，國防經費的絕對規模有很大的變化。改革開放以至 1990 年，國防經費支出數量增長加快。國防經費的快速增加不僅引起周邊國家的疑慮，認為中國大陸意圖乘美、蘇相繼推出亞洲的權力真空，取代成為亞太區域霸權。近幾年，西方產生所謂「中國威脅論」，就是以中國大陸國防經費的大幅擴張為依據。從 1978 年以至 1990 年，中國大陸國防經費的絕對規模可由【表格 一】得到

觀察;

【表格一】 中國大陸國防經費絕對規模 (單位: 億元) (比例: %)

年 份	國防經費 總　額	財政支出 總　額	國民收入 總　額	國防經費占 財政支出比	國防經費占 國民收入比
1978	167.84	1111.0	3010.	15.1	5.6
1979	222.66	1273.9	3550	17.5	6.6
1980	193.84	1212.7	3688	16.0	5.3
1981	167.97	1115.0	3941	15.1	4.3
1982	176.35	1153.3	4258	15.3	4.1
1983	177.13	1292.5	4736	13.7	3.7
1984	180.76	1546.4	5652	11.7	3.2
1985	191.53	1844.8	7040	10.4	2.7
1986	200.75	2330.8	7889	8.6	2.5
1987	209.62	2488.5	9361	8.6	2.2
1988	217.96	2668.3	11770	8.2	1.9
1989	251.46	3014.55	13000	8.3	1.9
1990	289.70	3325.45	13650	8.7	2.1
40 年總計	5165.98	37630.9	129496	13.72	3.93

至於在相對規模上，如【表格二】：

【表格二】 中國大陸國防經費相對規模

年 份	各年綜合物價指數 (以 1950 年為 100)	國防經費相對值 (億元)	國防經費比上年 增減比例(%)
1978	135.9	123.50	+ 11.9

1979	138.6	160.65	+ 30.1
1980	146.9	131.95	- 17.9
1981	150.4	111.68	- 15.4
1982	153.3	115.04	+ 3.0
1983	155.6	113.84	- 1.0
1984	160.0	112.98	- 0.8
1985	174.1	110.01	- 2.6
1986	184.5	108.81	- 1.1
1987	198.0	105.87	- 2.7
1988	234.6	92.91	- 12.2
1989	276.4	90.98	- 2.1

若將表一和表二作趨勢比較分析，中國大陸國防經費的絕對規模與相對規模呈現「逆反發展」的趨勢：如【圖形 一】：

按照中國大陸自己的觀點，當前的軍費數額還不足以應付軍隊建設所需的開支，軍費不足在當前以及未來，還將是制約中國大陸國防事業的瓶頸因素。以 1992 年國防預算絕對數字爲例，美國的國防預算爲 2709 億美元，法國爲 349.1 億美元，德國爲 310.3 億美元，英國爲 412 億美元，而中國大陸僅有 67.3 億美元；從軍費占 GNP 比例來看，世界主要發達國家軍費占 GNP 比重約爲 3-5%，而中國大陸 1994 年軍費占 1993 年 GNP 的比重不到 2%；如果再換算人均軍費來比較，1992 年美國人均軍費爲 1076 美元，法國爲 614 美元，德國爲 389 美元，英國爲 727 美元，俄羅斯爲 259 美元，而中國大陸僅爲 6 美元[16]，顯示中國大陸實際上爲一個「低軍費國家」。

---

[16] 數據引自顧建一，「軍事經濟若干現實問題分析」，《軍事經濟研究》

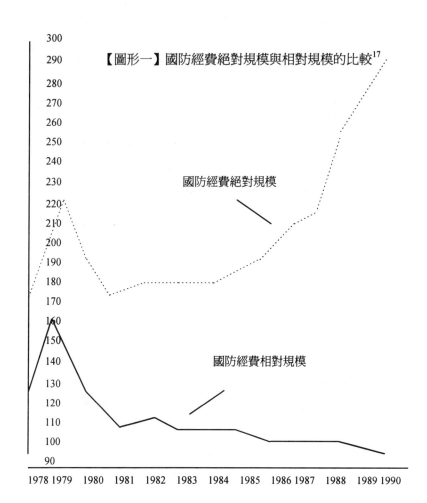

【圖形一】國防經費絕對規模與相對規模的比較[17]

[17] 資料來源：蔣寶琪主編，「中國國防經濟宏觀分析」，〔北京：國防大學出版社，1991 年〕頁 56-59.

中國大陸一再反駁西方對其軍事擴張的指控，認爲西方只在絕對規模上大作文章，因而導致「中國威脅論」這種帶有敵意的錯誤主張。依中共自己的觀點，若從相對規模來看，中國大陸不僅是低軍費國家，實際上應該算是一個軍費短絀的國家。

根據中國大陸自己的估算，從 1951-1989 年，實際國防經費增加年份只有 18 個，下降的年份則有 21 個。1989 年貨幣國防經費〔即國防經費絕對規模〕達 251.46 億元，1969 年的國防經費爲 126.18 億元，但扣除了物價上漲因素後的相對國防規模，1989 年只有 90.98 億元，比 1969 年的 96.03 億元還少了 5 億元。若再根據【圖形一】的統計，國防經費的絕對規模，1978 年爲 167.8 億元，1989 年達到 251.46 億元，淨增 83.66 億元，增長率 49.86%，但從國防經費的相對規模來看，1978 年爲 123.50 億元，1989 年只有 90.98 億元，淨減 32.52 億元，對此，中國大陸的觀點是，近 10 年來，儘管看上去國防經費在不斷增加，但大陸內部國防部門在不斷緊縮開支情況下，仍感到支出緊張、經費短促[18]。

然而多數軍事觀察家認爲，中國大陸官方公佈的國防經費並不能反映出中國大陸真實的國防支出。主要是因爲中共當局從來不願公開預算外的國防支出，特別是國防領域的研究發展經費〔R&D〕，被歸類爲「非國防性經費」。過去，中國大陸從來不願向聯合國提出標準格式的軍事支出報鋯。這種神秘且曖昧的行爲，導致美國國防部長

---

[18] 蔣寶琪主編，「中國國防經濟宏觀分析」，〔北京：國防大學出版社，1991 年〕，頁 59-60.

培里於 1994 年公開要求中國大陸國防經費透明化。據倫敦戰略研究所估計，由於中共當局提供的不準確數據，例如隱藏了資本支出、軍事科研經費和大量的軍事採購經費，對中國大陸國防經費預測的誤差，可能達到 20 億至 1400 億美元之巨[19]。

美國「中央情報局」1987 年在一篇題爲「中國：1986 年的經濟表現」的報告中則指出，中國大陸實際的國防支出要比官方公佈的數字高出兩倍以上。中國大陸官方公佈 1986 年國防支出爲 200 億元〔人民幣〕，但中央情報局的估計則是 450 億元〔人民幣〕[20]。換言之，中國大陸隱藏國防支出的情況，實爲外人所難以想像。

根據「倫敦戰略研究所」的估計，若以「國際貨幣基金會」和「世界銀行」依據購買力平價〔PPP〕所計算的中國大陸的軍事支出，則比中共官方依據官方匯率所公佈的數字，要超出許多。如下表【表格三】：

【表格三】 採取購買力平價計算的中國大陸國防預算

年 份	(10億人民幣) 官方匯率計算	(10億美元)	軍事支出占 GDP 比重	(10億美元) 國際貨幣基金	(10億美元) 世界銀行

---

[19] 參見 'China's Military Expenditure' in 'Military Balance,1995-1996' 〔London : The International Institute for strategic Studies(IISS), 1995〕 p272. 另參見 Harry G. Gelber, 'China, Strategic Forces and Arms Proliferation' China's Military : The PLA in 1992/1993' edited by Richard Yang 〔楊日旭〕 〔Taipei : Chinese Council of advanced Policy Studies, 1993〕 p.81.

[20] 'China : Economic Policy and Performance in 1987' 〔CIA〕 Report Submitted to the Subcommittee on National Security economics of the Joint committee, U.S. Congress, 21 April 1988, pp.17-18.

			以 PPP 計算	以 PPP 計算 (1993 年物價)
1990	29.0	6.1	1.6	27.2	44.0
1991	33.3	6.2	1.6	28.9	46.8
1992	37.8	6.8	1.6	32.7	53.1
1993	43.2	7.4	1.4	34.5	56.2
1994	55.1	6.3	1.5	36.3	59.7
1995	63.1	7.5	1.4	38.7	62.8

　　斯德哥爾摩「國際和平研究所」〔IISS〕依據三種主要指標：預算投入〔主要是軍事人力投入和裝備投入〕、購買力〔包括國內採購和國外採購〕、隱藏在中央政府總預算中的「非國防性支出」和解放軍預算外支出，估算出 1994 年中國大陸的軍事支出，如【表格　四】：

　　　　【表格四】　　IISS 對 1994 年中國大陸軍事支出的估算

	(10 億美元)	占國防預算比重(%)
人力投入	6.3	22
採購	6.8	24
（國內採購）	(5.3)	
（國外採購）	(1.5)	

研究發展投入	3.0	11
軍事演練	11.4	40
其他附帶性投入	1.0	4
總　　計	**28.5**	**100**

斯德哥爾摩「國際和平研究所」採取的是一種「投入-匯總」的方式，也就是「由上往下投入」和「由下往上匯總」來估算，再以較為溫和購買力平價方式〔市場匯率〕加以修正，其所得出的結果，和以官方匯率所估算的結果，大幅超出近四倍之多[21]。

四，軍事人力

　　軍事人力規模，一般是指軍事領域中的勞動力，主要是指常備軍，但也包括兵源、可動員兵力和軍隊人才素質。常備軍是衡量一國現實作戰能力的重要指標，後三項則是評估一個軍事潛力的間接指標。

　　依據倫敦「國際戰略研究所」最新估計，中國大陸目前擁有常備兵力總計 293 萬人。其中陸軍 220 萬人，海軍 26 萬人，空軍 47 萬人。另外後備民兵有 120 萬人，人民武裝警察 60 萬人[22]。

---

[21] 詳見 *'Military Balance, 1995-1996'* pp.274-275.
[22] *'Military Balance, 1995-1996'* pp.176-179.

陸軍方面，由步兵、炮兵、裝甲兵、工程兵、通信兵和防化兵組成。海軍由潛艇部隊、水面艦艇部隊、海軍航空兵、海軍岸防兵、海軍陸戰隊組成。空軍由航空兵、空軍雷達兵；空降兵組成。另外還包括使用戰略導彈核武的「第二炮兵」，直屬中央軍委管轄，為中國大陸戰略核武主力部隊。

軍事人力規模可以由勞動生產率、交通條件和可動員軍事人力三個方面來衡量。

從勞動生產率來看，中國大陸的軍力給養能力並不理想。以 1987 年為例，中國大陸每一個勞動人口約可給養 3.5 人〔包括自己在內〕，美國每一個勞動人口可以給養 77.5 人，前蘇聯每一個勞動人可給養 11.9 人，印度每一個勞動人口可給養 3.6 人，皆明顯大於中國大陸。

在交通方面，以 1987 年為例，平均每萬公里的鐵路長度，美國是 273 公里，印度為 208 公里，中國大陸只有 55 公里。在公路方面，平均每平方公里，美國已有高速公陸達 0.4 公里，印度有一般公路 0.6 公里，中國大陸則只有 0.1 公里[23]。

但是在可動員軍事人力方面，中國大陸就具有較大的優勢。

若以公元 2000 年為基準，假設可徵集之役男為 18 歲至 40 歲，則 1995 年 13-17 歲男性人口至公元 2000 年屆滿 18 歲，屬於預備徵集之軍事人口，1995 年 18-22 歲男性人口至公元 2000 年屬於現役軍事人口，1995 年 23-32 歲男性人口至公元 2000 年則尚未超過 40 歲，屬於後備徵集之軍事人口。若將上述三種軍事人口分別以「最後動員」、

---

[23] 蔣寶琪主編，「中國國防經濟宏觀分析」，頁 49-50.

「立即動員」和「待命動員」加以分類，依據第二次世界大戰動員率 50%計算，則公元 2000 年各國軍事人力的對比與差距，可以從下【表格 五】及【表格 六】進行分析：

【表格五】 2000 年各國可動員軍事人口數 （單位：萬人）

	總人口	13-17 歲	18-22 歲	23-32 歲
美國	26311.9	914.1	919.5	2034.6
俄羅斯	14894.0	566.8	528.2	1044.2
英國	5828.8	179.7	190.5	458.7
法國	5812.5	193.8	208.0	440.8
德國	8110.9	222.4	232.4	664.9
日本	12521.3	413.9	481.3	907.8
印度	93422.8	4967.7	4593.2	7980.3
中國大陸	120124.8	4843.2	5736.0	12278.4

【表格六】 可動員軍事人口占總人口比例 （單位：%）

	最後動員	立即動員	待命動員	平均總動員
美國	3.4	3.4	7.7	4.8
俄羅斯	3.8	3.5	7.0	4.8

英國	3.0	3.2	7.8	4.7
法國	3.3	3.6	7.6	4.8
德國	2.7	2.9	8.2	4.6
日本	3.3	3.8	7.3	4.8
印度	5.3	4.9	8.5	6.2
中國大陸	4.0	4.7	10.2	6.3

從【表格五-六】可以計算出，中國大陸平均可動員軍事人口〔以動員率 50%計算〕達 3783.9 萬人，比美國的 631.4 萬人高出 3152.5 萬人，比俄羅斯的 357.4 萬人高出 3426.5 萬人，比平均動員率最低的德國的 186.5 萬人高出 3597.4 萬人，比印度的 2896.1 萬人高出 887.8 萬人。可見中國大陸可動員軍事人口的潛力，實爲發達國家所不能比擬[24]。

但是必須指出的是，可動員軍事人口並不等於作戰能力，換言之，軍事人口規模不能只從數量來評估，還必須分析軍力品質。以此觀點來看，中國大陸的軍事人口可以概括爲：量多質差。

中國大陸所實行的一胎化政策，給跨世紀的兵力來源帶來許多新的問題，主要問題在於無法確保兵源的質量，問題有如下幾個方面：

1，城市徵兵要比在農村徵兵更加困難。中國大陸許多獨生子女

---

[24] 根據 'Military Balance, 1995-1996' p.23.44.48.64.13.157.176.181. 相關數據綜合計算得出。

家庭以及獨生子女本人，明確表示不願意當兵。據某軍區向駐地城鄉中小學生及家庭所作的一次民意調查， 55.3%的獨生子女表示無從軍意願， 54.2%的家長明確表示不願意讓子女去當兵。若每一個獨生子女的家庭都抱著抵觸情緒，顯然不利於兵員的徵集。

2 ，兵源重心轉向農村人口。目前中國大陸的兵源來自城市和農村兩個方面，過去城市役男和農村役男的徵集，基本上不分主次。但是這種情況到本世紀未將會發生變化。由於城市非農業人口中的適齡青年，是 70 年代末 80 年代初以來嚴格落實「一胎化」生育政策時期出生的獨生子女，依家庭人口比例，這批獨生子女大約以 1:2 至 1:4 的比例被被家庭中的老人包圍。預計公元 2000 年左右，城市非農業人口的就業問題將逐漸解決，青年就業出路獲得相當改善，過去以參軍入伍解決就業問題的現象將大幅減少，參軍入伍失去了吸引力和興趣。相反地，在跨世紀年代，中國大陸農村中的適齡青年仍將保持較為積極的服兵役態度。因為一胎化政策在 70 年代末， 80 年代初，在農村中並未真正落實。 1982 年 7 月 1 日以前出生的人口，按中國大陸的標準計算，平均每年增加 1131 萬，年均遞增率為 2.24%。到本世紀末，整個勞動適齡人口的絕大部分將來自農村，在勞動適齡人口淨增數中農村占了 89.16 %。大量農村人口加入勞動力大軍，勢必給就業安排帶來巨大壓力。農村適齡青年以參軍解決就業問題，固然不失為一種緩解失業壓力的手段之一，但對軍力品質將產生很大的影響。

3 ，隨著未來兵源的重心轉向農村，在質量方面將出現嚴重的問題，原因是農村人口文化教育水平要遠低於城市。中國大陸國民平均

受教育年限不足 5 年，文盲或半文盲占人口的 25%，其中 12-15 歲的青少年有 10.8%是文盲，15-19 歲人口中將近一半沒有受過初中教育，農村人口中文盲半文盲高達 44%，小學文化程度占 37.2%。根據一項對美國人口發展的預測，認爲到公元 2000 年前後，美國適齡入伍男性有 70%、女性有 90%將無法適應一些高技術的軍事崗位。美國尚且如此，中國大陸軍力品質不能適應未來高科技發展的矛盾，將更爲突顯[25]。

五，軍事力量的國際對比

　　根據中國大陸《90 年代中美德日印五國綜合國力比較與預測》課題組的觀點，軍事力仍是綜合國力不可缺少的一級指標，因爲軍事力是保証經濟力提高、保衛國家總体利益和實施全球戰略目標的基本手段。該課題組以實戰能力和威嚇能力，運用常規武器與核武器對抗軍事威脅的能力，以及向敵對者展示軍事決心的能力等等，來衡量軍事總体力量。通過標準化數據換算，(最大值爲 1，最小值爲 0)，對五國的軍事力測算結果如【表格　七】下[26]：

---

[25] 數據引自樊嵩，《跨世紀有中國人口發展與兵源分析》，《中國社會科學》（北京），1993 年第 1 期，頁 61—62.

[26] 數據引自《90 年代中美德日印五國綜合國力比較與預測》課題組，《五國綜合國力比較與預測》，《中國國情與國力》(北京)，1993 年第三期，頁 43.

【表格七】 五國軍事能力比較表

	美國	日本	德國	中國大陸	印度
軍事力	0.91	0.75	0.64	0.43	0.41

　　該課題組在沒有把俄羅斯估算在內的情況下，中國大陸的軍事力排在美國、日本與德國之後，居第4位，與印度十分接近。這項結果與一般認為中國大陸為世界第三軍事大國的看法，有所差距。但與克萊恩1978年估計中國大陸軍事能力不及美國四分之一比較，中國大陸軍事力與美國的差距已大幅縮小，但與克萊恩1990年估計中國大陸軍事實力僅次於美國、俄羅斯之後為世界第三個軍事大國，顯然又保守許多。

　　中國大陸軍事學者(任職於「軍事科學院戰略研究部」)黃碩鳳，從對軍事力更為寬廣定義出發，認為軍事力應指廣泛的國防能力，亦即保衛國家安全和國家利益的防務實力，因此軍事力應包括武裝力量的數量與質量、武器裝備、國防科技和國防工業、國防資產、國防工程、國防觀念、軍事理論、軍隊編制、軍隊訓練水平等。他通過改良克萊恩「國力方程」後的綜合國力方程式計算出，1949年中國大陸軍事力居世界第8位。經過40年的國防建設，1989年躍居第3位。即美國第1位，軍事力指數為249，其中常規力量為93，戰略力量為98，間接軍事力量為58；蘇聯位居第2位，軍事力指數為248，其中常規力量為97，間接軍事力量為53；中國大陸居第3位，常規

力量爲 59，戰略力量爲 49，間接軍事力量爲 86，軍事力指數爲 194。
如【表格八】。

【表格 八】 中、美、俄三國軍力指數的比較[27]

國　家	軍力指數	常規力量	戰略力量	間接軍力
美　國	249	93	98	58
俄羅斯	248	97		53
中國大陸	194	97	49	89

由以上可以看出，中國大陸的間接軍力指數遠大於美國和俄羅斯，但涉及科技能力的戰略力量指數則僅僅是美國的一半。這項改良式國力方程式的估算，再次證明中國大陸的軍事能力表主要表現在綜合軍事能力，若以直接作戰能力來說，則還落後於美國、俄羅斯一段距離。

六，武器裝備概覽

〔一〕武器的國產化與自制化

從 50 年代中期開始，在進口和仿製蘇式武器裝備的同時，中國大陸即著手武器裝備的研製和改造工作。根據國務院 1956 年批准的 12 年全國科學發展遠景規劃的部署的要求，總參謀部於 1957 年制定

---

[27] 數據引自黃碩鳳，「綜合國力與國情研究」，《中國國情與國力》(北京)，1992 年第 2 期，頁 19.

了全軍《國防科學技術研究工作十年》(1957—1967 年)規劃綱要》。
1960 年 10 月，中央軍委會又提出了「發奮圖強，自力更生，突破尖
端，兩彈爲主，導彈第一，積極發展噴氣技術以及無線電電子科學，
建立現代化的獨立完整的國防工業体系」的總方針和總任務。從 1958
年到 1963 年 4 月，經國務院「軍工產品定型委員會」批准的武器裝
備及其配套的設備共 268 項，其中仿製的 158 項，占 59%；自行研製
的 102 項，占 38%；改進設計的 8 項，占 3%。1964 年被批准定型的
武器裝備共 95 項，其中自行設計的 52 項，占 55%；仿製的 43 項，
占 45%。

在武器裝備國產化的過程中，各類裝備進展不一。陸軍裝備備除
坦克、裝甲車輛外，進展都比較快，到 60 年代中期，已先後實現了
國產化。而海、空軍的專用裝備直到 70 年代中期才基本實現國產化。
到 1975 年底，整個中國大陸的軍隊武器裝備中，國產坦克占 71%，
飛機占 75%，戰鬥艦艇占 89%，工業機械占 96%，火炮占 97%。至於
槍械、通信、防化裝備和渡河器材，則全部實現了國產化[28]。

〔二〕八 0 年代以來的武器發展

實現武器裝備現代化，是軍隊現代化建設的一項戰略任務。到 80
年代末，中國大陸隨著國民經濟的逐步好轉和科學技術的不斷發展，
一批新研製成功的武器裝備相繼服役。使一般常備軍隊的武器裝備有

---

[28] 南丁，《新中國成立後我軍武器裝備的發展》，《軍事歷史》(北京)，
1990 年第 3 期，頁 61—62.

所提高。在各類武器中，屬於中國大陸自行研發製造生產的，有如下幾種：

第一，輕武器。

輕武器是單兵、小組能攜行使用的彈藥及其他發射裝置的總稱，包括槍械、手榴彈、槍榴彈、榴彈發射器、輕便火箭發射器等。

1977 年， 77 式 7.62 毫米手槍研製成功。該槍小巧、美觀、輕便，比 54 式手槍減輕 36%。突出特點是能單手裝填。從 80 年代開始，這批槍即成批生產和裝備部隊。

1982 年，在 67-1 式輕重兩用機槍的基礎上， 67-2 式重機槍研製成功，全重爲 15.5 千克。 1985 年，在 77 式 12.7 毫米高射機槍的基礎上， 85 式 12.7 毫米高射機槍研製成功，全重 40 千克，僅爲 54 式高射機槍的 1/4 ，達到國際先進水平。

1977 年 12 月， 77 式 5 個型號的木柄手榴彈設計定型。 1982 年以後， 82-1 式拉發火無柄手榴彈和 82-2 式、 82-3 式針栻發火無柄手榴彈相繼設計定型。無柄手榴彈重量僅 260 克，有效殺傷數比 63 式手榴彈增加 3 倍。從 1870 年以來，還有 71 式燃燒手榴彈、 73 式小鋼珠手榴彈、 80 式反坦克手榴彈等先後定型試用。此外， 67 式反坦克手榴彈、手持反坦克小火箭亦定型試用。從 80 年代初開始，還開發了新型槍榴彈、便攜式火箭和自助榴彈發射器等步兵近戰武器。

第二，反坦克武器。

反坦克武器包括反坦克火炮、反坦克火箭和反坦克導彈，是用於攻擊敵坦克和其他裝甲目標的主要武器。

1979 年，紅箭-73 反坦克導彈研製成功，並開始成批裝備部隊。1980 年至 1983 年期間，73 式 100 毫米滑膛反坦克炮、105 毫米無坐力炮和新研製成功的 78 式 82 毫米無坐力炮陸續裝備部隊。100 毫米滑膛反坦克炮配用的大比重鎢合金穿甲彈，具有較遠的直射距離和較大的穿甲能力，在 1000 米射擊距離上穿甲厚度比鋼質彈提高 35%。部隊裝備這些武器後，從連到師形成了直接瞄準反坦克武器裝備系列，可構成遠近結合，縱深梯次配置的反坦克火力配系。

紅箭-8 和紅箭-8A 反坦克導彈是中國大陸自行研制的第二代反坦克導彈，有效射程可達 3000 米，飛行速度 200 米/秒，射速 2~3 發/分〔最大射程時〕，動破甲為 180 毫米/68⁰，命中率為 90%。第二代反坦克系統最大射界達 360⁰，射程遠，射速快，操作方便，結構緊湊，發射方式有便攜式、車載式和機載式。

第三，高射炮和地面壓制火炮。

高射炮和地面壓制火炮是炮兵的主要武器。

1981 年以來，七 0 年代定型的 74 式雙管 37 毫米高射炮系統，瞄-6，瞄-8、瞄-11 等幾種新型炮瞄雷達，和 80 年代定型的警-17 丁、582 乙、572 甲等目標指示雷達陸續裝備炮兵部隊。到 1977 年，集團軍、師兩級裝備的高射炮數比七 0 年代分別增加 1.43 和 1.3 倍，一個陸軍師建制內的高射炮掩護面積增加 2.8 倍。此外，紅旗 1 號、紅旗 2 號和紅旗 5 號地空導彈相繼研製成功並裝備部隊，進一步增強了防

空能力。

1977 年 12 月以後，先後研製、仿製和改造成功一批性能較好的壓制火炮和儀器，並陸續裝備部隊。1981 年至 1985 年期間，裝備部隊的新型壓制火炮有 83 式 122 毫米榴彈炮、83 式 152 毫米自行加榴炮、81 式 122 毫米自行火箭炮、82 式 130 毫米自行火箭炮。這些火炮的威力和機動性比過去仿蘇同類火炮均有顯著提高。如 83 式 122 毫米榴彈炮重量與仿蘇 122 毫米榴彈炮相當，射程增大了近 1/3，八 0 年代以後，在引進外國技術下又發展了 WA021 型 155 毫米加榴炮，九 0 年代以來，還發展了 203 毫米的火炮系統，射程更遠〔底凹彈達 40 千米，底排彈達 50 千米〕；新 152 毫米加農炮和新 82 毫米迫擊炮的射程比仿蘇同類火炮射程增大 1/2 左右；八 0 年代以後，還先後研製生產了 83-1 式、83-2 式 82 毫米迫擊炮、87 式 82 毫米迫擊炮以及 YW304 型 82 毫米自行迫擊炮等。其中 87 式 82 毫米迫擊炮身管採用 710 新炮鋼，座板採用低碳馬氏體時效鋼，結構合理，射程、威力、精確度都比過去各型 82 毫米迫擊炮提升許多。

YW304 型 82 毫米自行迫擊炮則是一種輕型火力支援車，採用裝甲輸送車底盤，於 1984 年設計定型，配屬機械化步兵師使用。至於 81 式 122 毫米和 82 式 130 毫米兩種火箭炮，分別為 40 管和 30 管聯裝，可形成較大的火力密度。83 式 273 毫米火箭炮射程可達 40 千米，85 式 107 毫米單管火箭炮為可分解式，便於人工搬運，射擊密度優於其他各型火箭炮。九 0 年代以後還進行研製較為先進的遠程多管火箭炮系統。

上述幾種火炮，與 70 年代已陸續裝備部隊的 71 式 100 毫米迫擊炮、改進的 59-1 式 130 毫米加農炮相配合，形成了新一代的壓制火炮系列。 1983 年裝備的 122 毫米以上口徑的加農炮、榴彈炮和火箭炮數量比 1971 年增長了 65%；摩托化步兵師建制內的最大口徑壓制火炮的射程比 1971 年增大 45%，全師壓制火炮一次齊射彈丸總重量和有效殺傷面積分別比 1971 年增加 108% 和 89%。

第四，坦克

坦克是裝甲兵的主要裝備、地面作戰的主要突擊武器。

中國大陸的主戰坦克是中型坦克。到 1985 年， 69 式坦克、 59 式坦克的改進型和 79 式坦克先後裝備部隊，其中以 79 式中型坦克的性能最為完善，戰術技術比 69 式坦克提高很多。這種坦克採用許多新技術和新零件，裝配的 105 毫米線膛炮〔由以色列設計〕，威力大、精度高、身管壽命長，更換身管方便，所配用的鎢合金彈蕊脫殼穿甲彈，可在常見作戰距離擊穿大厚度的均質裝甲或複合裝甲。它的火空系統能縮短射擊反應時間，晝夜均可對運動目標進行瞄準射擊，在 1500 米距離上的首發命中率達 80% 以上。所裝的第二代被動式微光夜視儀，可使坦克在黑夜高速行駛中進行瞄準射擊。新型車載電台，採用抗電子干擾技術和防偵聽的加密裝置，保密性好，準確可靠，波道多，通信距離遠，所採用的自動滅火抑爆系統，能在 10 秒內探測出火源，並能在 60 毫秒內完成抑爆，從而提高了坦克和乘員的生存機率。車上裝有防核武器、生化武器的防護系統，當探測報警器接收到某種射線或毒劑後，能立即輸出信號，門窗自動關閉。它的煙幕系

統是利用發動機排氣管噴射柴油的方法，形成濃厚的遮煙幕，或在炮塔外掛煙幕彈發射施放，可提高坦克在戰場上的生存機率。

1980 年，中國大陸還開始進行第二代主戰坦克的研製工作，1983 年進入設計定型試驗。第二代主戰坦克分爲 80 式和 80-II 兩種。

80 式坦克實際上是 59 式的改良型，保留了車身低矮、「半蛋型」鑄制炮塔特點，還採用 6 對中等直徑的負載輪，3 對托帶輪，提高了坦克行駛的速度與平穩性。動力裝置是一台 730 馬力的 V 型 12 汽缸水冷式廢氣渦輪增壓引擎，比 69 式主戰坦克提高了單位重量功率。在裝甲防護方面，車身爲全焊接式鋼結構，前裝甲板可加掛複合裝甲，兩側有屏蔽裙板，炮塔裝有屏蔽棚欄，具防彈作用。主炮與 79 式相同，尾翼配用穿甲彈、破甲彈、碎甲彈和榴彈，並具有發射「北約」同口徑坦克炮的所有彈種。

80-II 式採用光點投射式簡易火控系統，系統組成包括激光測距機、彈道計算機、複合雙向穩定器等。從發現目標、跟綜到瞄準發炮時間，只須 10 秒鐘，反應時間大爲縮短，射擊精確度也提高。

85 式系列是當前中國大陸第三代主力主戰坦克。其中 85-II 式坦克拋棄了原蘇聯式 T-54 型坦克所採用的「半蛋型」鑄製式炮塔設計，採用焊接結構和複合裝甲，大幅改善防彈能力。85-II 的火力系統與 80 式相同，但改裝了「北方工業公司」研製的 LSFCS-212 型隱相式火控系統，反應比 80 式光點投射式簡易，具備在進行中對多目標的攻擊能力。射擊時間則縮短到 6 秒鐘[29]。

---

[29] 參見沙力、愛伊編，「中國三軍現代化走勢」，〔四川：文藝出版社，

第五，艦艇

　　中國大陸艦艇一般分為驅逐艦、護衛艦；巡邏艇和情報收集船和核潛艇五種類型，目前已有 20 餘種新型艦艇裝備部隊，並基本齊裝。中國大陸自行研究製造的 051 型導彈驅逐艦，裝有高參數大功率蒸氣動力裝置、導彈武器系統、自動艦炮、艦用雷達、搜索攻擊聲納以及電子式指揮儀等新設備，航速高，航程遠。

　　驅逐艦的主要任務是作為海上作戰編隊的突擊力量，擔負攻擊潛艇、水面艦艇、支援登陸部隊作戰以及護航等任務。中國大陸於 50 年代末開始進行導彈驅逐艦的總体方案探討和預研工作， 1968 年開始建造，於 1971 年建造成功，並裝備海軍。

　　九０年代以後，主力驅逐艦群由「旅大 II 級」和「旅大 III 級」組成。旅大 II 級可攜帶 HY-2 反艦導彈。旅大 III 級可攜帶 8 枚 C-801 導彈、「海響尾蛇」艦對空導彈和托曳式陣列聲納。

　　護衛艦是海軍戰鬥力的重要組成部分。該型艦是以水中兵器、艦炮、導彈為主要武器的中型艦隻，主要執行護航、反潛、防空、佈雷、巡邏、警戒和支援登陸等任務。中國大陸從 1962 年開始進行護衛艦的總体設計， 1963 年開工建造， 1965 年建造成功並交付部隊使用。

　　護衛艦分為旅護級和江衛級兩個系列。新建造的 052 型旅護級護衛艦可配備 8 枚鷹式 C801(CSS-N-4)反艦導彈，還裝有一座八聯裝「海響尾蛇」艦對空導彈發射裝置。採用封閉、全空調的 053H2 導彈護衛艦已於 1986 年全面裝備各部隊。首批兩艘江衛級導彈護衛艦已於

1992 年〕，頁 211-213.

1990 年底下水，其特色是裝有中國大陸第一個垂直發射系統，可發射
HQ-61M 艦對空導彈。這種垂直發射的導彈射程爲 3 至 10 公里，高
度 8000 米，速度 3 馬赫，爲中國大陸當前主戰護衛艦。

除此以外，七０年代至八０年代相繼研製成功並裝備部隊的還有
新型魚雷潛艇、四管魚雷快艇、獵潛艇、大型登陸艇，以及新型的艦
艇導彈、岸艇導彈、反潛魚雷、反艦魚雷等。

第一艘情報收集船於 1987 年至 1988 年期間出現，最大一艘爲「向
陽紅 9 號」，配有電子監視設備，另一種大型情報船爲「大地級」，
速度較「向陽紅 9 號」更爲快速。

核潛艇以「夏級」爲稱號。 1974 年 8 月，海軍裝備第一艘攻擊
型核潛艇。 1982 年進行第一次下水發射導彈，射程爲 1800 公里。
1983 年，第一艘彈道導彈核潛艇開始在海軍服役。 1985 年底至 1986
年，中國大陸進行最大自給力試驗，安全航行 2 萬多海浬，創下最大
自給力 84 天的記錄，已具備一般核潛艇所需的隱蔽、突襲和中遠海、
大深度、遠距離作戰的需求。

第六，飛機。

中國大陸軍用飛機按執行任務的性質，通常可區分爲作戰機、勤
務保障飛機和教練機。作戰飛機有殲滅機、截擊機、轟炸機、武裝直
升機、反潛機、偵察機、預警機、電子干擾機、武裝運輸機等。

殲 7 型飛機是大陸航空兵 70 、 80 年代的主要飛機。至 1985 年，
先後在原機型基礎上，增裝航炮，加掛空中格鬥導彈；改進過氣系統，
增大起飛推力，改善超音速性能。新研製的殲 7-III 型飛機，屬於第

二代主力戰機〔包括殲 7-I 型、殲 7-II 型、殲 7-III 型、殲 7-A 型、殲
7-B 型、殲 7-M 型和殲教-7 型等 7 種機型〕，是一種超音速、全天侯
殲擊機，不僅能截擊敵方轟炸機和偵察機。還兼有對地面攻擊能力。
殲-8 型飛機於 1981 年開始裝備各部隊， 1984 年對該機的雷達、火控
和發動機系統進行較大的改進，定名為殲 8-II 型飛機。該機的戰鬥技
術性能比原型機有顯著提高，它具備全天侯、全方位的中距離攔擊和
近距離格鬥的作戰能力。

殲 8-II 是在原殲 8 型戰機的基礎上改良發展的，屬於第三代主力
戰機，相對於殲 8 的總更改率達 70%以上，具有以下幾個特點：

1，重新設計前機身，改機頭進氣為兩側進氣，便於在機頭安裝
新的雷達，使飛機具有攔射攻擊能力。 2，換裝推力更大的發動機。
增加 2 個外掛架，並裝備中程導彈，還可裝載空對地攻擊炸彈。 3，
更新瞄準具和火控系統。 4，加強電子對抗能力。 5，安裝了自動駕
駛儀，加裝差動平尾操縱。

一般認為，殲-8II 具有世界一流戰機的水平，在飛行速度上甚至
超過美國 F16-A 型戰機。【表格 九】為世界主要戰機的比較：

【表格九】殲 8-II 與世界主要戰機比較[30]

中國大陸	美 國	俄羅斯	法 國
殲 8-II	F16-A	米格-23	幻象-2000

[30] 引自沙力、愛伊編，「中國三軍現代化走勢」，頁 156.

展翼(米)	9.34	9.45	8.05-14.0	9.13
機長(米)	21.59	14.15	15.63	14.35
翼面積(平方米)	42.20	27.87	33.5	41.0
正常起飛重量(千克)	14300	10660	12700	10800
最大起飛重量(千克)	17800	16060	15000	16660
最大速度(馬赫)	2.2	2.0	2.3	2.2
實用升限(米)	20000	18000	15250	18000
作戰半徑(千米)	800	900	1126	650

專門爲海軍航空兵研製的水上轟炸機，在 1976 年試飛成功，並裝備部隊。這種飛機以反潛爲主，同時可掛空對艦導彈，打擊水上目標，並能執行海上巡邏偵察、救護、佈雷任務。

從 70 年代至 80 年，強-5 型飛機進行多次較大的改進，增強火力，加大航程，提高電子對抗能力，擴大使用範圍，增強地面攻擊的能力，提高空中攔擊、格鬥能力和作戰、生存能力。

1978 年至 1979 年，空軍自行改裝成功的轟-6 型照相偵察機。1981 年，航空兵偵察部隊裝備了國產偵-5 型無人駕駛高空偵察機。1982 年至 1985 年，海軍航空兵的國產運-8 型飛機加裝通信、導航、偵察設備，改裝成海上巡邏機，解決了海上偵察巡邏的急需。航空兵偵察部隊，從 1985 年開始裝備用國產高空、高速殲擊機改裝的殲-8 型飛機。

第七，導彈

　　導彈是以核彈藥作爲殺傷兵器，以火箭作爲投射工具的武器，是一種具大規模殺傷力的破壞性武器。

　　1958 年，大陸開始仿製蘇聯 P-2R 近程導彈，於 1960 年 11 月仿製成功。1964 年 6 月，大陸自行設計製造的中近程導彈試驗成功；同年 10 月 16 日，又成功地試爆了第一顆原子彈。1966 年 10 月，第一次導彈核武器試驗成功。1967 年 6 月 17 日，中國大陸的第一顆氫彈在新疆上空爆炸成功。與此同時，中程和遠程導彈的研製取得了重大的突破。1970 年 4 月，中國大陸用遠程火箭成功地發射了第一顆《東方紅》衛星。1971 年，戰略導彈開始在戰略導彈部隊中服役。至此，大陸軍隊的戰略導彈部隊已有一定數量、多種型號的中程、遠程和洲際導彈，既可以從固定的地面陣地和地下井發射，也可以進行機載發射[31]。

　　在艦載反艦導彈方面，在第一代「海鷹」之後，七０年代生產出第二代艦載反艦導彈「中國飛魚」，編號 C801，具有「發射後不管」性質〔即發射後與艦艇脫離聯繫，可防止敵機或敵艦的反追蹤攻擊〕。九０年代以後，第三代艦載反艦導彈「C101」開始交付部隊，C101 導彈具有超音速；超低空飛行能力。之後還繼續研製超視距遠程系列導彈，潛載水下發射飛航式導彈，將紅外、電視、毫米波、頻率捷變等末端制導和複合制導，加以整合運用。

第八，防空飛彈

---

[31] 同注 28，頁 63-65.

在波斯灣戰爭中，美國「愛國者」防空飛彈創造了極大的戰果，引起舉世矚目。而中國大陸的防空飛彈卻鮮爲人知。目前根據公開資料，中國大陸擁有下列幾種防空飛彈：

HQ-2B 地對空飛彈。

HQ-2B 地對空飛彈是中國大陸研製的一種高速度、高效率、全天侯、全方位、可移動式的中、高空防空武器，廣泛採用了現代化新技術，不僅具有一般地對空飛彈所具有的迎向攻擊能力，並具有側向攻擊和尾追攻擊能力。

現代空襲飛行器常施放各種干擾，機動靈活地對抗地對空飛彈，因而地對空飛彈必須具有抗擾能力強、作戰空間大、地面靈活機動等功能。 HQ-2B 導彈抗干擾能力強，作戰空域高，殺傷概率高；武器各部分各系統廣泛採用數字電路，指揮和控制系統應用電腦控制；可以適應現代對空作戰的要求。該飛彈主要用於要地防空，能單獨作戰，也可組成武器系統群，群與群之間連成大面積的梯階防禦，或用數個武器系統對單個目標組成環形防禦。

HQ-2B 可攻擊轟炸機、殲擊機、偵察機和直升飛機，也能攻擊空對地飛彈；可攻擊單一、集群目標，也可攻擊高速和低速目標。其攻擊空中目標的速度和高度之大在世界上是屈指可數的。 HQ-2B 飛彈最大作戰高度 27 公里，最小作戰高度 1 公里，最大作戰斜距 40 公里，最小作戰斜距 7 公里，射擊速度 750 米/秒，最大飛行速度 1250 米/秒。

HQ-61 飛彈

HQ-61 飛彈是中國大陸自行製造的全天侯中低空面空武器，用於攻擊中低空入侵的各種亞音速和超音速飛機，有地對空和艦對空兩種型號，後者安裝在中小型艦艇上，用於艦艇防空；前者裝在自行式越野車上，用於野戰和要地防空。該武器系統由發射陣地設備、技術陣地設備和飛彈組成，具有組成簡單、導引精確度高、殺傷威力大、機動性能好等特點，有「天神」之稱。

這種飛彈最大射程 10 公里，最大射高 8 公里，單發殺傷概率 64% 至 80%，最大速度爲 3 馬赫。其中控制艙裝有自動駕駛儀的控制穩定組合和液壓能源操縱系統。整個飛彈採用軸對稱旋轉彈翼式氣功布局，彈翼成十字形配置在彈身中段。

HQ-61 飛彈爲連續波全程制導，彈上導引頭接收由目標反射回來的信號和地面雷達的直波信號，信號經處理、變換，形成控制指令輸送給自動駕駛儀。當自動駕駛儀接收導引頭送來的控制信號時，就控制飛彈按修正比例導引規律接近目標，直到命中目標。

HN-5C 近程機動防空飛彈。

HN-5C 也是中國大陸研製的一種近程機動防空飛彈系統，主要用於對付亞音速低空入侵的戰鬥機及武裝直升機的威脅。它是一種防禦性飛彈，所有作戰設備裝在一輛輕型越野車上，具有良好的機動能力，能根據作戰需要快速部署到任何作戰區域。

該飛彈系統由全光學目標探測跟蹤傳感器、轉塔、火力控制計算機及發射控制電子設備、飛彈發射器、供電系統、無線數據傳輸及定位定向設備等組成。火力單元的全部作戰設備(包括兩名操作手和 16

發飛彈)裝在一輕型越野車上，公路行駛速度可達時速 60 公里，土路上時數 30 公里。

全光學的目標探測跟蹤傳感器組合，包括紅外角跟蹤儀、電視引導裝置及激光測距儀。前者的功能是沿目標指示的方向去發現、截獲目標，然後轉入自動跟蹤，引導飛彈的導引頭截獲跟蹤目標；中者採用雙視現場工作方式，在搜索發現目標時用寬視場，截獲目標後用窄視場，然後把目標引導到紅外測角儀的視場中，直至紅外測角儀截獲目標；後者用於測量目標至火力單元的距離，以便精確計算飛彈發射的前置及判斷發射條件。

HN-5C 採用被動工作方式，能降低被敵機發現的機率，具有良好的隱蔽性；發現目標的距離為 7 公里，系統反應時間短，作戰效率高；適應各種裝載車，具有快速部署能力，能打夜戰。

HN-5A 便攜式超低空地對空飛彈。

HN-5A 地對空飛彈是一種全天時、被動式、便攜式單兵肩射超低空防空武器系統，其用途是在目視條件下，以尾隨或迎攻方式殺傷低空飛行的空中目標。

該系統包含戰鬥裝備、檢驗設備和模擬訓練設備，其中前者是指裝筒飛彈、發射機和熱電池。採用紅外線制導體制，裝有殺傷、爆破、聚能綜合效應的戰鬥部和觸發引信，以固体火箭發動機為動力裝置，對低空目標有很強的命中率和殺傷力，並能抑制日光、白雲和明亮地物等背景的干擾。

KS-1 中高空地對空飛彈。

中國大陸已研製出一種新型中高空地對空飛彈系統 KS-1 ，用於攻擊入侵的轟炸機、戰鬥機、高空偵察機、無人駕駛機、武裝直升機，也可用於攔截戰術空對地飛彈。

該飛彈系統抗干擾能力強，能全天侯、全方位作戰，作戰空域大，具有多目標跟蹤和攔擊能力，操作、維護簡便。它的第一個作戰單元包括 24 枚飛彈、一部相控陣制導站、 4 部雙聯裝發射架和技術支持設備。 KS-1 飛彈最大作戰高度 25 公里，最小作戰高度 0.5 公里；最大作戰斜距 42 公里，最小作戰斜距 7 公里[32]。

由上述可見，中國大陸已擁有強大的防空体系，顯示其具有很高的防空自衛能力。

七、美國「蘭德公司」的評估

近年來，中國大陸空軍已引起世界廣泛注意。特別是大規模自俄羅斯購買武器、國防預算以兩位數字增長、南海和台灣海峽緊張情勢的升高，國際間都高度重視這支被稱爲世界第三大空軍的未來走向。

1 ，採購蘇凱-27

然而面對 21 世紀，數量巨大戰鬥機、轟炸機、龐雜的組織結構及有待轉換的軍事思想，將使得中國大陸空軍在冷戰後承受不可避免的陣痛。從波斯灣戰爭和近期的波斯尼亞衝突中，中國大陸空軍已認

---

[32] 參見「中國防空大觀」，《軍事文摘》(北京)， 1994 年第 6 期，頁 14-15.

識到自身的落後性。未來，中國大陸將面對一場長期而昂貴軍事競賽。

據美國「蘭德公司」一項研究估計，中國大陸目前空軍的基本武器裝備是：總計 4500 架作戰飛機，編爲 45 個空軍師，還包括一支擁有 700 多架戰鬥機的海軍航空兵部隊。然而，這支空軍部隊的機種，有一半是沈舊的殲 6 型，它的歷史可以追溯到 50 年代初蘇聯設計的米格 19 。其中較有戰鬥力的 800 架飛機中，包括經過改造在成都生產的殲 7(米格 21 型)和少量的殲 8 。空中的打擊力量主要由 12 架西安產的轟 6 和 400 架南昌產的、由殲 6 發展而來的強 5 型組成。

根據「蘭德公司」評估，以米格-19 和米格-21 爲基礎的技術改造，無益於減少中國大陸與美國、歐洲和俄羅斯之間的技術差距。因此，九０年代以來，中國大陸航空工業正在努力尋找機會生產現代化戰鬥機，以替代老式的殲 6 、殲 7 。但實際的情況是，一系列的三角翼、可變後掠翼和鴨式布局的設計，各種不同設計的殲 9 、殲 11 、殲 12-v 型戰機設計模型，都因種種原因而中途下馬。中國大陸的軍事領袖面臨一個抉擇：「究竟是繼續花錢來填補這個無底洞，還是直接跳過這一步，直接接手第四代戰機」。事實已經證明，儘管國產自製戰機滿足了中國人的民族自豪感，但閉門造車式的作法，既不經濟，也始終處於苦追世界先進技術的路途中。

大多數評論家認爲，如果大量陳舊的殲 6 飛機繼續服役，而後續的殲 7 和殲 8 產量又相對很低，數年之後，中國空軍的規模將會大大縮小。「蘭德公司」的一份最新報告指出，中國空軍戰鬥機的數量要下降 45%。

1991 年，中國大陸向俄羅斯訂購了 26 架蘇愷-27 戰鬥機，這使俄羅斯重新成為中國大陸武器裝備的供應商。而後有若干報導指出，中國大陸此後將再次購買蘇愷-27 、米格-29 、米格-31 戰鬥機和圖 22-M 逆火式轟炸機。但除了中國大陸可能會第二次購買 24 架蘇愷-27 外，幾乎沒有証據來證實這些報導。實際上，中國大陸空軍不會長期依賴外援，在本國可以生產之前，只試圖購買少量的蘇愷-27 作為替代品。俄羅斯並不反對中國大陸生產蘇愷-27 ，但前提條件必須是以現金再增加對蘇愷-27 的購買量，但中國大陸在首批蘇愷-27 的交易中，現金支付只占 35%。

在完成蘇愷-27 的交易同時，中國大陸還和以色列合作發展一種單發的多用途戰鬥機。名稱定為「殲 10 」，機上將安裝以色列生產的「獅式」戰鬥機的雷達及航空電子設備。

2 ，殲-10 飛機將投入現役。

據估計，「殲 10 」型戰機將在公元 2000—2005 年之間服役。然而，生產這種新型飛機對中國大陸軍用飛機製造工業將是一大挑戰。西方國家有關調查顯示，除了殲 8-II 製造技術上存有缺陷之外，主要是因為過去西方國家嚴格限制碳纖維合成材料技術向中國大陸輸出。但是如果「殲 10 」研製成功，將與蘇愷-27 戰機形成高低搭配的兵力結構。顯然發展「殲 10 」才是中國大陸空軍未來的真正意圖。

與此同時，中國航空工業進出口公司和成都飛機製造廠，正在商談發展一種稱為「 FC-1 」型的戰鬥機。預計飛機將安裝一台中國大陸生產的卡里莫夫 RD—93 渦扇發動機，和西方的航空電子設備。

空中補給和預警能力一直是中國大陸空軍薄弱的一環。雖然已有証據表明，中國大陸已經獲得西方設計的一種喇叭罩式受油探管空中加油系統，但這種空中加油技術並沒有被廣泛地使用。強 5 雖已安裝了受油探管，但不管是轟 6 還是運 8，都不是很適合改裝爲空中加油機。

中國大陸空軍正用幾種不同的方法來滿足其對早期空中預警能力的需求。據認爲，中國正在試驗英國通用電氣公司原計劃爲英國皇家空軍的「獵迷」計劃而發展的阿格斯雙極雷達及處理系統。俄羅斯也提出一種可供選擇的系統，即以 A-50 的形式，在伊爾-76 運輸機上安裝普通的旋轉雷達天線罩。西方防務機構也相當懷疑以色列向中國提供了性能較優的「費爾康」式空中預警系統。

3， 作戰體制與飛行員素質問題

中國大陸空軍的結構與作戰法令，主要是模仿前蘇聯的，和許多飛機一樣，顯得老舊和落伍。一般認爲，「中國空軍」並沒有獨立的作戰權，空軍往往被陸軍視爲陸軍「遠程火炮」而已，主要原因在於空軍往往不能支援地面作戰。有鑒於此，空軍正加緊聯合作戰的能力。據 1995 年 4 月《解放軍報》報導，「南京軍區」已建立空軍多機種戰術訓練基地，該基地已可以提供空中對抗的真實作戰環境。

中國大陸空軍規模的縮小和第四代作戰飛機的使用，急需改變空軍飛行員素質和訓練現狀，爲了運用新型而複雜的戰機，需要大幅提高飛行員的專業水平。但實際上，由於缺少高素質的飛行員和飛行訓

練體制的不合理，已妨礙了蘇愷-27 飛機作戰能力的發揮[33]。

八，中國大陸的核武器

核武器對一個國家來說，有與無和多與少，是區分強國或弱國的標記。一般認爲，全世界只有美國和俄羅斯是超級核子大國，兩國擁有全球 95%以上的核武器。據估計，僅前蘇聯就擁有 20 幾種型號的核子彈頭約 2.5 萬枚，占全球核武總量的 62.5%，足以摧毀人類 20 次以上。但是九 0 年代以來，美俄核子壟斷的格局已經打破，中國大陸已經被視爲與美、俄、英、法並列的世界五大核子大國之一。

可以預見，在走向 21 世紀的前夕，世界將處於核擴散的陰影中。擁有或有能力製造核武器的國家正在增加，預計在本世紀末將達 30 個國家。蘇聯解體後，是核武器一次巨大的擴散，蘇聯解體時，俄羅斯、烏克蘭、哈薩克、白俄羅斯分別擁有戰略核武器 1042 件、 176 件、 104 件和 74 件，等於世界有增加 3 個核子國家。應該說實際上，前蘇聯的核武遍佈於蘇聯各 15 個共和國，蘇聯解體等於又增加 14 個核子國家。更嚴重的是，前蘇聯的核武專家和技術人員正流向西方和中東地區，前蘇聯核材料走私出境，也是一種變相的核擴散。《美國新聞與世界報導》 1992 年 3 月 16 日在一篇題爲「核瘟疫」的文章中指出：「西方數十年來防止核擴散的努力已經失敗，世界已經進入十

---

[33] 「奮起直追的中國空軍」，原載英國《飛行國際》，中譯文載《軍事文摘》(北京)1996 年第 2 期，頁 47-50.

分危險的核擴散時代」[34]。

中國大陸自 1963 年起就擁有核武器，但作為一個核子大國，卻很少受到真正的重視和研究。儘管到目前為止，中共已經承諾參加「全面禁止核試驗條約」〔Comprehensive Test Ban Treaty〕，「不擴散核武器條約」〔Treaty on the Non-Proliferation〕，積極參加「禁止生產核用裂變材料公約」〔Convention on Fissile Material Production Ban〕兩項公約的談判。並且正式簽署了「禁止在戰爭中使用窒息性、毒性或其他氣體和細菌作戰方法公約」〔Convention on Biological Weapons〕和「禁止發展、生產、儲存和使用化學武器及銷毀此種武器公約」〔Convention on Chemical Weapon〕。由此即可以證明，中國大陸早已是一個具有完整核武威嚇能力的國家。

幾項事實可以證明，中國大陸核武發展的速度是驚人的：

1，中國是唯一與蘇聯發生過核子武裝衝突的國家，美國雖然以蘇聯為核武大敵，但也沒有像中國大陸那樣，與蘇聯發生幾乎逼進核戰邊緣的狀態。

2，中國大陸已經具有「三位一體」〔戰略轟炸、陸基導彈和潛射導彈〕的核武力量，並且是唯一能與美俄兩大超級核武大國相抗衡的發展中國家。

3，中國大陸是美俄兩大核武國家之外，唯一擁有洲際彈道導彈的國家。

---

[34] 參見潘湘庭、弓志毅，「高技術與世界格局」〔北京：國防大學出版社，1993 年，頁 80-81.

4，1964 年中國大陸試爆第一枚原子彈成功，1966 年第一枚帶有核彈頭的導彈在新疆羅布泊試驗成功，1967 年第一枚氫彈試驗成功，與第一次氫彈試驗不過相距不過 32 個月。從首次爆炸原子彈到爆炸氫彈，美國用了 7 年 4 個月，蘇聯用了 4 年，英國用了 4 年 7 個月，法國用了 8 年 6 個月，而中國大陸只用了 3 年 8 個月的時間，其核武發展速度之快速與成功，爲世界之冠[35]。

[35] 參見劉義昌、武希志、佟福全、孫振環，「國防經濟研究」，〔北京：軍事科學出版社，1994 年〕，頁 63-64.

第五章　政治力

　　在綜合國力諸要素中，政治力屬於「軟實力」。政治力主要包括政府能力、社會動員能力與民族整合能力。在政治學理上，政治力往往用來概括政治體系合法性〔 legitimacy 〕的取得、鞏固和分配。在現實上政治力有時是指政府對其社會經濟資源進行集中、配置和運用的能力，有時則指政治體系維持穩定、發揮功能乃至解決危機與衝突的能力，對中國大陸來說，政治力也可以用來專指中國共產黨的統治與建設能力。

　　一般衡量一個國家的政治力，採用兩個基本指標，一是政府效能，包括政治制度的合理性、穩定性、文官系統的素質、政府的決策能力、領導能力以及政府維持自身的穩定性等等；二是國民凝聚力，包括國民精神與價值觀、國民支持政府的程度、宗教與民族關係、以及中央與地方的關係等等。

一，中國政治研究的新觀點

　　近年來，西方學者對中國大陸政治能力的研究，取得許多新的成果，這些理論成果可以由五個方面加以分析：

〔一〕高層政治

美國加州大學教授 Susan L. Shirk[1]，1993 年出版了「中國經濟改革的政治邏輯」一書，她提出一個分析中國大陸高層政治的新理論：「雙向負責理論」〔reciprocal accountability〕[2]。此一概念可以作為衡量中國大陸政治能力的宏觀指標。

顧名思義，雙向負責是與單向負責相對的。傳統的「極權主義」模型或「民主」模型，都是一種「單向負責論」〔前者是下對上的負責，後者是上對下的負責〕。然而單向負責的概念不足以解釋中國大陸實際政治的特點，理由是雖然中共高層領導人並非由人民選舉產生，但也不是一群不對任何人負責的獨裁者。依 Shirk 的觀點，「雙向負責理論」可以類比於西方的「董事會」和「高層經理」。一方面高層經理向董事會負責，一方面，高層經理又可以影響甚至操縱董事會的人選。若以此來解釋中共高層政治的運作，中共高層領導人對中央委員會負責，由中央委員會選舉產生，另一方面，高層領導人又對中央委員人選的構成，有極大的影響力。

實際證明，傳統單向負責的極權理論已無法解釋中國大陸自 1978 年以來各項改革的動態過程，特別是經濟改革的政治動力和政治系統的「分權化」〔decentralized〕過程，尤其在當前經濟改革的成功或失敗，已逐漸成為決定高層領導人權力得失主要因素的時期。雖然在

---

[1] Susan L. Shirk 現任職於美國加州大學「全球衝突與合作與研究」所長，和加州大學聖地牙哥分校政治系教授。

[2] Susan L. Shirk, 'The Political Logic of Economic Reform in China' 〔SanDiego : University of California Press, 1993 〕 p.103.

一般情況下，高層領導人具有很大的支配性，但一旦高層出現意見分歧時，雙向負責中的「向下負責」就發揮相當的作用。換言之，高層領導中的各派都必須爭取中央委員會的支持。而 1978 年以來，中央委員會越來越多的由地方官員所組成，因此，「打地方牌」乃成為中國大陸經濟改革中政策選擇的重要因素。諸如「權力下放」、「分灶吃飯」、「政企分開」等等，都與一種雙向負責制度功能的產生，有密切的關聯。

「雙向負責」的觀點，是西方政治理論中「新制度學派」在中國大陸政治領域的運用[3]，主要針對制度、人的因素與政策選擇三者之間的互動關係。雙向負責觀點說明，在「毛後」的中國大陸，政治能力的施展已不再去決於個人的偶象特質，人治性的政治能力已逐漸消退，經濟利益的獲得與分配，逐漸支配著中國大陸政治權力的互動與消長；另一方面，雙向負責也可以部分說明當前中國大陸「地方主義」興起的成因，而地方主義對中國大陸政治能力的變化，扮演十分重要的因素。

〔二〕基層政治

近年來，中國大陸基層政治組織－村民自治與村民委員會的研究也引起了廣泛重視。根據《中華人民共和國憲法》第 111 條規定：「城市農村居民按居住地區設立的居民委員會或村民委員會是基層群眾

---

[3] 「新制度學派」集合了「舊制度學派」〔長於制度細節的描述〕和「行為主義學派」〔長於行為與動機的分析〕的優點，近年來在政治與經濟理論領域受到了相當的重視。

性自治組織」。 1987 年 11 月 24 日「六屆全國人大」常委會通過的《中華人民共和國村民委員會組織法》〔試行〕，進一步對「基層群眾性自治組織」作了界定，規定「村民委員會」是「村民自我管理、自我教育、自我服務的基層群眾性自治組織」。這一條例第 9 條規定：「村民委員會主任、副主任委員，由村民直接選舉產生。村民委員會每屆任期三年，其成員可以連選連任」。村民自治和村民委員會直接選舉，在中國大陸基層政治中扮有何種角色，能否作爲中國大陸民主政治的實驗步驟，也是評估中國大陸政治能力的一項微觀指標。

美國俄亥俄州立大學副教授 Kevin O'Brien 對中國大陸執行「村委會組織法」的不同結果進行了分類。如【表格 一】

【表格一】

政治參與

		高	低
完成國家計劃	有效	標準型村委會	權威型村委會
	無效	獨立型村委會	癱瘓型村委會

表格中橫軸代表村民政治參與的高低，縱軸表示完成國家計劃〔如計劃生育計劃、徵收各種稅收等〕的有效程度。研究發現，民主自治的成效往往是集體經濟利益的有力保證，而經濟利益又是村民自重要內聚力的來源。

Kevin O'Brien 發現，那些既有高度政治參與度，又能完成國家任務的村委會，往往是興辦集體企業較爲發達的村子。這一方面是因

爲村辦集體企業的經濟效益與村民的政治權力直接相關，集體經濟利益因而爲民主自治提供了基礎，另一方面，村辦集體企業的幹部，一般也比較不會在村民委員會中失去權力[4]。

〔三〕現代史的反思

美國加州大學洛杉磯分校「中國研究中心」主任，《當代中國》雜誌主編 Philip Huang 教授，於 1995 年 1 月發表：「中國革命中的農村階級鬥爭：從土地改革到文化大革命的主、客觀現實」一文，認爲對現代中國革命的斷代，不能以 1949 年爲界線，因爲這種斷代方法容易使人產生中國革命不過是另一次王朝的更迭，從 1946 年到 1976 年這 30 年間，一連串的土地改革、社會主義改造和文化大革命，都一再證明中國共產黨錯誤的將 1949 年的政治革命，推展擴大爲狂熱而扭曲的社會革命。這種農村社會革命的觀點，出自共產黨人對社會結構某種政治估計。這種政治估計既符合現實但也脫離實際。

現實之處在於，中國的地主，粗略統計確實擁有全部土地的三分一，富農擁有的土地約占全部土地的 15%至 20%。中共的土地革命完成了兩項任務，一是將地主、富農的土地分給貧農；二是將原來主要用於消費的地主地租〔往往高達 50%〕，轉化爲國家發展城市工業的積累資金。但是中國共產黨對農村結構的觀點也有與實際情況嚴重脫節的現象，就是認爲中國每一個農村都有地主階級。實際以，以中國

---

[4] 參見 Kevin O'Brien, 'Implementing, Political Reform in China's Village' '*The Australian Journal of Chinese Affairs*' Spring, 1994.

北方來說，絕大多數的地主都是屬於「不在農村的地主」，地主多半居住在城鎮而不在農村。由於堅持在每一個農村之中都要「抓地主」，所謂「階級鬥爭擴大化」就由此而來，一連串狂熱的政治革命運動，造成了嚴重干擾和破壞中國大陸日常經濟建設的歷史後果。

Philip Huang 的觀點，說明了中國大陸以狂熱的政治運動來進行社會動員，以社會動員強化政治能力與革命效果的作法，其所造成的破壞性往往難以估計，所謂「革命成果」，往往是巨大的政治混亂和政治機能的癱瘓。

〔四〕政治發展模式

英國政治與社會學家 T. H. Marshal 在 1960 年就提出西方權利發展的三個階段：「公民權利」〔體現為言論自由和財產自由〕、「政治權力」〔體現為政治參與主體的擴大〕、「社會經濟權力」〔體現為福利國家的發展〕。然而芝加哥大學政治系資深教授 Tang Tsou 則認為，20 世紀中國革命的基本理念是「群眾」此一概念，中國的革命經驗實際上是從群眾的社會經濟權力為開端的。而當前的發展則是從「社會經濟權利」進一步發展到「政治權利」和「公民權利」[5]。相對於西方而言，中國大陸的發展模式是一種「逆向」發展模式。當前中國大陸的發展模式已經走向一種「經濟改革中的精英路線」，而不是群眾路線。未來政治能力將取決於社會有產階級的政治態度，與

---

[5] 參見 Yang Tsou, 'The cultural Revolution and Post-Mao Reform' 〔Chicago : The University of Chicago, 1986〕

公民爭取民主權利所引發的政治效應。

〔五〕鄧後中國之政治選擇

　　哈伯瑪斯在其「合法性危機」一書中指出，經濟改革，特別是國家對經濟事務的高度介入，往往容易引起政治體系的合法性危機。蘇聯解體的經驗證明，缺乏經濟基礎的政治改革，不僅使經濟改革失效，甚至危及政治結構的整合乃至全盤瓦解。美國政治學家 Richard Baum 指出，早在 1980 年初波蘭危機中，鄧小平就已看出經濟改革對於政治改革的優先性。鄧小平的經濟改革，無論成效如何，至少提高了人民的生活水平以及一種高度的「未來期望」。這種期望不僅提供了中共政權重要的合法性基礎〔 vital cushion of legitimacy 〕，還形成一種抵抗「政權猝死」〔 SRDS, sudden regime death syndrome 〕的免疫能力。然而這種合法性基礎，在鄧死後是否依然得以持續？

　　Richard Baum 依據鄧後中國大陸的演變情勢，列出鄧後中國大陸 10 種可能的政治選項，分別是「勉強過渡」〔 muddling through 〕、「新保守主義」〔 Neo-conservatism 〕、「新權威主義」〔 Neo-authoritarianism 〕、「政治分裂」〔 political fission, 其中包括停滯、區域分裂、動亂三個變項〕、「軍隊干預」〔 Praetorian military intervention 〕、「民主化」〔 democratization, 其中包括由上而下和由下而上的制度改革兩個變項〕和「新毛澤東主義回潮」〔 Neo-Maoist revival 〕等。雖然 Richard Baum 進一步對 10 種選項的正負因素一一分析，並以「較有可能」、「較小可能」和「最低可能」三個測組加

以推測，但是正如 Richard Baum 自己所稱， 10 種選項並非是一種「賽馬式」的評估，而是融合式的交錯出現[6]。換言之，鄧後中國大陸的權力移轉將是一個長期過程，充滿不確定性和不可辨視性。

西方學者對當前中國大陸政治發展研究的新觀點，不僅提供了未來中國大陸可能的政治走向，也提示了評估中國大陸政治能力的若干基準。 Susan Shirk 的「雙向負責論」揭示了當前中國大陸政治力鬆散、地方主義坐大的原因； Kevin O'Brien 對「農村委員會」的研究，分析了群眾自治與集體經濟利益的關連性，說明未來社會有產階級極可能由基層政治參與進一步擴展爲對國家政治權利的競逐。 Philip Huang 對中國現代史的反思，從另一個角度論述中國共產黨對農村社會結構，既符合實際又脫離現實的主觀表達。 Tang Tsou 指出了中國革命的「逆向模式」，說明中國大陸政治系統缺乏爭取人民政治參與和公民權力的內容，而當前經濟改革中的精英主義路線，涉及群眾利益的再分配，利益分配的衝突則可能衝擊政治穩定與改革的成效。 Richard Baum 的 10 種政治選項，說明了鄧後中國大陸的權力繼承、民主化因素和政治合法性問題，都足以成爲影響中國大陸綜合國力的支配性因素。

二，對政府效能的評估

---

[6] Richard Baum, "China after Deng : Ten Scenarios in Search of Reality" 'The China Quarterly' March, 1996. pp.153-175.

　　如前所述，觀察一個國家的政治實力，首先應評估其政府效能。
據「中國社會科學院綜合國力比較研究課題組」對中國大陸有關專家
所進行的問卷調查顯示，在「調控能力」這一指標以及相關的 9 個分
類指標中，中國大陸的政府效能，在美、日、德、法、義、英、俄等
17 個國家中，排名第 9，屬於中等水平。儘管對政府效能的量化十分
困難，但一般從政府最終消費支出占 GDP 比重，以及中央財政支出
占 GNP 比重兩項指標，可以間接反映出政府能力的大小。

　　根據測算，儘管中國大陸政府最終消費支出占 GDP 的比重呈上升
趨勢，由 1970 年的 6%上升到 1989 年的 9%，但中央政府財政支出占
GNP 的比重卻逐年下降，由 1970 年的 29.8%降至 1989 年的 19.9%，
以致總體的調控能力在世界相對比較的 17 國中，由 1970 年的 11 位，
降至 1980 年的 13 位，再降至 1990 年的 14 位。僅僅高於印尼、墨西
哥和俄羅斯[7]。

　　自 1978 年以來，由於中央政府財政能力的弱化而導致政府調控能
力的下降，已產生如下幾個嚴重的後果：

　　1，經濟周期波動。自 1978 年以來，中國大陸經濟發展已經出
現「四起三落」的經濟波動。加上地方政府一窩蜂式的盲目行為，例
如爭投資、上項目，盲目建設，重覆建設，形成「投資熱」、「開發
區熱」、「公司熱」、「股票熱」、「房地產熱」等等，加劇了經濟
波動的範圍與影響。

---

[7] 參見「對中國綜合國力的測度和一般分析」，《中國社會科學》， 1995
　　第 5 期，頁 90-91.

2，投資急劇膨漲。自 1978 年以來，中國大陸已經出現四次較大規模的投資膨漲高潮，基本建設規模超越國力和資源供給能力。這是導致通貨膨賬居高不下的主因。

3，消費需求膨漲。自 1978 年以來，中國大陸也已經過出現四次較大規模的消費需求膨漲高潮，職工工資總額增長太快，社會集團購買力超額增長，奢侈之風愈演愈烈。

4，連年財政斥字。中國大陸實際財政斥字巨大， 1979-1992 年累計額爲 4168 億元，平均每人負擔已高達 356 元。導致中央財政向中央銀行大量透支，中央銀行超額印制鈔票，加劇通貨膨脹的惡化。

5，中央宏觀控制能力下降。在中央政府財力消退的情勢下，地方主義則愈形坐大，形成各自爲政的「諸侯經濟」。層層小而全，大而全，自成體系，地區封鎖，貿易壁壘。導致中央政府權力和權威的不斷流失[8]。

據該課題組的分析，造成政府調控能力下降主要有四個原因：

1，中央政府調控能力的基礎主要來自中央政府的經濟實力。這不僅因爲中央政府進行宏觀調控、結構調整、社會利益調節、發展義務教育、推動基礎科學研究和提供公共服務，都需要一定的財力作後盾，九０年代以來，中國大陸政府爲培養一個較高素質的公務員群體，需要大幅提高待遇和福利，以提升司法、稅務、審計、海關、工商管理等龐大幹部的素質。然而正如前述，九０年代以來，中央政府實際上已失去調控能力的經濟基礎。因此，在跨世紀年代，中央政府政治

---

[8] 王紹光、胡鞍鋼，「中國國家能力報告」〔遼寧：人民出版社，1993 〕，

效力能否提升，將取決於財稅體制改革能否奏效。

2，中央政府效能的主要依托來自政府內部的工作效率和人力素質，這需要借助於中央政府以自身爲改革對象的行政改革，包括轉變政府職能、提高人員素質與辦事效率、提高決策的理性化與科學化。特別是爲推動國家公務員制度，必須改革幹部人事制度，以利於選拔高素質人才，理順內部關係和運行機制，減少掣肘和內耗，建立科學決策模式和責任制度，提高決策質量與工作效率。但實際上，近年來這些改革工作，進度與成效皆十分緩慢，政府行政效能很難在短期內顯著提升。

3，中央政府效能的合法性依據主要來自政府的廉政建設。對中國大陸而言，廉政建設是中央政府運用政治與社會資源，以有效應付經濟起飛時期大量利益調整及衝突的合法依據。然而中國大陸的問題正是在於，廉政建設往往只是一紙空文，「反腐倡廉」近年來雖有所進展，但成效並不大，民眾對政府的信任與認同也相對降低。

4，中央政府效能的最後保證來自於嚴明的行政法治。在以往以衝破舊體制爲重點的改革階段上，「闖紅燈」的行爲模式對加快改革步伐具有一定的必然性與合理性。但改革在進入全面建立市場經濟的新體制階段，「闖紅燈」的行爲模式已構成對經濟法治的嚴重挑戰，甚至造成紀律鬆弛的無政府狀態。目前中國大陸的基本狀況是：有令不行、有禁不止、有法不依、執法不嚴。在此局面下，中央政府的調控能力自然處於力不從心的狀態。

頁 10-11.

三，國民凝聚力的評估

一般而言，構成國民凝聚力的基本要素有三，一是先進而強大的物質經濟力量，二是成熟而進步的政治力量，三是優秀而延續的民族文化力量。在這三者中，中國大陸的國民凝聚力主要表現在第三項，前兩項並不具有優勢。

民族文化與精神，一直是中華民族生存發展、維持獨立統一的精神支柱。尤其近代以來，中國物質經濟力量薄弱，政權更迭頻繁，民族多次蒙難，國家還能維持生存與發展，多賴強韌而不屈的民族精神力量。實際上，中共當局在利用民族文化力量以取得政治認同或政策推動力方面，是相當成功的。但相對而言，在中國大陸國民凝聚力的構成要素中，雖然擁有以「傳統文化」為核心的民族意識，但卻明顯缺乏一種以「市民法權」為內涵的現代公民意識。

隨著市場經濟的發展，以傳統文化為主體的國民凝力已日漸下降。中共當局體認了此一問題的嚴重性，目前正積極推動一種名為「凝聚力工程」的社會運動。

凝聚力工程運動首先形成於上海。 1994 年「上海市委」組織部提出並開展「凝聚力工程」的試點，要求基層組織建立全面關懷群眾的工作機制。後來中共高層總結上海工作經驗，更為具體的提出了全國性開展凝聚力工程的工作目標、組織網絡、工作內容和制度設計。

「凝聚力工程」的工作目標是建立基層黨組織適應市場經濟体制，發展的關心群眾的工作機制；「組織網絡」是以基層黨組織為核

心，以黨員為骨幹，黨、政、工、團分工負責齊抓共管。要求領導幹部帶頭做，從組織上保証「凝聚力工程」的發展；至於主要內容則是了解人、關心人、凝聚人。包括尊重人、理解人、教育人、激勵人。以保證凝聚力的增強與提高。

基本制度是「了解人」的工作制度(包含家訪、表訪、談心、幹部接待群眾日、幹部參加集體勞動、幹部或黨員聯繫班組、群眾需求調查徵詢、群眾思想和困難情況上報和分析等制度)。「關心人」的工作制度(包括為群眾辦實事制度、因人而異的關心人的制度。處理突發事件的工作制度等。其他還有職工教育培訓和民主管理制度(包括政治理論教育和通報重要情況、開展獻計獻策制度、表揚和批評制度、下崗培訓制度、職工代表大會制度等)，「組織保証制度」(包括黨政工團組織和領導幹部的工作責任制、黨責任區活動制度、幹部廉政制度等等)。

從上述這些可以看出，所謂「凝聚力大程」主要是在基層開展，是基層組織凝民眾向心力的一種手段。因此所謂「凝聚力大程」其實就是「獻愛心、送溫暖」。這一舉措可以在一定程度上改善當政者與民眾的關係，但由於並未從根本上增強國民凝聚力的基礎，也就是並沒有因此而改善構成國民凝聚力的三個要素，因此所謂「凝聚力工程」實際上重於宣傳，難以發揮實際的效果。

四，中共增強政治力的措施

措施之一：提高執政地位

近年來，中國大陸積極採取「開發政治實力」的作法，主要的目的有二：一是提高國家政策的政治支持、提高政府威信與合法化基礎，二是強化黨對各個領域的領導，以維持改革開放體制的鞏固和向社會深層推進。

中國大陸「開發政治實力」的作法，首先是在中國共產黨的領導基礎上，加強黨自身的建設。

在 1993 年期間

1，用鄧小平理論實行思想統一

中共在「十四大」中，提出了「以建設中國特色的社會主義理論武裝全黨」的主張。1993 年 6 月 15 日至 19 日，中共「中宣部」在上海召開「建設有中國特色的社會主義理論研討會」，會中決議指出出，鄧小平理論是民族的精神財富，是實現社會主義現代化的力量源泉，學習宣傳和研究這一理論是全黨的任務。被稱為中國改革開放總設計師的鄧小平，親自審定了 1982 年至 1992 年的 119 篇講話，出版發行了《鄧小平文選》第三卷。中共中央專門為此發出《關於學習〈鄧小平文選〉第三卷的決定》，江澤民還為出版發行發表談話。這一政治舉措的目的在於提高大陸人民執行中共的基本路線的自覺性，增強對中共第三代領導集體的認同感和依賴感。

2，加強黨對經濟工作的領導

中國大陸在確立以經濟建設為中心之後，還進一步要求黨的領導和黨的建設必須圍繞經濟建設來進行，與經濟工作有機結合。1993

年2月14日，中共中央向全國人大建議修改憲法部分內容，把社會
主義市場經濟載入國家根本大法，並根據這一要求對憲法的相關部分
予以修改，把「國營經濟」和「國營企業」修改為「國有經濟」和「國
有企業」。 11月14日中共「十四屆三中全會」審議通過《中共中央
關於建立社會主義市場經濟体制若干問題的決定》，使中共的「十四
大」確定的經濟体制改革的目標和基本原則獲得系統化和具体化。

3，為經濟建設提供組織與人事保證

中共「十四大」把培養和選拔年輕幹部，列入黨的建設中一項緊
迫的任務。各級黨委也把它列入重要議事日程。在中共中央大力推動
之下，截至1993年中共建黨72週年前夕，中國大陸縣級以上黨政機
關已有67萬餘名青年幹部參加縣級以上黨校和各類幹部的培訓和轉
訓；各省區市的縣以上黨政機關和中央國家機關先後組織12萬餘名
青年幹部下基層；各地、各部門的組織人事部門，從高等院校的應屆
畢業生中挑選出4千餘名畢業生分配到基層，進行跟蹤考察；整個大
陸縣級以上黨政機關總共對7萬餘名青年幹部進行了交流和轉崗[9]。

4，強化「多黨合作和政治協商」制度

中共鼓勵各民主黨派和無黨派人士參政議政，為各項具體建設、
改革措施和建立市場經濟体制工作獻計獻策。而中共相對提供的政治
報酬則是支持和保證他們參加各級監察部門的工作。 1993年7月1
日，中共中央與黨外人士座談經濟情況，通報經濟建設和存在的問
題，討論加強宏觀調控的必要性和緊迫性； 8月23日，中共則向黨

---

[9] 數據引自，「 1993：中國發展報告」(內部出版)〔上海：復旦發展研究

外人士通報黨風情況，共商反腐倡廉大計，共同制定「反腐敗」工作的實際作法和方針。九０年代以來，中共與各民主黨派關係良好，各民主黨派實際上也發揮了輔助和支援政治宣傳、社會工作和經濟監督的作用。

5，推動廉政建設，為市場經濟提供政治保障

1993 年初，中共紀委、監察兩部部合署辦公，實現黨政監察體制的重大改革。此後各地紀委和監察部門相繼實行合署辦公，發揮黨政監督的整体效能，避免交叉和重複。下半年，中共中央、國務院對黨風廉政建設作了專門部署，決定加大反腐力度，1993 年 12 月 27 日，中共中央紀委、監察部聯合發出《關於堅持不懈地抓緊中央近期反腐鬥爭三項工作的通知》，指出反腐鬥爭的任務仍然十分繁重，要求鞏固並擴大領導幹部廉政自律的成果，加大查辦要案的力度，狠剎不正之風。

1994 年期間

1，加大進行自身建設的力度。

1994 年 9 月 25 日至 28 日，中共「十四屆四中全會」再度集中討論了黨建問題，作出《中共中央關於加強黨的建設幾個重大問題的決定》。全會提出把黨建設為全心全意為人民服務、思想上政治上組織上完全鞏固的執政黨。會議強調要按照已有的部署繼續把黨的建設放在首位，將學習有中國特色社會主義理論的活動，向廣度和深度發展；繼續抓好黨的作風建設，深入持久地進行反腐敗鬥爭。

院，1994 年，頁 60.

2，檢討黨建所面臨的新問題。

中共在歷次會議中，概括了當前黨建所面臨的問題：(1)黨在市場經濟体制日益發揮其對資源配置的基礎性作用條件下，如何加強和改進對宏觀調控的領導，統籌兼顧長遠利益和眼前利益、整体利益和局部利益。(2)多種經濟成份並存，尤其是私有經濟和外資企業的發展，使社會經濟環境出現了很大的改觀，黨在這種新的環境中如何堅持爲人民服務的宗旨，克服消極腐敗現象。(3)對外開放的擴大和經濟文化的全球化進程，使外交空前頻繁，各種社會經濟文化思潮大量湧入，黨在這種背景下如何反對自由主義、個人主義和無政府主義。(4)在中國大陸這樣超大規模、發展極不平衡的社會進行現代化建設，使黨的領導任務更加艱巨。在新的歷史時期，如何作好黨的各級領導機關之間、領導成員、幹部和黨員之間的關係更趨密切、更具積極進取精神。(5)在黨員增加到 5400 萬名的情況下，如何鞏固中國大陸超大規模的政黨組織、鞏固黨的團結和統一、克服組織渙散現象，增加黨的活力。

3，推動思想教育和理論學習

1993 年 3 月 7 日，江澤民在全國黨校工作會議座談會上發表講話，提出全黨要重視和加強學習。7 月 1 日《人民日報》以《學習、學習、再學習》爲題發表此一講話。5 月間，中共中央辦公廳轉發《中央組織部、中央宣傳部關於加強和改進黨員教育工作的若干意見》。11 月 2 日，《鄧小平文選》第一、二卷第二版在全國發行。爲此，中共中央辦公廳轉發了中宣部、中組部《關於學習＜鄧小平文選＞第一、二卷的通知》，強調各級黨委要把第一、二、三卷作爲一個整体來學習。12 月中旬，縣級以上黨政機關共有 70 萬餘名年輕幹部參加了各

級黨校、幹校的理論學習。(2)學習市場經濟的基本知識和有關的方針、政策、法規、法律。 3 月 29 日中央辦公廳發出通知,要求各級黨委組織廣大幹部黨員認真學習社會主義市場經濟理論和基本知識,充分認識建立新經濟体制的重要性、緊迫性及艱巨性。出版發行了由江澤民建議、由國務院發展研究中心和中國科學院有關專家編寫的《什麼是社會主義市場經濟》一書。 12 月 10 日,中共中央舉辦法律知識講座,江澤民等親自參加以示重視。(3)學習現代科學知識。 5 月下旬,中共中央辦公廳發出通知,要求組織黨員幹部認真學習科學技術知識,牢固樹立「科學是第一生產力」的觀念。同時還出版了由江澤民倡議、國家科委領頭編寫的《現代科學技術基礎知識》一書。 12 月 15 日,中共中央、國務院發出《關於加強科學技術普及工作的若干意見》,再度要求加強理論學習運動。

4,傾注全力抓組織建設

針對黨的建設中存在紀律鬆弛、組織渙散,有些黨員拜金主義、個人主義思想膨脹,地方主義、保護主義和分散主義抬頭,有令不行、有禁不止的現象,特別是消極腐敗現象的滋長和蔓延,中共召開了十四屆四中全會,會議提出和解決組織建設方面的三個問題: (1)堅持和健全民主集中制。確認當前正在進行一場廣泛而深刻的社會變革,要團結和凝聚全黨的力量深化改革、促進發展和保持穩定,民主集中制只能加強,不能削弱。(2)加強和改進黨的基層組織建設。必須不斷改進基層黨組織的活動內容和方式,嚴格黨內生活,嚴肅黨內紀律。 11 月下旬,中共中央特別發出《關於加強農村基層組織建設的通知》,要求大力加強農村以黨組織為核心的基層組織建設。(3)培養和選拔優

秀年輕幹部，努力造就大批能夠跨世紀、擔重任的領導人才。 11 月中旬，中共中央組織部發出《關於堅決防止和糾正選拔任用幹部中不正之風的通知》，要求堅持組織原則，發場民主，任人唯賢，反對任人唯親，刹住拉關係、走後門、伸手要的惡劣風氣。要求堅持黨管幹部的原則，改進黨管幹部的方法，繼續擴大民主、完善考核、推進交流、加強監督，逐步形成使優秀人才能夠脫穎而出、富有生機和活力的用人機制。

　　中共當局採取上述種種措施，目的是爲了加強黨自身的建設，以此維護和擴大政治資源和政治實力。從 1993 年和 1994 年兩年的情況來看，這些措施固然產生相當的成效。但成效與中共高層的預期還有很大差距。例如舊有的「黨管幹部」原則面臨嚴重挑戰，黨對黨員和幹部的約束力持續下降。又如在幾次地方各級政權的換屆選舉中，選民自主參政意願甚高，若干黨委推薦的候選人竟然落選，人大代表自由聯合提出的候選人卻有多人當選，例如貴州省人大代表聯合提名的陳士能當選爲省長；浙江省由中央指定的唯一省長候選人未能獲得多數票。又如大量基層組織陷入癱瘓。多數新組建的公司、企業，內部沒有黨組織；有些基層單位黨組織早已名存實亡；許多基層黨組織在黨政一体化過程中逐漸被撤併，陷入崩潰狀態。尤其黨的紀律鬆弛，各行其是、我行我素的現象十分嚴重。由於拜金主義和個人主義流行，追求經濟效益，重視個人利益的思想泛濫，使中共原有的一套思想政治工作受到削弱和冷落。許多案例顯示，一些黨員幹部，爲金錢利益所驅使而貪贓枉法、殉私舞弊、行賄受賄等現象，相當普遍。

措施之二：加強人大監督

如果說加強黨自身的建設，是一種開發政治實力的作法，那麼，構建新的組織結構，則是一種開發制度資源，鞏固体制功能與效率的作法。

1993 年期間

1，各級人大進行換屆。

「人大」以及由它產生的其他國家機關定期實行換屆，是中國大陸例年的政治大事。被人們稱之爲「大選之年」的 93 年，適逢 15 年一遇的整個大陸上下「5 級人大」和全部國家機關同年換屆。年初，絕大多數縣、鄉開展了近十多年來的第五次直接選舉，選出縣、鄉兩級人大。在此基礎上，經過間接選舉，相繼組成了自治州(地級市)和省(自治區、直轄市)兩級人大。新一屆地方人大召開了各自的第一次會議，產生了本級各國家機關的新一屆領導人員和其他組成人員。省、自治區、直轄市人大及人民解放軍又分別選舉產生了八屆全國人大代表，共 2979 人。3 月 15 日至 31 日，「八屆全國人大」一次會議在北京召開。會議產生了全國人大常委會、國務院、中央軍委的組成人員。1993 年整個各級人大及其他國家機關換屆工作，是在中共「十四大」剛剛開過、改革開放繼續深化、經濟建設加速發展的背景下進行的。換屆的順利完成，反映出中國大陸常態政治制度的運作具有很高的穩定性。

2，加強「一府兩院」的監督

　　按照中國大陸憲法規定，各級政府、法院、檢察院等國家機關，不僅由本級「人大」產生，而且須對本級「人大」負責，受本級「人大」監督。然而實際上，過去「人大」監督職權出現虛脫、軟化、「橡皮圖章」的形象始終揮之不去。新一屆「人大」及其常委會，情況有所改變。在執行立法的同時，還進一步加強了監督機制，將「一府兩院」〔國務院、人民法院和人民檢察院〕監督工作列為首要任務。在19993 年期間，主要實行的步驟是：(1)除「全國人大」全體會議審議一府兩院工作報告外，人大常委會根據國民經濟發展狀況以及人民群眾普遍關注的「熱點」，在幾次會議上分別聽取了國務院及其有關部門的 7 個專題匯報。如關於當前金融形勢和政策措施的報告；1 至 7 月國家預算報行情況的報告；關於教育工作的報告；關於對外貿易工作的報告；關於民航加強安全改進工情況的報告等。(2)人大常委會和各專門委員會先後派出 33 個執法檢查組，對 18 個法律和決定執行情況作了檢查。各組均向人大常委會作了書面報告或到會作了專題匯報。

　　在 1994 年期間，組織構建的工作轉向農村基層組織的構建。

　　1994 年，中共中央、國務院就農村建設問題作出了一系列舉措：1 月 23 日，國務院頒布《農村五保供養條例》。該條例旨在建立一種適應當前中國大陸農村現狀的社會保障制度，為農村社會成員解除後顧之憂。2 月 28 日至 3 月 3 日，國務院「全國扶貧開發工作會議」部署實施「國家八七扶貧攻堅計劃」，會議提出從 1994 年起到本世紀末，力爭基本解決農村貧困落後狀況。3 月 23 日，中共中央農村會議召開，全面部署農業和農村工作。會議提出今年農業和農村工作

的基本任務是促進農村經濟發展。6月8日到11日，「全國農村社會治安綜合治理工作會議」召開，會議部署對部分治安狀況不好的農村地區進行重要整治。10月26日，召開「全國農村基層組織工作會議」，要求在三年內進行全國80萬個農村基層組織的重建。11月，中共中央發出《關於加強農村基層組織建設的通知》，專門就農村基層組織建設作了宏觀部署。《通知》提出了農村基層組織建設五項目標：一是建設一個好領導班子，二是培養一支好隊伍，三是選擇一條發展經濟的好路子，四是完善一個好經營機制，五健全一套好的管理制度。12月，中共中央組織部下發《關於進一步整頓軟弱渙散和癱瘓狀態黨支部的意見》，總結近幾年農村組織建設實踐經驗，提出了整頓工作的基本作法。

總的來說，中國大陸1994年對農村基層組織建設的部署有如下特點：(1)以提高農民生活水平爲突破口。「國家八七扶貧攻堅計劃」把救濟式扶貧改變爲開發式扶貧，反應了決策階層試圖從根本上改善農民生活水平，以鞏固農村基層組織的核心領導地位。(2)、以適應新体制爲目標。決策階層並不只是著眼於農村其層組織建的單純整頓，而是力圖使農村基層組織的建設與市場經濟新体制的構建相銜接。例如對農村社會治安狀況、農村集体經濟經營体制、農村組織的管理制度以及農村社會保障機制等方面的重視，反映出農村組織目標的變遷和轉向。(3)以整頓農村領導成員爲重點，試圖通過領導幹部的改造，重新鞏固黨中央對農村基層社會的控制。

「農村政治控制」的重要性不僅在於中共一向採取「細胞政治」的控制模式，主要原因還在於農村聚集8億以上人口，基於歷代農民

革命的教訓，農村情勢擁有影響中國大陸政治穩定的巨大能量。因此，1994 年可以說是中國大陸的「農村政治改造年」，相繼推動了如下幾項農村政治改造工作：

1. 農村領導成員進行了大幅整頓，村黨支部進行換血和佈新。換上了一批年紀輕、具經濟知識的幹部走上領導崗位。

2. 恢復了農村黨員教育，教育內容側重於科技知識和商品知識的傳授，「經濟幹部」逐漸取代了「政治幹部」，幹部素質相對提高。

3. 逐步建立一種將農村組織、市場經濟和社會保障體系相結合的農村社會結構。例如制定農村發展規劃，發展農村集体經濟，引導農民走向市場，強化農業生產與行銷等，初步形成一種「農村面向市場」的新趨勢，

然而以上幾項措施，基本上都是在現有基礎上，以鞏固和維繫中國共產黨統治地位為目標。以「人大」為例，儘管「人大」的功能顯著提高，但改革的結果不過使「人大」在擁有「參政權」的基礎上增加了「監督權」，而沒有「執政權」，始終無法擺脫在中共領導下的附屬性和迎合性。因此，「人大」的功能頂多由「橡皮圖章」轉變為「塑膠圖章」。再就農村基層組織建設來說，近年來，家族勢力與宗教勢力滲入農村基層組織，中共的政治控制實際上已受到農村多元力量的牽制。

措施之三：推行市場法制

　　除了政治資源的開發之外，中國大陸還致力於「法制性政治能力」的開發，首要作法就是推行市場法制建設、構築經濟秩序。

　　1993 年中國大陸法制建設的一個重要動向是，市場經濟取向占據主導地位。在「人大」及其常委會一年內通過的 21 個法律中，調整市場主體的法規占了將近一半。這些經濟方面的法律與法規涵蓋了規範市場主體，調整市場主體地位和權利等多個方面。除此以外，中共當局還致力於改善司法、行政執法和執法監督，以維護正常的社會秩序和經濟秩序，使法律的經濟功能和社會功能在市場經濟的推行中得到充分實現。可見，市場經濟對 1993 年中國大陸法制建設具有強大的統攝力量，支配了中國大陸近期法制建設的總體內容與方向。

　　1，以「法治經濟」為主軸推進市場法制

　　法治經濟主要表現在三個方面：(1)法律建設体現市場經濟公正、公平、公開、效率的原則，把市場經濟所蘊含的精神以法律的形式加以規範。例如人大常委會通過的《關於懲治假冒註冊商標的補充規定》、《關於懲治生產、銷售偽劣商品的規定》、《經濟合同法補充規定》、《反不正當競爭法》、《消費者權益保護法》、《關於修改中華人民共和國個人所得稅法的決定》、《註冊會計師法》、《公司法》等，都對產權、經濟運行規則等根本問題作了明確規定。(2)1993 年中國大陸試圖改進和強化經濟司法，目的在於為公平競爭創造法治環境。 1993 年大陸司法機關的懲治對象主要是經濟犯罪，如最高人民法院、最高人民檢察院等司法機關頒布的《關於查處攜款潛逃的經濟犯罪分子的通知》、《關於嚴厲打擊走私犯罪活動的通知》等文件，

都体現了市場經濟法治化的精神。(3)行政執法遵循市場經濟的規律，以適應市場經濟價值規律、競爭規律、供求規律的轉變，如 1993 年人大常委會審議的《預算法》、《價格法》、《外匯管理法》、《國有資產管理法》，就是保證行政執法以市場經濟為主軸，以建立有效的宏觀調控機制。

2，強化政府行為的法制化

1993 年大陸法制建設的一個指導原則就是把政府的經濟行為納入法制化軌道，以達到政府依法建立和依法執行宏觀調控的規範。新憲法明文規定國家活動必須依法而行，企業或其他組織正常的經濟活動應受法律保護，這已蘊含了將法律作為一支統攝政府經濟、社會的政治力量，使政府的經濟行為有法可依，依法行政。如 1993 年審議的《預算法》、《國家賠償法》、《政府採購法》以及反腐敗方面的法律，都是以法律規範政府行為的產物。

3，正常經濟行為的保障與越軌行為的剔除相輔相成

1993 年是中國大陸「換體革命」〔從計劃向市場全面轉向〕的開始。中央政府一方面進行培育和推進市場經濟發展的正面工作，又具有消除市場經濟發展阻力的現實使命，而兩方面的工作又必須統一体現在立法和執法兩個環節中。 1993 年通過的《農業法》、《消費者權益保護法》、《註冊會計師法》以及國務院制定的《儲蓄管理條例》、《公司法》等都是為了培育市場經濟的法律激勵手段，另外通過的《憲法修正案》、《反不正當競爭法》，以及對《經濟合同法》、《會計法》等法律的修改和補充，則是剔除阻礙市場經濟發展因素的法律懲治手段。另外在司法部門和行政部門執法過程中，重點查辦有關執法

主体的案件，目的在防止權錢交易，以維護公平競爭。

1994 年期間

1994 年中國大陸加大了政府行為法治建設的力度。力圖改變過去政府行為人治化、片面主觀化和個人意志化傾向。 1994 年「全國人大」及其常委會所通過的法律中，多數以重建政府調控行為為主要方向。

1，人大確立「經濟立法」地位

1994 年「人大」制度建立 40 週年。「人大」功能逐步轉向「經濟立法與諮循監督」的功能。「八屆人大」二次會議審議批准的報告，意味著經濟管理進入理性化和技術化的時代。換言之， 1994 年「全國人大」及其常委會的主要任務，是以市場經濟助產婆自居，目的在協助政府確立市場調控主体和秩序管理者地位。從 1994 年的發展來看，「人大」制度運作的理念邏輯與市場經濟的發展方向，逐步趨於整合。

2，對社會自主領域和新興力量的調控日漸強化。

1992、 1993 年是中國大陸市場經濟全面開啟的兩年，導致了 1994 年新興社會領域和新興力量的擴張，對政府的調控体系提出了新的挑戰。 1994 年法制建設的一個重點，在於使新興力量不致游離於政府調控体系之外。這種對市場新生事物的社會控制，主要表現在人大通過的《城市房地產管理法》、《廣告法》、《關於懲治侵犯著作權犯罪的決定》以及國務院通過的《中華人民共和國計算機信息系統安全保護條例》、《關於職工工作時間的規定》等重要法律的產出之上。

3，原有調控手段的修正

由於社會發展日新月異，舊有法律與市場經濟的發展不相協調，特別是有關政府調控的法律規定己趨陳舊。爲此，「全國人大」及其常委會通過了關於修正三項法律的規定；發佈國務院第 154 號令，廢止 1993 年底以前發佈的部分行政法規，同時發佈新制定的相應法律和行政法規 13 件加以取代；同時廢除因調控對象消失、適用期限或法律約束己經過時的法律共 8 件。這種法律範圍內大幅度的廢止與修訂，不僅是法律條文的變化，在深層意義上，應該視爲新的社會變遷；市場制度和各種新經濟行爲在法律層面上的反映。

4，市場主体行爲的納入法治調控

構建與市場經濟相適應的法律体系，特別是保證法治經濟的穩定運行，關鍵在於有力的規範市場主体的行爲。 1993 年底通過的《公司法》對規範市場主体行爲、轉換企業經營機制提供了法律保障。國務院在 1994 年頒布了《公司登記條例》、《外資金融機構管理條例》、《關於股份有限公司境外募集股份及上市的特別規定》等配套法規，也都是用以規範市場經濟法治化的具體產物。

5，建立國家賠償制度

法律的功能不僅在於規範社會，也在規範國家和政府行爲。 1994年通過的《國家賠償法》規定：國家機關和國家工作人員違法行使職權而侵犯公民、法人和其他組織的合法權益以致造成損害的，受害人依法可取得國家賠償。同時，國家自身也受到法律的保護，國務院制定了《中華人民共和國國家安全法實施細則》，以保護國家的安全和政府執法的權威性。

6，人權保障納入政府調控体系

中國大陸的人權觀點與西方人權觀點，有很大的差異。但儘管如此，中國大陸的人權已逐步受到尊重。按照中共當局對人權的解釋，人權保障的基本要點，一是通過發展經濟保障人民的生活；建立高質量的生存環境，以保障人權；二是政府依法推動人權的保障，以落實法治人權。 1994 年人大通過的《國家賠償法》、國務院頒發的《農村五保供養工作條例》、《關於職工工作時間的規定》、《醫療機構管理條例》、《殘疾人教育條例》等，在中國大陸被解釋爲直接或間接保護人權的重要法律。

7，市場秩序進入依法管制的階段

九０年代以來，市場脫序一直是困擾經濟發展的一大難題。市場秩序的混亂，一方面使經濟發展誤入歧途，一方面也容易激化社會矛盾。 1994 年，人大通過了《勞動法》、《對外貿易法》、《廣告法》等法律；國務院制定了《關於公司登記條例》等法規；國家計委頒發了《關於商品和服務實行明碼標價的規定》、財政部頒發了《中華人民共和國發票管理辦法》、《關於增值稅會計處理的規定》、《關於消費稅會計處理的規定》等法規。這些法律和法規的制定與頒布，使政府對市場經濟的調控開始進入法制化的階段。

8，強化經濟司法

第三次全國經濟審查工作議強調，建立市場經濟体制需要健全的立法、司法來保証。經濟司法的任務在於解決經濟糾紛、調節經濟關係、維護經濟秩序、打擊經濟犯罪。 1991 年 8 月至 1994 年 8 月，各級人民法院共審結各類一審經濟案件 263.2 萬件，執行標的額達

1789.6 億元；共執行各類經濟案件 97.3 萬件，執行標的額 436 億元。
1994 年 1 至 8 月受理的經濟案件近 60 萬件，比上年同期上升 19.37%。
一般而言，國家公權與市場自由的調和，是政治力的一種深度指標，
中國大陸在推動市場經濟的同時，國家公權力受到很大的挑戰，中共
當局高度重視經濟司法的功能，努力將經濟司法滲透到市場經濟，以
維持國家公權對市場機制的支配作用[10]。

　　然而，面對跨世紀政治現代化的發展目標來說，中共當局以增強
法制建設以達到開發政治資源、增強政治實力的作法，應該說只是一
個起步。中國大陸一個常見的現象是，一方面不斷地推出各種法律，
另一方面又不斷地使法律虛擬化。特別是在長期的「人治」傳統和缺
乏尊重法律的政治文化下，試圖運用法律構建完整的市場經濟体系，
是否能夠產生成效，還需要時間來觀察。

措施之四：開展反腐鬥爭

　　提升政治實力不僅應開發政治資源、同時更應減少政治能量的耗
損。腐敗現象和腐敗活動導致原有政治資源與政治實力的大量流失，
不僅減少了社會發展的政治推動力量，也增加為規範這些行為而投入
的社會經濟成本。九０年代以來，中國大陸決策高層一波又一波的加
強反腐敗的力度，聲勢浩大，儘管成果仍然有限，但也取得了階段性

---

[10] 參見「1994 年：中國發展報告」，上海復旦發展研究院編，〔上海：人
　　民出社，1994 年〕，頁 97.

的抑制成果。

1993 年期間

1，提高「反腐敗」的政治意義

在中國大陸，「腐敗」現象一度被視爲發展市場經濟的「必要代價」。九 0 年代中期以後，大陸學術界首先衝破過去「必要成本論」和「腐敗正效應論」，開始從腐敗的「成本-效益」角度論証「反腐敗」

對現代化建設和增強政治實力的必要性。1993 年下半年，中共高層終於決定加強反腐敗力度。1993 年 8 月 21 日，江澤民在中央紀委第二次會議全体會議上的講話，是決策階層達成反腐敗共識，把「反腐敗」視爲增強政治實力主要手段的重要標誌。到了在「十四屆三中全會」，反腐敗議題正式載入全會決議中，反腐敗工作在決策上取得了一致。

2，「反腐肅貪」緊鑼密鼓展開

1993 年 1 月，反腐敗確定爲中紀委與國家監察部合署辦公後的第一工作重點。3 月，中紀委在南京召開「紀檢監察調研會議」，提出把查處案件作爲反腐敗的突破口；4 月，中紀委書記尉建行赴山東考察，提出反腐敗要標本兼治，立足教育；5 月，中共中央和國務院聯合發文，嚴禁黨政機關工作人員在公務活動中接受和贈送禮金和有價證卷；6 月，中紀委監察部召開座談會強調要堅定不移地反腐敗，理直氣壯抓案件；7 月，江澤民接見青海駐軍時，提出在新形勢下要保持和發揚艱苦奮鬥精神，加強廉政建設；8 月，以反腐敗爲核心的中紀委第二次全体會議召開，江澤民作了長篇講話，隨後，具有象徵意

義的「禹作敏案件」公開審理，至此，反腐敗鬥爭開始進入高潮。

3，查處一批重大案件

1993 年，中國大陸各種以權謀私、貪污賄賂的重大案件劇增。僅 1 至 11 月，檢察機關共受理群眾舉報貪污賄賂等經濟案件 21.2 萬件，立案偵查 5.2 萬件，共查處萬元以上大案件 1.3 萬件；查處縣、處級以上幹部犯罪要案 893 人，其中廳、局級幹部若干人，副部級幹部兩人，挽回經濟損失 16.7 億元。僅 1993 年一年查處的貪污賄賂數額，就創下共產黨執政以來最高紀錄。其中特大案件包括：海南省破獲以簽發空頭銀行匯票手段，貪污人民幣 3344 多萬元的案件；廣東省偵破原深圳工程咨詢公司索賄人民幣 546 萬元，港幣 100 萬元、美金 2.8 萬元的大案。在全國範圍內，僅廣東省 1 到 7 月就查處百萬元以上的大案 28 件。 1 月，原吉林省前郭縣公安局副局長因貪盜買國家資產 12.4 萬多元被判死刑； 5 月份原廣西隆安縣公安局長、縣人大代表陸世長因強姦、受賄案被判死刑； 10 月，最高人民法院裁定核准，對犯有受賄、貪污罪的河南省汝州市原市長徐中和、廣東省惠州市原公安局局長溪永林、深圳市原房產管理局長陳炳根，同日分別執行槍決 [11]。

4，反腐敗「第二戰場」：糾正行業不正之風

1993 年期間

鐵路系統「整頓路風」是全國整頓行業不正之風的開場戲。在 7 月份鐵道部的一次整頓路風的電話會議上，提出鐵路系統反腐敗重點

---

[11] 數據引自同注 9，頁 67.

在打擊「炒車皮」。與此同時，農業部門著開始推動「減輕農民負擔」的工作；金融財政系統則圍繞「約法三章」，遏止各種金融犯罪；文化出版系統糾正買賣書號的狀況等等。至於中央政府，則側重於下級政府「亂收費問題」，僅 1993 年一年，就取消大約上千種各類型收費項目。

1994 年期間

1994 年在保持並提高 1993 年反腐敗力度的同時，著手於体制構建。

1，決策層提高反腐敗力度

1994 年 1 月，中紀委和監察部聯合發文要求各部門嚴禁用公款變相出國旅遊。2 月，中紀委召開反腐敗第三次全体會議，江澤民在會上發表講話。在軍隊方面，「全軍紀檢會議」召開，強調軍隊反腐倡廉必須達到比社會更高的標準。第二波反腐肅貪工作，在 1994 年春節後再度展開。

1994 年 3 月，國務院第三次「專題研究反腐工作會議」召開，要求在新的一年取得新的階段性成果；4 月，具有象徵意義的「李效時案」結案，「人民日報」爲此在一版頭條刊出「反腐倡廉必須警鐘長鳴」的社論。5 月，中紀委全文發佈關於黨政機關縣、處級以上領導幹部廉潔自律的《五條規定》。6 月，中紀委、監察部召開全國紀檢監察工作電話會議，強調要大力查處重案、大案，把反腐敗鬥爭引向深入。7 月，最高人民法院舉行新聞記者會，公佈四起國家處級以上幹部經濟犯罪案件，其中 2 人被判死刑。8 月，中紀委、監察部召開合署後的第一次工作會議，強調進一步加強自身改革建設，更有效地

開展反腐敗鬥爭。

2，查處案件數量大幅增加

據統計，1994 上半年全國紀檢監察機關共受理信訪舉報 763906 件次，比 1993 年同期上升 16.4%；累計辦案 71994 件，比 1993 年同期增長 18.1，其中，新立案的占 83.4%。累計結案 41341 件，比 1993 年同期增長 11.3%；給予黨紀政紀處分的 44105 人；比 1993 年同期增長 24.9%，其中省部級幹部 7 人，地廳級幹部 99 人，縣處級幹部 1141 人。通過查處案件，上半年挽回經濟損失竟達 9.74 億元之多[12]。

3，糾正不正之風取得階段性成果。

國務院「糾正行業不正之風辦公室」5 月在上海召開會議，指出「糾風工作」的主要任務是「三清一剎」，清理亂收費、清理用公款變相出國旅遊、清理黨政機關及其工作人員利用職權無償占用企業錢物，狠剎部門和行業突出的不正之風。7 月，中共中央辦公廳轉發了《國務院糾正行業不正之風辦公室關於清理黨政機關及其工作人員利用職權無償占有企業錢物的實施意見》。在清理亂收費方面，財政部和國家計委 7 月份公佈了第三批取消的 49 項收費項目。在此前一年，24 個省、自治區、直轄市已取消了 13848 項亂收費項目，1994 年上半年又取消 16722 項，清理不合理收費 2.35 億元。財政部、農業部、建設部、郵電部、國家外匯管理局、內貿部、中國人民銀行等 7 部委上半年取消或降低收費 55 項。清理公款旅遊方面，自 1 月中紀委、監察部發出通知後，一些地區和部門減少了出國人數和團組。除

---

[12] 數據引自同注 10，頁 103-104.

此之外，衛生部也加強解決醫務人員收紅包問題；郵電部也試圖解決利用職權隨意拉閘斷電和農村電價過高問題[13]。

4，構建反腐專門機構

按中共高層的意見，反腐倡廉治本關鍵在於從宏觀上構建一套反腐敗的機制及配套的法律体系。這是 1994 年反腐敗工作的重點：包括(1)初步形成反腐敗的系統化專門機構。從 1988 年起，最高人民檢察院推廣了廣東省檢察院設置「反貪污賄賂局」的經驗，多數省級檢察院和部分市縣檢察院，陸續組建反貪污賄賂局，最高人民檢察院也成立了「反貪污賄賂檢察廳」。目前，中國大陸已形成一支由 3.8 萬人組成的反貪偵察隊伍。(2)基本形成反腐敗的社會參與機制。從 1988 年深圳市人民檢察院率先設立「民眾舉報中心」以來，各地檢察機關紛紛建立舉報機構，到 1994 年已有此類機構 3600 多個，形成覆蓋整個大陸的舉報網路。(3)開始創建反腐敗的行政監督機構。 1994 年 6 至 7 月中央派出 8 個調查組到 24 個省、自治區、直轄市，對開展反腐敗工作進行督促檢查。(4)推動反腐敗的國際接軌措施。 1994 年 5 月，第七屆「國際反貪污大會組委會」在此京成立，以「反貪污與社會穩定和發展」為主題的國際會議也在北京舉行，意謂味著中國大陸的反腐敗進一步國際化和規範化[14]。

由中國大陸幾乎傾全社會資源和高層政治精力於反腐敗工作來看，腐敗現象無論在深度或廣度上都相當嚴重。不僅出現普遍化和社會化，演生為社會流行病，不僅政府官員腐敗導致政治腐敗，而且非

---

[13] 數據引自同注 10，頁 104.

政府機構和一般群眾中的腐敗之風也越演越烈。儘管中共高層一再加強查處，但是這些年來，反腐敗工作基本上「反下不反上」、「查低不查高」，案件多涉及中低層幹部。反腐敗工作能否澈地持續，也有待時間來觀察。

五，政治力的核心弱點：中央與地方關係失調

中央與地方關係是維持政治體系穩定化、功能最優化和政令通行化的重要憑藉。換言之，中央與地方關係的協調，既是一種政治資源，也是提升政治實力的重要手段。 80 年代以來，中國大陸面臨的一大政治難題就是如何妥善處理中央與地方的關係。實際上，中央與地方關係的緊張已成為中國大陸擴大政治資源、增強政治實力的基本障礙。

〔一〕大地方、小中央

中國大陸中央與地方關係失調，原因來自八０年代以來中央進行「放權讓利」的結果。改革初期的構想，是試圖以擴大地方自主性的策略，改善中央「統購統銷」、「統收統支」的集權體制，搞活經濟。但是放權讓利實際上演變成「只放不收」的局面，形成中央與地方權力關係失衡，導致地方坐大、中央虛弱的結果。

---

[14] 數據引自同注 10，頁 105-106.

　　放權讓利的直接效果是經濟自主權由中央政府向地方政府傾斜。從政治上看，這是一種權力的分散和轉移；但實際發展的結果卻是權力分配的失衡。這種權力的轉移與失衡主要表現在三個方面：

　　1，中央宏觀調控能力的下降。 1993 年期間，新一輪的中央放權進一步擴大了地方的自主權，特別是投資項目審批權全面下放，大幅增加了地方的自主投資權。結果由於地方政府盲目而任意行使「直接融資自主權」，使中央政府的貨幣政策經常失效。

　　2，中央資源控制權的流失。以 1993 年為例，國家計委管理的指令性計劃指標減少 50% 左右，使中央對資源的控制權進一步減少，國家控制的 722 種商品已不到 30 種。同時，自 1992 年《全民所有制工業企業轉換經營機制條例》實施以來，中央政府給企業下放了 14 項基本權利，使中央直接控制國家資源的能力急速下滑。

　　3，事權、財權劃分失去規範，中央財權萎縮。過去，關於中央與地方事權和財權劃分上，中央多居於主控地位。市場經濟推行之和權力下放之後，中央調控機能始終處於「過激窒息－過鬆脫序」的矛盾之中。加上政府職能轉變滯後，國家與市場的關係尚未完全釐清，中央與地方在投資和國有資產管理權上，沒有明確劃分，地方政府往往利用這種「產權不清」的模糊地帶，向中央爭項目、爭投資、爭財權，導致中央財權的弱化[15]。

　　〔二〕地方富、中央窮

---

[15] 數據引自同注 9，頁 69.

中央與地方權力失衡帶來了幾種消極後果：

1，中央政府「貧困化」。實行放權讓利的承包制，實際上是以中央財政收入的減少爲代價的。1993年上半年，國家財政收入增長幅度跟不上按現價計算的國民生產總值的增長。國內財政支出比去年同期透支 12.5%，而同期財政收入雖然也比去年增長 10 多個百分點，但增加幅度僅有 3.5%。另外，中央財政收入的增長遠遠低於地方財政收入的增長，中央財政實際上處於遞減狀態，占全國財政收入比重不到 30%，遠低於發達國家 60% 的水平。

2，地方主義和政治整合問題。近年來，經濟生活中許多問題的產生，基本上是地方政府紀律鬆弛，有法不依的結果。地方主義的嚴重後果不僅在於經濟混亂和使中央統馭市場能力的下降，更重要的是危及政治整合。中央「令出不行」，上有政策、下有對策，在得不到地方政府貫徹執行中央政令情況下，國家的現代化將只是徒托空言。

〔三〕中央急謀改善措施

基於中央與地方關係緊張所造成的嚴重後果，中央從 1993 年的下半年開始，試圖改善這種關係。改善的重點集中於扭轉中央與地方權力分配的失衡，力求在中央集權和地方分權方面取得平衡。儘管中央政府在強調中央權威、實施有效集中時，並沒有終止 10 多年來權力下放的趨勢，但以 1994 年爲例，重點還是在中央權力的「回收」：

1，控制地方政府投資幅度。

以固定資產投資爲例，1994 年前三季，固定資產投資增勢得到初步控制，其增幅比 1993 年同期回落了 22.5 個百分點，特別在控制

地方投資擴張方面，地方項目回落幅度明顯高於中央項目，前者回落
27.1 個百分點，後者回落 6.2 個百分點。

　　2，加大中央調控力度，協調地區之間平衡發展

　　中國大陸協調地區之間平衡發展的最重要工作是支援經濟不發
達地區，而這必須憑藉中央權威才能實現。在國務院頒發《國家八七
扶貧攻堅計劃》之後，國務院決定從 1994 年到 2000 年每年增加 10
億元「扶貧專項貼息貸款」。中央要求各省、自治區、直轄市的政府
相應增加扶貧開發的投入[16]。

　　3，分稅制加快推動

　　財稅体制的分稅制是 1994 年中國大陸當局全面部署的重大措施
之一，它是從制度上解決中央與地方之間經濟關係和政治關係的主要
途徑。分稅制實施結果，中央與地方兩級收入同步增長。僅上半年(分
稅制推動之初)，整個大陸財政收入比上年同期增長 24.53%，中央與
地方財政收入入庫恢復正常，出現了改革開放政策 16 年來第一次財
政收入增長率超過 GNP 增長率的情況。財政收入占 GNP 比重下降的
趨勢受到控制。除此之外，地方政府逐步認識到分稅制對解決中央與
地方關係問題的意義。抽樣調查顯示出，有 62.5%的省、地級幹部認
為，現代分稅制是從制度上解決中央與地方財力分配關係的根本途
徑，缺乏制度規定而僅僅依靠向中央要優惠政策，已不再是地方政府
發揮自主性與積極性的根本辦法[17]。

---

[16] 數據引自同注 10，頁 99.
[17] 數據引自同注 10，頁 100.

　　儘管中央權力回收和地方的配合意願，使中央與地方關係出現緩和，但就長遠來看，政治一体化和民主發展的地區差異，是現代化過程的必然趨勢。一個健全的中央與地方關係有賴於政治、經濟和法律制度的通盤改革。實際上，在一連串強化中央權威的努力下，「地方擴權主義」雖然獲得抑制，但「地方保護主義」並沒有完全消除。未來，地方保護主義干擾中央改革部署，加重了中央宏觀調控壓力的現象，將依然存在。

第六章　文教力

一，文教力的自我比較

文教力在綜合國力的構成中也是屬於一種軟實力，同時也是綜合國力諸要素中的基礎因素。對於其他構成要素來說，文教力的作用主要在於培育人才、儲存人力資本。人力資源與素質一般是發展中國家最缺乏的條件，即使在發達國家，人才也是最稀缺的因素。

文教力的內容相當寬泛。概而言之，它包括教師、文化工作者的數量與質量、文化教育的規模、結構、体制和國民文化水平、文化傳統和文化影響力等。如果把文教力加以量化處理，那麼可分成「教育水平」和「文化水平」兩大類。教育水平包括人均教育經費、高等教育入學率。文化水平則包括成人識字率、千人擁有日報數。

〔一〕兩個時段的評估

自中共建政以來，就相對於中國原本即大幅落後於西方國家的情況來說，40 年來中國大陸的文教力有很大的增長。換言之，從「自我比較」角度看，各種衡量指標都呈現大幅增長。爲了能夠清楚辨視不同階段文教力的發展特性，以下兩表分別從「40 年總量增長」和「改革開放以至當前」的文教力發展情況，作區隔性的統計分析：

【表格 一】 大陸人民文化教育水平提高情況[1]

項目 單位	1952	1957	1978	1980	1985	1989	1990
文化指標							
每萬人擁有電視機(台)			0.3	0.9	6.6	14.7	16.2
每百人擁有收音機(台)			7.8	12.1	22.8	23.3	22.0
每百人每天有報紙(份)	0.78	1.05	3.66	3.92	5.21	3.83	3.87
每百人有書雜誌(冊)	1.74	2.51	4.74	5.82	8.78	6.88	6.55
教育指標							
學齡兒裡入學率(%)	49.2	61.73	95.50	93.93	95.95	97.44	97.83
每萬人口大學生數(人)	3.33	6.82	8.9	11.59	16.09	18.47	19.04

上述數字反映了從 50 年代初至 90 年代初大陸人民文化教育水平提高情況〔40 年總量增長情況〕,下表則是 80 年代以來〔改革開放以來〕文化教育水平提高情況:

【表格 二】 1982—1990 文化教育水平提高情況(%)

	1982	1990	1990 與 1982 比較
大學	0.68	1.64	+0.96
高中	7.48	9.23	+1.75
初中	20.02	27.07	+7.07
小學	39.94	43.31	+3.37
文盲	31.88	18.75	-13.13

---

[1] 數據引自《中國國情與國力》(北京),1992 年第 1 期,頁 78.

綜合均值	5.20	6.40	+1.2

　　爲能淸楚反映中國大陸人民文化教育水平的變化情況，這裏採取「人口文化教育水平綜合均值」指標來評估，取值範圍 0-16 ， 0 爲文盲水平， 1-6 爲小學水平； 7-9 爲初中水平； 10-12 爲高中水平； 12-16 爲大學水平。根據這種方式的推算， 1990 年中國大陸的人口文化教育水平綜合均值爲 6.40 ，比起 1982 年的 5.20 ，高出 1.2 個度量單位。這表明了 1990 年大陸人均受教育水平已超過小學畢業的水平，處於初中一年級的階段[2]。

〔二〕「八五」時期的發展情況：

　　教育水平： 1994 年，大陸初中畢業生升學率、小學畢業生升學率和小學學齡兒童入學率分別爲 46.4%、 86.8%、和 98.4%，分別比「七五」末期高出 5.8 、 12 和 0.6 個百分點。在普通高等學校方面，「八五」期間普通高等學校增加到 1080 所，比「七五」末期的 1075 所增加 105 所，招生數則比「七五」末期的 60.9 萬人，增加到 1994 年的 90 萬人，成人高等學校的學生數由「七五」末期的 166.6 萬人，增加到 1994 年的 235.2 萬人。

　　文化水平：圖書、雜誌種類有明顯增長， 1991-1994 年年均增長分別爲 6.9% 和 6.2%。廣播電台和電視台年均分別增長 18.6% 和

---

[2] 數據引自「國家統計局」(人口局)，「中國人口文化教育水平的回顧與展

12.5%[3]。

二，文教力的國際比較

前述中國大陸文教力的進步情況，是從中國大陸自身的縱向比較而言，若從橫向面比較，文教力的差距立刻就浮現而出。由以下的分析可以看出，在綜合國力的諸因素中，中國大陸的文教力在國際上最為落後。

首先看教育水平，中國大陸高等教育入學率 20 年來從低於 1%提高到 2%，對中國大陸自身而言似乎是很大躍進。但相對於國際水平，這樣的躍進是極其低微的。美國、加拿大高達 60%，其他發達國家也在 30%上下，即使印度也從 5%提高到 9%。就中等教育入學率來說，20 年來從 24%提高到 44%，而發達國家基本上已完全普及，即使如埃及、墨西哥、印尼等發展中國家也都高於中國大陸，在人均教育經費的投入方面，中國大陸的國際差距更為巨大。 1990 年中國大陸的人均教育經費投入為 9.07 美元，國際間以加拿大最高，為 2317.16 美元，美國、日本在 1000 美元以上，其他發達國家一般都在 500-1000 美元之間，中國大陸與印度同處世界之末。

再看文化水平。中國大陸成人識字率從 1970 年 60%提高到 1992

望」，《中國國情與國力》(北京)， 1992 年第 5 期，頁 72.
[3] 數據引自鄭京平等，「輝煌又五年－「八五」期間我國經濟和社會發展的回顧」，《中國國情與國力》(北京)， 1995 年第 9 期，頁 17.

年的 82%，發達國家則基本上完全掃除了文盲，只有印度、埃及比中
國大陸略爲低落。至於千人擁有日報數，中國大陸也屬於國際低等行
列[4]。

中國大陸文教力與經濟發達國家的差距，可由【表格 三】的統
計表看出：

【表格三】 中國大陸文教力的國際比較

國家	年份	每萬人擁有 大學生數	每萬人中 文盲人口數	大學/文盲(%) (以文盲爲 100)
中國大陸	1990	201	2938	7
美國	1981	3220	330	976
日本	1980	1430	40	3575
加拿大	1981	1730	200	865

按上表數據推算，美國、日本、加拿大每萬人中擁有大學生人數
分別是中國大陸的 16.5 倍、 7.1 倍和 8.6 倍，相反，大陸每萬人中的
文盲人數分別是這些國家的 8.9 倍、 7.3 倍和 14.6 倍。可見，中國大
陸的人口文化教育水平與國外經濟發達國家相比，差距甚遠[5]。

根據「中國社會科學院社會學研究所」社會指標課題組統計結

---

[4] 數據引自「對中國綜合國力的測度和一般分析」，《中國社會科學》(北京)，
1995 年第 5 期，頁 15.
[5] 數據引自同注 2 ，頁 72.

果，有關教育的三項指標，即大學生入學率、中學生入學率、教育經費占國民生產總值的比例，中國大陸都處於世界最低水平。大、中學生入學率，尤其是大學生入學率僅占 2%，居世界 101 位，大大低於世界平均 12%的水平，甚至比低收入國家還低，印度、巴基斯坦、印尼等國都在 5%以上。按照一般國際通行的評估標準，一個國家的大學入學率至少應在 5%左右[6]，才具有現代化發展的基本條件。顯然，中國大陸還有相當的差距。

「 90 年代中美德日印五國綜合國力比較預測」課題組，也從各個角度進行國際對比，其結果是：美國得分 0.83(1 為最高分)，日本得分 0.74-0.76、德國得分 0.60、中國大陸得分 0.36-0.38、印度得分 0.27[7]。很明顯地，就連中國大陸自己所作進行的國際評估，中國大陸文教力確實屬於世界極低水平。

三，文化教育水平的內在差距

中國大陸文教力所存在的問題，不僅在於國際比較的巨大差距，文教發展的內在差異也是尖銳而明顯的。一般來說，內在差距比外在差距更為複雜，也更難於解決。中國大陸文化教育水平的內在差距，主要表現在城鄉差異、性別差異和地區差異三個方面：

---

[6] 數據引自「中國社會科學院社會學研究所社會指標課題組」，「社會發展水平的國際比較」，《中國國情與國力》(北京)，1992 年第 2 期，頁 47.
[7] 數據引自「五國合國力比較與預測」，《中國國情與國力》(北京)，1993 年第 3 期，頁 43.

〔一〕城鄉差異

城鄉差異不僅反映出教育資源的不均衡分配,也容易引起教育與文化投資的「反淘汰性扭曲」。然而,當前以及未來中國大陸的文教發展趨勢正是:在城鄉分佈已經失衡情況下,差距仍持續擴大。其具體情況如下表:

【表格 四】 1990 年文化教育水平的城鄉差異

	人口文化教育 綜合均值	大學/文盲比(%) (以文盲為 100)	文盲人口 構成比(%)
整個大陸	6.40	8.72	18.75
市	8.17	59.0	10.69
鎮	8.08	34.27	10.07
縣	5.75	0.87	21.83

從上表可見,中國大陸市、鎮的人口文化教育水平綜合均值分別為 8.17 和 8.08,而農村的人口文化教育水平綜合均值只有 5.75,市、鎮分別高於農村 2.42 和 2.33 個度量單位。這一數據表明,大陸人口文化教育水平存在明顯的城鄉差異。

人口文化教育水平的城鄉差異將直接制約社會經濟的發展。目前大陸農村人口基數巨大,增長速度過快,人均農業資源日漸缺乏。解決這一矛盾的辦法,首先必須推動農業向高科技生產發展,這就需要具有專業知識和現代技術水平的人才。另一方面,農業剩餘勞動隊伍不斷擴大,其出路在於農業剩餘勞動力向城鎮工礦企業轉移和大力發

展鄉鎮企業，這更需要能與生產崗位相配合，具有市場開發能力和管理能力的技術人才。然而中國大陸農村人口平均受教育水平不足小學畢業，整個大陸文盲人口有 84.7%聚積在農村，這樣的人口素質很難適應當前經濟建設的需要。現代城市建設需要較高素質的人口，如果農村向城鎮轉移的勞動力是文化水平較高者，其結果必然造成農村未移轉人口的文化素質，往更「低質化」發展。

〔二〕性別差異

文化教育素質的性別差異，在具有千年封建傳統的中國一向十分明顯，然而現代社會早已打破教育機會的性別歧視。但是中國大陸文化教育的性別差異依然十分明顯。

【表格 五】1990 年文化教育水平的性別差異

	人口文化教育 綜合均值	大學/文盲比(%) (以文盲爲 100)	文盲人口構成比 (%)
整個大陸	6.40	8.72	18.75
男	7.18	20.40	10.90
女	5.58	3.74	27.08

從上表中可以看出，中國大陸人口文化教育水平存在著明顯的性別差異。其中男性人口文化教育水平綜合均值爲 7.18，比女性的 5.58 高出 1.6。也就是說，男性平均水平處於初中二年級階段，而女性只處於小學六年級階段。大學教育和文盲比重也有很大差異。

人口文化教育的性別差異對社會也有負面影響。婦女是人口再生產的直接承擔者，婦女的文化素質直接制約著人口的數量和質量，低文化素質的女性人口，特別是女性文盲人口對子女的價值觀是「投入少，產出多，期望值低下」。 1981 年中國大陸 15-49 歲女性文盲人口的多胎生育率是 6.5%，而小學以上程度的 15-49 歲女性人口的多胎生育率只有 0.14%，前者竟是後者的 46 倍。女性文盲人口的高生育率必然導致其子女智力投資與文化素質的低下，造成低文化素質人口高生育的惡性循環。

〔三〕地區差異

大陸人口文化教育水平綜合均值最高的是北京，爲 8.69，其次是上海和天津，分別爲 8.28 和 8.00。文化教育教平綜合均值高於 7 的省還有遼寧、吉林、黑龍江三省，分別爲 7.52、7.31、和 7.26。人口文化教育水平綜合均值最低的是西藏，爲 2.73。人口文化教育水平綜合均值在 6 以下的省份還有雲南、貴州、甘肅、安徽。其他 18 個省的人口文化教育綜合均值在 6-7 之間。詳見下表：

【表格 六】1990 年大陸各省、自治區、直轄市的人口文化
教育水平比較及排列表

地區	人口文化教育綜合均值	均值排位	大學/文盲對比	大學文盲比排列	文盲半文盲占15歲以上人口比重	文盲比重反向排位
北京	8.69	1	100.43	1	11.03	1
天津	8.00	3	55.7	3	11.72	3

河北	6.40	16	5.47	22	21.91	12
山西	6.90	7	10.91	9	16.49	8
內蒙	6.66	10	9.40	12	21.88	13
遼寧	7.52	4	29.22	4	11.56	2
吉林	7.31	5	21.71	5	14.30	5
黑龍江	7.26	6	18.66	6	15.05	6
上海	8.28	2	56.62	2	13.41	4
江蘇	6.52	13	9.92	10	22.59	18
浙江	6.19	19	6.69	19	23.19	21
安徽	5.44	24	4.03	26	34.39	25
福建	6.17	20	8.59	16	22.85	17
江西	6.15	21	6.00	20	23.85	20
山東	6.29	18	5.44	23	23.08	22
河南	6.39	17	4.99	24	22.90	16
湖北	6.52	13	9.88	11	22.15	19
湖南	6.60	12	9.24	13	17.11	10
廣東	6.84	8	13.98	7	15.20	7
廣西	6.51	14	8.68	15	16.47	9
海南	6.64	11	8.17	17	21.34	15
四川	6.09	22	5.75	21	21.36	14
貴州	5.15	27	3.43	28	36.42	26
雲南	4.93	28	3.44	27	37.54	27
西藏	2.73	29	0.96	30	67.58	30
陝西	6.43	15	8.72	14	25.32	23
甘肅	5.20	26	3.17	29	39.80	28
青海	5.35	25	4.51	25	40.55	29
寧夏	6.01	23	6.91	18	32.19	24

新疆	6.81	9	12.89	8	19.34	11

以上數據表明，中國大陸的人口文化教育水平存在著明顯的地區性差異，其水平大致可分為上、中、下三類地區。若參照這些地區的人口經濟密度分析可以發現，人口教育水平與地區的經濟發展水平密切相關。1990年文化教育水平居前6名的省市，其人口的經濟密度3.7人/萬元，居中等水平的18個省其人口經濟密度為8.4人/萬元，而倒數6名的省區其人口經濟密度為11/萬元。這說明了經濟發達地區已進入了經濟發展與人口文化教育水平同步發展和良性循環的軌道。相反地，在經濟落後地區，特別是還停留於以農業為主的勞力密集型生產地區，其人口文化教育水平則相對低下[8]。

四，傳統文化的負作用

一個國家文教力的高低，與該國傳統的歷史文化有著內在的聯繫。歷史傳統對文化教育水平的影響力，在中國大陸尤其突顯。中國傳統文化對當前以及未來中國大陸的文教力，究竟起什麼樣的作用？是正向推動還是逆向反拉？這是評估中國大陸文教力不可忽略的面向。依作者之見，中國傳統文化至少有下列5大特徵，足以構成中國大陸文教力，乃至整個綜合國力的反向拉力。

---

[8] 數據引自同2，頁73-75.

一是封閉。中國傳統文化是在自給自足的自然經濟基礎上形成的，儘管自然經濟也進行商品交換，但這種交換方式主要是一種小生產者使用價值的交換，往往只能維持日常低水平的消費，生產數量和規模皆十分有限。自然經濟缺少價值規律發揮作用的基本空間，缺少優勝劣敗的競爭，難以發揮比較優勢和規模優勢。封閉的生產方式反映在文化上亦是封閉。雞犬之聲相聞，老死不相往來。極端結果就是夜郎自大，拒絕一切先進事物，進而從封閉走向愚昧。

二是追求終點平等，即絕對平均。中國歷代農民起義的口號無一不是平均田地，所謂「吾疾貧富不均，故與汝等均之」。從經濟學的角度來看，當一個社會把終點平等作為價值取向和社會目標的時候，必然助長「搭便車」的機會主義行為，與之相伴的是效率的喪失，以及由於嫉妒而產生的社會震盪。

三是「中庸」和安貧樂道。這種文化壓抑人的求新與求變意志，造成一種普遍不進取的思想。中國傳統的「中庸之道」，教導人們不要冒險，壓抑創造性。耐人尋味的是，中國社會一方面宣傳中庸思想，另一方面又總是充斥著與中庸相悖的嫉妒，但無論如何，中庸之道不鼓勵個人的文化變異和自主性，阻礙社會新知的傳播。

四是消費方式。由於生產規模的限制，崇尚小生產式的節儉和自給自足是其必然選擇，節約和小規模的生產方式，不僅阻礙社會生產力的更新，也抑制人們在文化智能上的發明和創造。

五是在人際關係上講究家族、裙帶和江湖義氣，講究人格信用而非財產信用，缺少現代市場經濟賴以產生的契約、法制和產權觀念。

五，文教事業的新動向

自實行改革開放以來，特別是 90 年代初鄧小平南巡講話以後，中國大陸文教事業出現較爲蓬勃和多元化的發展，其中「文化市場化」是主要的趨向。

九０年代以來，中國大陸文化事業的發展具有以下幾個特徵：

1，文教事業的發展以市場化爲導向。

當前中國大陸文化事業的主題，主要環繞在通過市場經濟對個人價值進行重新認識與定位，並試圖通過這種文化的思考與活動，發展一種以「市場文化」爲內容的文教体制、觀念系統和價值範式。未來中國大陸的文教事業與市場經濟將顯現更大的關聯性與親合性，文化不再是少數人的特權，而是一種大眾消費的精神商品。

2，經營主體的多元化

文化市場的經營者和投資者除了國營文化事業和國家所有制或集体所有制的文化單位外，個体文化經營者和合資企業不斷增加。到1993 年年底，個體文化經營者已發展至 30 餘萬戶，合資企業經營者在文化市場中的比例已達到 22%。經營主體的多元化打破了文化發展與市場發展分離化、單一化和封閉化的局面，也相對出現以非官方意識形態爲主導的文化製作和傳播模式。

3，消費形式多樣化

與過去比較，文化市場已不再是由影、視、劇和「老三攤」〔書攤、報攤、賣藝攤〕所組成的簡單賣方市場，而是演變成以書刊、美

術、音像、文物、娛樂、演出、電影、藝術培訓和對外文化交流等九大門類的文化型態。文化型態的多樣化相對促進了文化消費的多層次化。

4，參與主体社會化

文化市場吸引著不同年齡、職業和教育程度的眾多消費群。據估計，中國大陸每天在文化市場活動的人近四百萬，尤其是新興的文化娛樂場更是吸引著大量的消費者。

5，管理趨向規範化。將近 95%以上的省、市、區都制定了《文化市場管理條例》。在文化商品化的趨勢下，文化產物也列入市場管理，甚至出現市場利益觀支配文化價值觀的現象[9]。

6，文化需求的多樣化

文化的多元化是市場經濟導向的必然結果，具体地說，在市場經濟發展中出現的利益的多樣化與利益關係的多層次交錯，不可避免的通過文化的方式表達出來。換言之，文化的多元化特徵愈來愈明顯的通過對文化產品需求的多樣化而折射出來。

文化需求的多樣化首先表現在「精品」與「通俗」並列。文化精品是藝術創作的表現，亦是民族文化的寶貴遺產，但文化精品創作時期長，曲高和寡。反之，通俗文化產品雖不登大雅之堂，但簡單淺顯。當前通俗作品廣受年青人歡迎，可以反映出通俗文化已成爲文化需求的主要來源。

---

[9] 數據引自复旦發展研究院，《1993：中國發展報告》(內部出版)，1994年，頁 124-125.

至於文化型態的多樣化，主要趨勢是「嚴肅型」與「娛樂型」交錯雜陳。前者執著於以藝術方式把握世界，並蘊涵嚴肅的道德追求，後者則拋開「文以載道」的傳統，以滿足人們消遣娛樂爲目的。總體來看，當前中國大陸的文化型態娛樂型要遠多於嚴肅型，休閒性的文化商品更能得到青睞。

六， 增強文教力的措施

措施之一：教育優先發展戰略

1993 年期間：

1993 年 2 月 26 日，中共中央、國務院印發了《中國教育改革和發展綱要》。《綱要》提出一項基本觀點：誰掌握了 21 世紀的教育，誰就能在未來世紀的國際競爭中處於戰略主動地位。但是《綱要》同時指出，中國大陸教育在總体上是落後的，不能適應現代化建設的需要；教育投入不足，教師待遇偏低，辦學條件差；教學思想、教學內容和教學方法脫離實際；教學体制和運行機制不能配合日益深化的經濟、政治和科技体制改革的需要。

負責教育工作的國務院副總理李嵐清強調，《綱要》是中國 90 年代至下世紀初教育改革和發展的藍圖。他指出當前教育面臨三大實際課題：一是教育投入，二是教師待遇，三是教師住房，主張通過教育立法來解決這些問題。

在此期間，國家教委發出了《關於重點建設一批高等學校和重點學科點的若干意見》，此即所謂「221 工程」的基本設想。「211 工程」即面向 21 世紀，用 10 年或更多的時間，重點建設 100 所左右的大學和一批重點學科點，採取專家諮詢和行政部門相結合的方式，進行大學和重點學科基本硬體的建設。

1993 年 10 月 31 日，中國大陸第一部《教師法》公布。《教師法》的內容不僅確立和保障教師的基本權益。也要求社會形成尊師重道的風氣，對教師也提出更高的要求。

自 1989 年 10 月，「中國青少年發展基金會」在北京召開記者會，拉開了「希望工程」的序幕後。九０年代以來「希望工程」獲得了相當的進展。「希望工程」旨在集社會之力，捐資助學，保障貧困地區失學孩子受教育的基本權利。從 1989 年至 1992 年，已有捐款 1.7 億元，資助學生 32 萬名以上，但是中國大陸平均每年仍有至少一百萬名孩童因家庭貧困而失學[10]。

1994 年期間

這一年的教育改革工作，主要環繞在「社會主義市場經濟與教育」的討論，《人民日報》還開闢專欄，徵文深入討論。從涉及的問題來看，主要觸及市場經濟體制下教育的社會功能、教育規律和經濟規律的關係、市場經濟對教育的要求和衝擊、教育如何適應經濟體制改革、市場經濟體制下教育資源的開發利用及補償，關於私立學校、更新教育觀念等一系列現實問題。

　　1994 年 6 月 15 日至 18 日,中共在北京召開全國第二次教育工作會議。會議主題是「把經濟建設轉到依靠科技和提高勞動者素養的軌道上來」,但真正引人重視的是提出中國大陸 21 世紀教育發展總目標,分別是:在本世紀末基本普及九年義務教育〔簡稱普九〕,基本掃除青壯年文盲;大力發展職業教育和成人教育;提高教育質量和辦學效益,重點發展高等教育。具體目標則是,到本世紀末,實現全國 95%左右的人口地區普及義務教育,初中階段入學率爲 85%;青壯年非文盲率達至 95%。具体步驟爲: 1994-1996 年實現 40-60%左右的人口地區完成「普九」,主要是大中城市及經濟發展程度較高的農村; 1997-1998 年實現 60-65%的人口地區完成「普九」; 1990-2000 年則實現 95%左右的人口地區完成「普九」[11]。

　　在此期間,「211 工程」全面啓動。 1994 年中國大陸很多高校競相把進入「211 工程」作爲自身改革發展的目標,許多高校以建立「211 工程」爲契機,大力實施改革,制訂新的發展規劃,許多學校採取兩校或多所學校合併,聯合辦學,以實現高校教育科研資源共享、優勢互補。 4 月 9 日,「四川聯合大學」率先成立。 4 月 20 日,北京五所高校實行聯合辦學。 5 月 27 日,新的上海大學掛牌。有些高校,尤其是未來實力比較雄厚的學校,則將工作重點放在培養、提高教師隊伍水平上。

---

[10] 數據引自同注 9,頁 132.
[11] 數據引自「1994:中國發展報告」(复旦發展研究院),〔上海:人民出版社, 1995 年〕,頁 152-153.

　　爲了參與跨世紀國際競爭，需要培訓一大批高層次、複合型、外向型的專門人才。因此，緊缺人才的培養和培訓，已列入中國大陸提升文教力的重要措施之一。例如上海市委、市政府部署實施「90 年代上海緊缺人才培訓工程」，通過行業動員，依次退動成立企業管理培訓中心、人才培訓中心、對外貿易教育培訓中心、涉外法律人才培訓中心、旅遊培訓中心、幹部教育培訓中心等十大緊缺人才培訓中心。12 月 1 日，上海市教育發展基金會向十大緊缺人才培訓中心資助 100 萬元，這是基金會成立一年來資助最大的教育項目；同時宣告十大緊缺人才培訓中心全面啓動。

　　1994 年 8 月 23 日國務院於通過了《殘疾人教育條例》。40 年來被忽略的殘疾特殊教育問題，開始受到中共當局的重視。

　　1994 年是聯合國「國際家庭年」。「中國青少年發展基金會」爲求響應，推出了「希望工程 1(家)+1 助學行動」，積極動員城鄉每一戶較富裕的家庭、救助貧困地區一名失學孩子重返校園。1994 年 1 月 29 日，第四次希望工程工作會議在北京召開，會議提出了希望工程跨世紀推進目標：努力爭取到本世紀末基本解決貧困地區學齡兒童貧困失學和無校可上的問題，並提出了 1994 年希望工程救助失學兒童總金額規模突破 100 萬的構想。

　　中共當局在教育方面採取上述措施試圖增強教育力，但總體評估，效果並不理想。關鍵在於教育體制與思想尚未從「計劃教育」的舊框架中擺脫出來。許多措施僅僅具有表面的補強性。例如「希望工程」關鍵在於農村貧困問題，措施本身只能產生「輸血性」的溢注效果，根本上難以解決長期的兒童失學問題。

措施之二：加大文化導正工作

1，提出重建人文精神口號

1994 年，學術界提出「重建人文精神」的口號。《讀書》雜誌三月號推出了關於人文精神的討論，「人文精神尋思錄」刊出 5 則後又刊出了「尋思的尋思」，引起各方討論人文精神問題的熱潮。不少報刊都舉行了人文精神的討論會。上海復旦大學人文學院於 11 月 29 日至 30 日舉行了「人文精神與中國現代化建設」的討論。

2，道德價值建設成爲熱門話題。

隨著社會轉型的加劇，道德價值建設愈來愈成爲尖銳辯論的話題。討論的範圍圍繞以下三個面向：如何看待當前的道德狀況；在市場經濟條件下應當確立什麼樣的道德導向，以及道德與法律的關係。

3，對外來文化思潮的回應。

隨著國際文化交流的增加，外來文化思潮的影響有增無減，對這些思潮的回應和選擇方式，本身即顯示出文化思想價值觀的動態變遷。 1994 年外來文化思潮的影響和回應主要表現在以下三個方面：後現代主義、後殖民主義理論繼續引起爭論；「文明衝突論」作爲西方最新的文化思潮，一傳入中國大陸就激起了反響；「市民社會」問題的討論引向對中國社會結構的深層反省和期待。

然而必須區分官方宣傳和學術宣傳之間不同的方式和目的。官方宣傳旨在通過掌握文化主導權以鞏固政治統治，學術宣傳則傾向於現

況的反省和未來思想的重建。兩種不同的宣傳對社會文化的影響自然也是深淺不一。

措施之三： 突出精神文明地位

中國大陸有一句口號「兩個文明一起抓」，原意是在進行物質文明建設的同時，不放鬆精神文明的建設。所謂「精神文明」，對中共官方而言，是指一種意識形態教育和控制，就社會生活來說，則是指行為的規範化與合理化。但無論如何，對中共當局而言，「精神文明」建設是增強文教力的基礎工作。

1993 年期間，「精神文明」建設集中於兩個方面：

1，宣傳愛國主義

中宣部、國家教委、廣電部、文化部聯合發出了《關於運用影視片在全國中小學開展愛國主義教育的通知》。《人民日報》與《光明日報》於北京聯合召開了「百部愛國主義影視片座談會」。為了進一步宣傳愛國主義，中國少年兒童出版社編輯了《100 部優秀愛國主義影視片故事薈萃》，對全國中小學生進行愛國思想教育。

2，自北京大學掀起「國學熱」以來，至 1993 年低，北京大學已有 9 個研究中國傳統文化的機構，全校參與研究的學者超過 200 位。5 月，由北京大學中國傳統文化研究中心創辦的《國學研究》年刊第一卷出版。「國學熱」也在復旦大學興起。過去，各大學文史哲研究所招生，報考西方學科的學生居於多數，可是在 1993 年間，報考中

國文史哲學的人數大為增多，大學生、研究生和青年教師的興趣普遍轉向中國文化。 12 月上海復旦大學哲學系舉辦了「中國傳統哲學精華論壇」系列講座(共 19 講)，受到學界普遍好評。

1994 年期間

1994 年 1 月 24 日，中共中央在北京召開了全國宣傳思想工作會議，強調宣傳思想工作要「以科學理論武裝人，以正確輿論引導人，以高尚精神塑造人，以優秀作品鼓舞人」，這一口號為 1994 年「精神文明」建設的作出了定義。並陸續推動以下幾項工作：

1，推動「五個一工程」。 1991 年中宣部作出組織實施「精神文明」建設「五個一工程」決定，要求各級黨委有計劃、有重點地鼓勵創作精緻的文化作品，力爭「每年推出一本好書、一台好戲、一部優秀影片和一部優秀電視劇、一篇或幾篇有創見、有說服力的文章」，此即「五個一工程」。從 1991 年至 1993 年，各地共推薦理論文章 259篇、戲劇 164 部、電影 53 部、圖書 226 種(套)600 多本、電視劇 155部。 1991 年評審入選作品 68 篇，1992 年度 66 部，1993 年度 80 部。1994 年 5 月 13 日至 6 月 20 日，中宣部舉辦了「五個一工程」推薦影片展映、電視劇展播、戲劇展演活動。從 1994 年度「五個一工程」推薦作品來看，理論文章中關於宣傳馬列主義、毛澤東思想和鄧小平建設有中國特色社會主義理論以及市場經濟理論研究的文章占70%；文藝作品中反映對青少年進行愛國主義教育的現實主義作品占 70%以上，其中戲劇占 38%，電視劇占 62%，電影占 90%，圖書占

40%[12]。

2，公佈並施行《愛國主義教育實施綱要》。自 1994 年 3 月以來，中宣部收集大量資料，先後起草了《關於愛國主義教育情況的調查報告》、《關於愛國主義教育實施綱要》，並反複修改，送達最高當局進行審定。5 月 18 日至 22 日，全國中小學愛國主義討論會在上海召開，會議要求各地繼續認真落實《關於運用優秀影片在全國中小學開展愛國主義教育的通知》。8 月 23 日，中共中央向各地印發了中宣部擬定的《綱要》，要求各地貫徹實行。《綱要》要求對全國為數 1.75 億的中、小學生，進行全面的愛國主義教育。

3，加強和改進學校德育工作。自中共十一屆三中全會以來，中共中央關於加強和改進學校德育工作，陸續下發了《中共中央關於改革學校思想品德和政治理論課程教學的通知》、《中共中央關於改進和加強高等學校思想政治工作的決定》、《中共中央關於改革和加強中小學德育工作的通知》等文件。對新時期、新形勢下學校德育工作提出了 25 條具體要求，並對德育教育的方法、內容、形成、隊伍建設、管理体制、經費投入等一系列問題作出了指示。

措施之四：挽救文藝蕭條現象

在市場經濟大潮的衝擊下，大陸的文藝領域正在發生脫胎換骨的變化，但演變的趨勢卻是景象蕭條，乏人問津。起初中共當局並未意

---

[12] 數據引自同 11，頁 148-149.

識到文藝蕭條對文教力的負面影響，但近年來卻採取許多措施，試圖挽救文藝發展的滑坡。

當前中國文藝領域的蕭條景象，由以下幾件小事可以看出：

1，高雅藝術捉襟見肘。據《人民日報》一則報導，中央樂團的經營情況已入不敷出，境況淒涼。堂堂中國大陸最大的中央樂團，小號手的小號破了個洞，竟用透明膠紙粘貼；該樂團用來演奏各種複雜曲目的豎琴只是普及型的；大提琴手的琴罩早已破舊不堪。曾被德勒斯登交響樂團團長譽為「世界一流的合唱團」，至 1993 年已有 130 幾名骨幹流失在外；1993 年 4 月，樂團接到參加世界合唱協會舉辦的第三屆合唱研究會的邀請，卻因短缺 5 萬美元的旅費而陷入焦急之中，後來各界紛紛伸出援手，才使樂團成行。

與中央樂團同病相憐的是一支傳統文化的優秀代表—昆劇，也出現難以為繼的窘境：據北京、上海、浙江、蘇州、湖南六大昆劇團負責人反映，目前的昆劇已到了舉步維艱的地步。各個劇團存在一種「六少」和「三多」的現象。「六少」就是演出少、創作排練少、練功少、觀眾少、收入少、接班人少；「三多」即是兼第二職業的多、改行流失的多、閑散的多。中央樂團和昆劇院團的困境反映出中國大陸高雅文藝的落寞。

二、通俗文藝不斷走紅。與高雅文藝的隕落形成鮮明對照的是通俗文藝的興起。在電影院、音樂廳愈來愈不景氣的情況下，作為大眾傳播的地方電台和有線電視卻贏得了愈來愈多的觀眾和聽眾。地方電台的蓬勃興起，如上海東方電台、北京音樂台、杭州「西湖之音」電台、廣東的珠江經濟台開播以來，群眾反應熱烈。有線電視更是快速

增長。據「廣播電視電影部」有關機構統計，至 1993 年上半年，大陸正式批准的有線電台共計 611 座，整個大陸已有 3000 萬戶以上的家庭能收看有線電視，約占大陸電視使用總數的 15%。預計到 2000 年，中國大陸將擁有 4000 多家有線電視台，覆蓋 2000 多個縣， 5000 多個鄉鎮[13]。

3 ，「追星」和「炒星」現象走火入魔。近年來，「追星族」現象已成為中國大陸一種「文化怪象」。所謂追星是指力捧、塑造偶像名星，炒星則是哄抬名星身價。有些單位甚至用公款「炒星」，把某些明星的出場費炒到數萬元，甚至數十萬元。有些單位則打著「救災義演」的牌子，實則自謀私利。如湖南省政府經濟研究中心打著「救災義演」的幌子，組織了「 93 湖南防洪救災演唱會」，演唱會結束後竟拒絕將事先承諾演出收入的 80%，共計 115.7 萬元，上交省民政廳用於救災工作[14]。

4 ，買賣書號泛濫。中國大陸現有 550 家出版社，年出版圖書近 10 萬種。但近年來，由於「買賣書號」現象泛濫，導致了歌頌色情、暴力和迷信的書刊大量增多。只要有錢，就可以買到書號，就可以出版，其內容則低劣不堪[15]。

5 ，文藝批評嚴重弱化。與文學創作一樣。近期大陸缺少真正能領悟和通識時代精神的力作，許多批評家處於困惑和徬徨狀態。主要原因是文藝和批評家在市場經濟衝擊下迷失價值。在許多場合，文藝

---

[13] 數據引自同注 9 ，頁 137.
[14] 數據引自同注 9 ，頁 136.

批評已退化為政治恭維。儘管文藝批評引進了不少新思潮,但卻曇花一現,與現實生活完全脫節。

面對上述的種種情況,中共大陸試圖採取許多措施,力挽文藝逐步式微的窘境。

1, 扶植高雅藝術

從最高當局到地方各級政府,都把扶植高雅藝術列為文化大事。在各級政府的倡導下,許多經濟實力雄厚的大企業為扶植精緻文藝的發展,而伸出援助之手,並不斷舉行扶植高雅藝術的活動。以 1994年為例,文化部與甘肅省在 8 月聯合舉辦了「第四屆中國藝術節」、9 月,「中國戲劇梅花獎」頒獎、10 月「文華獎」評選、11 月「全國話劇交流演出」、12 月「中國世紀舞蹈經典評比」展演、12 月「紀念梅蘭芳、周信芳誕辰 100 週年」等一系列大型活動。

2, 明令禁止買賣書號

中共中央宣傳部和新聞出版署於 1993 年 10 月 26 日發出了《關於禁止「買賣書號」的通知》,10 月 28 日,又聯合召開座談會,貫徹《通知》精神,並表彰 15 家出版單位。

3,改變藝術經營體制

為了適應市場經濟的要求,文化部提出了「建立以政府扶持、演出補貼為中心的演出機制,實行以合同聘任制為中心的人事制度,來經營藝術市場。1994 年 4 月,上海天蟾京劇中心成立,逸夫舞台開台,正式邁出了改革的第一步。該中心實行總經理負責制、製作人制、

---

[15] 數據引自同注 9,頁 136.

經紀人制，成立藝術統籌委員會和資金管理委員會。政府只在中心設監事長，廢除了舊日指派外行官員進行領導的作法。 1994 年 11 月，北京 8 個國家演出團体和 8 個高級娛樂場所簽約，建立互利性的合作關係。

第七章 外交力

一，外交力：中國大陸的強項

關於外交力是否屬於綜合國力的一個構成因素，向來存有爭議。有一種意見認爲，外交力是綜合國力在國際事務中的集體表現，是綜合國力作爲一種國際影響力而發揮作用，在將綜合國力等同於國際影響力的意義上，認爲外交力並非綜合國力的構成要素；另一種看法認爲，外交力主要是指對外交涉、尋求國際支持或解決國家衝突的一種能力，基於外交乃是內政的延長，外交力應視爲綜合國力的組成部分，並且屬於軟實力範圍。本書在此採取後者的觀點。

在綜合國力中，体現一國對外交往能力的一級指標是國際貢獻能力。判斷國際貢獻能力的標準是，能否正確認識時局代變化的特徵和全球問題的挑戰，採取適當的行動參與國際合作、促進各國的交流，協助解決世界問題。也就是能否發揮主動精神，爲國際社會發展作出貢獻。

在國際貢獻之下，還可以設定三個次指標，分別是總體外交能力(建交國家數量、參與國際組織能力、外交人員的數量和質量)，對外經濟活動能力(對外貿易和投資量、對外援助等)、民間外交能力(文化、体育及其它交流活動能力)。這些次子標，也是衡量一個國家對外施加影響、促進國際社會向有利於本國和全人類利益方向發展的能力。

一般來說，各國對中國大陸外交策略能力的評價普遍較高，但對於中國大陸的國際貢獻程度則評價較低。 1949 年到 1966 年，中國大陸外交力發展迅速，略高於綜合國力的發展速度，從 1967 年到 1977 年，中國大陸的外交力略有下降， 1978 年以後，特別是到了 90 年代，中國大陸的外交力已上升爲世界第三位[1]。中國社會科學院綜合國力比較研究課題組，設計出與外交能力相關的 10 個因素在神經網絡上進行模糊評估，結果認爲中國大陸的外交力居世界第 5 位，僅次於美國、英國、俄羅斯和德國[2]。

二，對國際形勢的評估

外交能力的展示固然與一個國家實施對外影響的條件和籌碼密切相關，但外交能力施展的方式與範圍，則與國際形勢的基本判斷相互結合。因此，要評估中國大陸的外交政策及其相關的政策手段與成果，首先必須了解中國大陸對國際形勢的基本估計。

「和平與發展」是中國大陸對九 0 年代以至 21 世紀初期國際情勢的基本判斷。這一方面是中國大陸對後冷戰時代的客觀描述，也反映中國大陸的主觀期望。《「九五」計劃和 2010 年遠景目標綱要》，指出：和平和發展是當今時代的主題。世界向多極化發展，國際形勢

---

[1] 數據引自黃碩鳳，「綜合國力與國情研究」，《中國國情與國力》(北京)，1992 年第 1 期，頁 19.

[2] 數據引自「對中國綜合國力的測度和一般分析」，《中國社會科學》(北京)， 1995 年第 5 期，頁 15.

總体趨於緩和，國際和平環境可望繼續保持」，在此判斷下，中國大陸採取一種積極抓住機遇的態度，集中力量進行經濟建設。《綱要》指出：「世界科技革命和產業結構調整進程加快，亞太地區經濟發展迅速，我國即將對香港、澳門恢復行使主權，都給我們提供了新的發展機遇。我國的廣闊市場和發展前景，對國外企業和投資者具有強大的吸引力[3]。」

冷戰結束後，中國大陸領導人在各種場合反覆宣傳對目前國際形勢的基本看法，認為國際格局更趨多元，國際態勢趨於緩和，但在此同時，世界各種矛盾複雜多變，冷戰後世界並不安寧。對此，中共總書記江澤民1994年9月12日在巴黎的一次演講表述得最為清楚：「當前世界處於深刻變動之中，各種力量正在進行新的分化與組合，兩極格局的終結，加速了世界的多極化進程。國際局勢總体上走向緩和，但世界並不安寧，動盪不安依然是當前國際形勢的主要特徵之一[4]」。

中國大陸當局對目前國際局勢主要有如下幾種判斷：

1，國際關係格局趨於多極化

與冷戰時代相比，最顯著的變化是隨著蘇聯這個超級大國的消失，舊的兩極格局被打破，國際格局正趨於多極化。「多極化」按其解釋有三層含義：一是「一超多強」的格局進一步確立。儘管美國國力相對衰退，但仍以「一超」的地位與「多強」形成開放競爭的態勢。二是冷戰結束標誌著兩極格局的終止，但兩種制度的基本矛盾仍然存

---

[3] 「中華人民共和國國民經濟和社會發展「九五」計劃和2010年遠景目標綱要」，《文匯報》(上海)，1996年3月20日，第2版.

在。多極化的積極影響是使國際關係從遏止對抗走向威懾共存，使國際社會走出戰後的「對抗和平」陰影，進入「共存和平」階段，但另一方面，世界格局多極化也因而衍生政治經濟多元化和大國相互制約、相互影響與合作的複雜關係。三是國際關係呈現兩重性，帶有新舊格局交替、新舊世紀過渡的時代特徵，其主要表現為下列情況的共存：全球層次的緩和與地區層次的動盪；多極趨勢的發展和一超稱霸的態勢；國際貿易的一体化發展和區域分散主義的蔓延；全球相互依存的趨勢和民族主義的對抗思潮；建立世界新秩序和無明顯世界秩序的狀態；各國對外政策具有連續性但也含有變異性。

2，國際經濟因素日趨突出

隨著冷戰的結束，全球性軍事對抗已被經濟的競爭與合作所取代，表現出經濟集團化、區域化、國際化的不斷深入，世界經濟走向開放、發展、調整的新階段。中國大陸領導人也体認到進行經濟改革、尋求經濟發展已成為國際大趨勢之一。

3，國際安全呈現新勢態

90 年代起國際安全出的主要特徵是：過去兩個超級大國全球性軍事對抗，被頻繁的地區衝擊和局部戰爭所取代，世界仍動盪不安；核武問題的重點從原來美蘇限制、削減戰略核武器轉到防止地區性核武擴散。另一方面，主要大國繼續進行安全戰略的調整，趨向是從過去準備大戰到對付小戰，從對付現實戰爭到應付潛在威脅。冷戰時期建立的聯合國等國際組織，面臨如何適應冷戰後新變化的挑戰。以和

---

4 《人民日報》(北京)，1994 年 9 月 13 日第一版.

平方式解決國際爭端已成為國際關係議程的重要內容，聯合國和平行動已成為國際安全的主要手段。

4，「大國關係」交錯位移，多邊關係取代雙邊關係

冷戰時期大國之間的對抗性、結盟性和單邊性特徵，已逐漸消退。後冷戰時期，大國之間「相互依賴」大於「彼此對抗」，競爭合作取代冷峙對抗，遏制共處讓位於競爭共處。當前「新大國關係」已出現一種「三大圈、五個極、雙三角」的動態結構。「三大圈」是指歐洲、北美和亞太，但各圈都力圖爭取全球的主導地位；「五個級」是指美、俄、日、德、中實力相對接近的大國，彼此相互依存、相互競爭、既相互制約也相互協助，形成合作與衝突並存的新五極趨勢；「雙三角」則是指由歐洲大西洋、亞洲太平洋兩大洋區所形成的「美歐俄」和「中美日」新大三角。上述大國關係的新結構已初具雛形，執其牛耳者為美俄關係、美歐關係、中美關係以及中俄關係[5]。

三，外交策略與成效

基於上述對國際形勢的基本判斷，中國大陸對外的基本方針有如下幾個特徵：

1，務實方針。減少意識形態成份，從維護本身利益出發。在一段時期以來，在中國大陸外交政策的宣示上，已少有聽聞所

---

[5] 參見「關於大國關係調整變動的幾個問題」，《和平與發展》(北京)，1994年第3期，頁38.

謂「無產階級國際主義」的口號，換言之，中國大陸的外交政策已從意識形態主導型轉向國家利益主導型。

2，積極主動。努力掌握對外關係的主動權。

3，全方位。以全球外交的觀點，儘可能與世界各個地區、各個國家建立、維持和加深關係。

4，靈活善變。對攸關本身利益者堅持立場，對無關切身利益者保持距離。對多邊衝突採取「低姿態」，韜光養晦，決不當頭。

5，宣傳和平。在各種場合高舉和平發展的大旗，以求取國際社會的支持和同情。

與 1989 年「六四事件」以後的時期比較，九０年代以來中國大陸的外交關係拓展快速，截至九０年代中期，中國大陸和世界上 158 個國家建立了外交關係，與 200 多個國家和地區展開了經貿、科技與文化交流合作。面對新的國際情勢，九０年代初開始調整對外政策，調整後特點是：繼續奉行獨立自主與和平外交，不同任何大國建立戰略結盟關係；大力發展對外經貿關係，加快國際經濟的接軌，力圖鞏固周邊關係，發展與亞太各國的多渠道對話。加強與發展中國家的來往。改善與西方國家的關係，加強國際事務中磋商、合作與參與能力，以建立公正合理、平等互利、共同發展的國際政治經濟新秩序。整體而言，中國大陸外交政策的核心是，在政治和經濟、雙邊和多邊、地區和全球領域中，爭取「有利於中國之發展」的格局。

九０年代以來，中國大陸外交活動緊湊而頻繁。

1，積極推動高層交往互訪，抬高國際身價

1993 年期間，訪問中國大陸的外國元首和政府首腦有 24 批，1994 年達到 44 批，1995 年則超過 60 批。這種高頻率的元首來訪，在世界外交史上並不多見。 1994 年間，中國大陸領導人出訪 23 次，訪問的國家之多也屬罕見。僅一年期間，江澤民先後就進行了歐洲 3 國和亞太 5 國的訪問，一年之間李鵬也進行了歐亞 10 國的訪問[6]。

2，大批企業家隨國家領導人出訪

基於經貿外交與政治外交相結合的原則，大批企業家隨國家領導人出訪，不僅十分類似西方資本主義國家「政商出訪」的模式，其人數與規模在中國外交史上也屬罕見。另外越來越多的外國公司，特別是跨國公司，為廣泛尋求與中國大陸經濟合作的機會，來往中國大陸的政經外交團體，也為數甚多。因此，在「首腦外交」取得進展的同時，圍繞與世界各國發展經貿關係而進行的「經濟外交」也有密集而頻繁的發展。

3，創造外交迴旋空間。無論是處理大國關係，還是解決地區衝突，或是在建立亞太經濟合作機制方面，中國大陸當都善於利用矛盾，抓住機遇，使自己處於較為主動的地位，並且提出若干外交新原則和新主張。例如江澤民 1994 年 9 月訪問俄羅斯時提出了中俄關係六原則；同月訪問法國時提出了中國與西歐關係四原則； 1994 年 11

---

[6] 數據引自「 1994：中國發展報告」(復旦發展研究所)，〔上海：人民出版社(上海)， 1995 年 4 月，頁 257.

月在「亞太經合會」非正式元首會議上，提出了亞太經濟合作五原則；在與美國總統與克林頓舉行正式會晤時，他又提出了中美關係五原則。

4，封鎖台灣外交生存空間

除了在中共領導人歷次出訪中，一再宣稱「一個中國」原則以抵制台灣在國際上的活動之外，中國大陸還堅持國際社會必須尊重台灣是中國領土一部分的主權宣示，包括採取軍事手段完成兩岸統一的必要性。1995年美國總統總統克林頓在國會促使下，批准李總統登輝訪美，中共當局即試圖以「台灣問題」為引爆點，除了以密集的文字宣傳攻擊台灣之外，更以多形態軍事演習和飛彈試射演習，掀起台海危機。特別是美國公佈將實施「戰區導彈防禦系統」〔 Theater Missile Defense 〕，並試圖將台灣納入系統成員之後，中共當局發表了「中國的軍備控制與裁軍」政策白皮書，聲言反對美國在亞太地區的安全戰略擴張[7]。此後中國大陸還全面抵制台灣出席討論區域安全問題的多邊會議，例如 1995 年 11 月 12 日在馬尼拉舉行的「南海會議」，12 月 2 日在吉隆坡舉行的「不擴散核武會議」，中國大陸強硬表態，不允許台灣以地區名義參加「亞太安全合作理事會」，台灣至多只能以「中國台北」名義參加非政府性的國際組織。

所有這一切均表明，在冷戰後的形勢下，中國大陸正以靈活轉進的姿態，爭取外交主動權和發言權，對台灣則以緊逼壓縮策略，削弱

---

[7] 「中國的軍備控制與裁軍」，《人民日報》(海外版)，1995 年 11

台灣的國際影響力。

5，積極加入對外經濟合作

在後冷戰時期，經濟因素已成爲國家關係中的首要因素。在世界經濟一体化和區域化、集團化的情況下，一個國家若不主動參與全球、區域或集團經濟合作，不僅影響一個國家的經濟發展，而且將大幅削弱其國際地位和影響力。大陸當局深明此道，積極參與全球或區域經濟的合作，是九０年代中國大陸外交活動的主軸。

1994 年間，中國大陸開始進行「恢復」世界貿易組織的創始成員國的活動。 1994 年 4 月 15 日，烏拉圭回合協議最後文件，關於建立世界貿易組織以取代關貿總協定的協議在馬尼拉簽署，這是世界上最大的貿易協定。中國大陸分別簽署了上述兩項文件，表明了參與全球經濟合作的立場。

亞太區域的經濟發展，與中國大陸的內部發展密切相關。儘管九０年代中國大陸外貿市場仍以美、日爲主力，但 21 世紀以後，亞太地區將成爲中國第二階段經濟發展的目標市場。 1994 年 11 月 15 日，「亞大經合會」元首非正式會議在印尼召開，並發表了《亞太經濟合作組織領導人共同宣言》，與會領導人同意在 2020 年前實現亞太地區貿易自由化目標。江澤民出席此次會議，並參與簽署《宣言》。這一舉動表明了中國大陸在亞太經濟事務中，將採取更爲積極介入的態度。

月 17 日，第 1.2.3 版.

6，國際貢獻不足

然而儘管中國大陸自認是一個「發展中的大國」，自認在當今大國之間的強權政治交往中，不能不顧慮到中國的態度。中國大陸也善於運用外交策略以謀取國家利益，一再強調「中國的發展離不開世界，世界的發展不能沒有中國的發展」，但中國大陸的國際貢獻，包括防止武器擴散、國際人道支援、集體安全、聯合國和平事務等等，中國大陸的參予、付出以及實質貢獻程度，都與中國大陸的綜合國力水平、國際聲望和國際社會對中國大陸的期望，不成比例。

正如 John Faust 和 Judith Kornberg 指出，從國際安全的角度來說，後冷戰階段，對中國大陸而言是歷史上從未有過的最佳發展時期，但儘管如此，中國大陸始終是一個國際安全的「消費者」〔consumer of security〕，而不是一個貢獻者。後冷戰時期，和平因素固然明顯增加，但卻缺乏一套可資辨識的「全球秩序」〔global order〕，以保障國家之間的安全，各國皆意識到，在九０年代，需要對所謂「全球秩序」重新並廣泛加以定義。對此而言，中國大陸似乎比較喜愛一種「寬鬆的秩序架構」，在一種模糊而鬆弛的安全架構下，尋求其自身的最大利益。換言之，對於無助於中國大陸自身利益的事務，對於西方定義的國際價值觀，中國大陸不過是虛予應付，沒有太大的興趣。

八０年代以來，中國大陸就已放棄在國際上擺出對抗的姿態。九０年代以後，中國大陸已經開始接受一個比較廣泛的安全定義，亦即通過國際合作以尋求國際資源的共享。但中國大陸在學習以一個比較廣泛的安全定義，將諸如經濟、社會與環境因素包含於其所認定的安全架構時，卻沒有將民主、人權和公民自由乃至國際援助等價值納入

其中。可以預見，當西方國家或者基於中國大陸未來可能的威脅，或者基於一個「中國新經濟大國」的期待，而重新研究、定義或改變與中國大陸的交往模式時，將越來越不能滿足中國大陸只是在聯合國重大議案中，一再投下棄權票[8]。

特別是在集體安全議題上，九０年代以來，亞太集體安全再度受到重視，主要原因就是中國大陸海洋主權的擴張。正如本書第四章所述，中國大陸儘管積極參予國際軍備控制，但中國大陸顯然不願將自身的安全與軍事利益服從於特定的國際組織，或受限於特定的集體框架。在某種意義上，集體安全對中國大陸來說似乎只是一種「貿易利益」，而一個有趣的現象是，在國際政治事務上，中國大陸向來排斥多邊主義，而傾向雙邊主義，認為在多邊主義中，容易受到強權政治和大國意志的干擾，在雙邊架構下，中國大陸比較能夠獨立發揮影響力，採取各個擊破的策略，突破大國集團的勢力包圍，爭取區域架構下的主導性。但是在國際經濟上，中國大陸則明顯傾向多邊主義，認為在多邊架構下，中國大陸可以運用對小國的影響力來牽制大國的經濟壟斷，進而有利於中國大陸對外經濟的擴展。這種政經矛盾辯證運用的手法，正是中國大陸在國際事務中一種「機遇主義」的表現。

四，中國大陸外交能力的評估

---

[8] John R. Faust & Judith F. Kornberg, " China in World Politics"
〔 London : Lynne Rienner Publishers, 1995 〕 pp.248-249.

九０年代以來，從「中美關係」、「北韓核武擴張」和「香港回歸」三大問題，最能看出中國大陸在外交事務上折衝、談判和交涉能力。

〔一〕對美關係

1993 年 5 月 28 日，美國總統克林頓總統發佈行政命令，決定在 1993-1994 年間，以不附加條件的方式，延長對中國大陸貿易最惠國待遇；但同時宣佈，1994-1995 年度最惠國待遇是否延長，將以中國大陸的人權情況爲觀察標準。貿易與人權問題掛勾，一方面体現美國新政府對人權問題的關切，也使中國大陸與美國的關係陷入困擾、爭議與緊張之中。

儘管中國大陸仍然獲得該年度的最惠國待遇，但中國大陸與美國的關係卻開始進入「波折期」。1993 年 7、8 月間，美國國通過決議，提出對奧運會申辦國家的考核應納入人權因素的考慮，並以中國大陸「人權狀況相當惡劣」爲由，反對北京申辦 2000 年奧運會。美國情報部門根據報告，指責中國的「銀河號」貨輪載運違禁化學物品輸往伊朗。美國國務院 1993 年 8 月決定就中國大陸向巴基斯坦轉讓 M-11 型導彈零件與技術，對中國大陸實行經濟制裁。期間，美國又接連宣布向台灣出售預警飛機、武裝直升機、「魚叉」式艦艇導彈和「毒刺」導彈，又向台灣出租導彈護衛艦。

然而中國大陸採取「不正面對抗」的策略，一方面以外交形式對美國政府表露強硬態度，一方面轉向美國「親中派」工商團體，以遊

說方式促使美國商界重視兩國關係惡化對雙邊經濟利益的重大傷害，引發美國「國會親台派」和「親中工商派」對中國問題和政策的辨論，形成對克林頓總統的政治壓力。在此期間，中國大陸還擴大國際宣傳，宣稱中國是一個重要大國，中國與美國之間可以保持歧見，但不應陷入僵化，一再宣傳「增加信任，不搞對抗」的原則，將美國對中國大陸的「民主壓力」轉化爲「發展機遇」，努力製造「要中國民主就應讓中國發展」的觀點。中國大陸明確告知美國，在美國推動全球事務中不能沒有中國的合作，給予中國友好的國際環境以推動經濟自由化，關係到美國的全球利益。

中國大陸這種「抗議—遊說—宣傳」策略，取得了相當的成效。克林頓於 1993 年簽署《行動備忘錄》，對美國的中國政策進行大幅調整，以避免兩國關係進一步惡化。中國大陸立即作出「示好性」回應，即時掌握緩和兩國關係的轉折性契機。隨後，中國大陸積極推動兩國高層來往，從低層至高層，試圖打破美國自「六四事件」以來凍結兩國高層來往的禁令，進而促成江澤民與克林頓 1993 年 11 月 19 日西雅圖亞太經合會的正式會晤。依照中國大陸自己的評估，「克江會晤」意味著 1989 年「六四事件」後中美不正常關係已經結束，也標誌著中美「接觸政策」的開始。中共當局甚至躊躇滿志的指出， 1989 年以來西方各國加給中國的制裁已經結束。儘管中國和世界上少數幾個國家在某些枝節問題上仍存有分歧、摩擦、爭執，但世界上沒有一個國家把中國作爲它們的敵國。

然而，儘管美國政府對中國大陸貿易最惠國待遇最終採取「脫勾」政策，但並不表示美國不重視中國大陸境內的人權問題，實際上，貿

易與人權脫勾，是美國決心集中全力解決雙方貿易糾紛的一種策略轉向。這是何以中國大陸在前一年認爲中美關係已經改善，而後又認爲美國不斷在中美關係上「設置障礙、製造麻煩」的原因。

1994 年 5 月 26 日，克林頓總統一方面宣佈中國大陸的貿易最惠國問題將排除人權問題的考量，一方面決定延長對中國大陸境內「人權和民主人士」的援助計劃。1994 年 6 月 30 日，美國政府宣布，根據美國貿易法「301 特別條款」將中國大陸列入重點國家，並將對中國大陸侵犯美國知識產權問題進行廣泛調查。美國貿易代表坎特甚至厲言警告，若 6 個月後問題得不到解決，美國將單方面對中國大陸部分商品實行貿易制裁。又如 1994 年 9 月初，美國政府進行了對台政策的評估和審議，克林頓批准美台非官方關係若干調整，這項調整是台灣與美國斷交 15 年後的首次，顯示美國開始重視台灣的經濟發展與成就，決定提升美國與台灣在經濟、商業和文化方面的共同利益。這項調整不僅對中共造成極大的刺激，也爲 1995 年 6 月起的台海飛彈危機預埋伏筆。

針對克林頓的「統統行政命令」，中共外交部於第二天立刻發表聲明，對克林頓將最惠國待遇和與人權問題脫鉤的決定，表示歡迎，並希望美國政府盡早解除所有對中國大陸的制裁，停止對中國內政的干擾行爲。但對於美國政府指控中國大陸侵犯知識產權並將進行調查的作法則表示抗議。認爲美國政府無視於中國大陸在知識產權問題上已經作出的努力，美國的一意孤行，將嚴重損害兩國的經貿關係，並警告美國必須承擔由此產生的一切後果。針對美國政府對台關係的調整，中國大陸則宣稱台灣問題事關主權問題，沒有退讓、妥協討論或

彈性討論的空間。

然而，中國大陸在作出激烈反應的同時，卻也全面推進改善與美國的關係。在恢復接觸、擴大交往方面作了新的努力，採取了前所未有的謹慎態度，通過對雙方關係障礙的解決進行討價還價。例如在國際價值觀方面，以「國情不同論」與美國進行辯論，在具體事務上以「發展差距論」來自圓辯解。因此總體評估，九０年代以來中國大陸的對美外交應是「得大於失」。例如，由於克林頓總統決定不以人權問題作為延長中國大陸最惠國待遇的條件，過去人權、經貿、軍售三掛鉤問題終於劃上了句號。從「三掛鉤」到「三脫鉤」，對中國大陸來說無疑是一項外交豐收。在中國大陸看來，美國政府的中國政策已已逐步形成一種「3A、1E」的取向：attraction(吸引)、afraid(害怕)、attention(重視)、和 entry(接觸)。而從對美交涉中，中國大陸也相對提升了國際影響力。

多數國際政學者和美國政府官員認為，蘇聯威脅消失後，中國大陸已失去美國在全球戰略上的地位，過去美國基於圍堵蘇聯而聯合中共的必要性已大為降低。然而，中國大陸對美政策的成功之處就在於，利用各種手段促使美國政府改變這一看法，並使美國政府認知到，中國大陸雖然已不再成為美蘇對抗下的「聯合對象」，但仍是後冷戰時期美國全球事務中必要的合作對象。

〔二〕北韓核武問題

1993 年 3 月，北韓宣布退出《不擴散核武器條約》(NPT)，使朝

鮮半島的緊張局勢立即成爲世界矚目的焦點。在北韓核武發展問題上，美國和北韓發生了激烈的鬥爭。其間幾經多次波折，這場爭端才於 1993 年底漸趨緩和。至到 1994 年，美國與北韓終於在互讓基礎上取得重大進展，東北亞的安全危機獲得緩解。而在北韓核武問題的協商過程中，中國大陸採取了一種「居中槓桿、坐收漁翁」的策略，取得了利用國際危機以增強自身外交實力的作用。

國際社會認爲，「所有通向平壤之路都應取道北京」。中國大陸是一個與同北韓保持長期良好關係的國家，美、日、南韓等國都把中國大陸看作是「斡旋解決」北韓核武問題的關鍵。然而實際情況是，與其說是國際社會將北韓核武問題的解決寄托於中國大陸，不如說是中國大陸渲染危機，不斷以北韓核武擴張問題對國際社會施加壓力。

然而中國大陸在北韓核武問題上也有兩難之處。一方面，在高度重視中美關係發展的前提下，中國大陸如果反對美國對北韓的制裁，或同意制裁但並不認真執行，都將嚴重損害剛呈現緩和的雙邊關係，這是中共陸當局絕不願看到的；另一方面，作爲安理會成員之一的中國大陸，是北韓唯一指望能夠否決西方制裁北韓行動的大國，如果中國大陸對制裁案採取支持或不反對(如投棄權票)的姿態，則又將嚴重損害中國大陸同北韓的關係，由於歷史和現實的原因，這也是大陸不願看到的。

在這種複雜情勢下，中國大陸確定了解決朝鮮核問題的基本方針：一是反對朝鮮半島上任何一方擁有核武器，二是反對以施壓或制裁的方式解決北韓核武問題。採取前者，就不致得罪美國和國際社會，進而塑成中國大陸在北韓核武問題上與國際社會步調一致的印

象。採取後者，就不致影響與北韓的關係。中國大陸當局堅信，採取國際制裁的方式既會影響中國大陸與北韓的關係，也不可能達預期的效果。在此前提下，中國大陸把避免讓聯合國安理會通過「制裁北韓案」，作為解決北韓核武問題的關鍵。採取的作法則是竭力主張北韓應與國際原子能委員會〔IAEA〕、美國、南韓據行四方直接對話與磋商，以尋求北韓核武問題的根本解決。

在此同時，中國大陸加速進行三方面的工作：

對於北韓，鼓勵北韓有限度接受IAEA的特別檢查，以消除國際社會對北韓核武計劃的戒心。並使國際確信任何制裁北韓的方案都將遭致北韓更強烈的反彈。經過中國大陸的「勸說」，北韓也不得不承認多國聯合抵制的嚴重事態，對北韓經濟將造成嚴重的影響，願意局部接受國際原子能委員會的調查。

對於美國，鼓勵美國對北韓作出更大的讓步，宣稱美國與北韓交惡將不利於美國在朝鮮半島的利益。並遊說美國同北韓關係正常化，宣稱北韓的核武擴張正是針對美國對南韓的軍事支持而來，力勸美國通過減少美韓聯合軍事演習，來降低北韓的敵意。

至於對國際原子能委員會，中國大陸則利用在此一組織中的影響力，盡力阻止原子能委員會將制裁北韓決議案，遞交於聯合國安理會。

1994年10月21日，美國與北韓在日內瓦達成初步協議，使北韓核武問題獲得了局部化解。儘管問題並未全面解決，但中國大陸居中多面斡旋，在美國、北韓、南韓各方都獲得了正面的評價。

〔三〕香港回歸問題

　　儘管中國大陸與英國在香港主權問題歷經多次曲折談判，但目前香港局勢正朝向有利於中國大陸的方向發展。

　　中國大陸處理香港問題的關鍵是牢牢掌握主動權。這種主動權是建立在對國際局勢和香港問題的明確判斷之上。

　　在《中英香港問題聯合聲明》中，雙方確認：「中國於 1997 年 7 月 1 日對香港恢復行使主權，英國政府將在同日把香港交還中國」。中國政府在聲明中闡述了中國對香港在「九七」以後的基本方針：

1，　在香港設立直轄於中國中央政府的香港特別行政區，除外交和國防事務外，香港特別行政區有高度的自主權。

2，　香港特別行政區政府由當地人組成，可以採取「中國香港」的名義，單獨同外國建立經濟、文化關係。

3，　中國的上述基本方針 50 年不變。

　　中國大陸的期望是到 1997 年，英國政府澈底放棄繼續控制香港的意圖，實現「光榮徹退」。中國大陸收復香港後，香港仍保持自由商港和金融中心的地位，英國企業則繼續在香港開展經濟活動。然而中共當局深知，英國將不會輕易放棄對香港的控制權。英國政府的策略是，在香港立法局選舉中，扶持親英派候選人當選議員，控制立法局多數，然後以「直通車」方式，使這些議員在 1997 年以後繼續留任，以達到 1997 年後英國實際上仍然控制香港的局面。其實，早在 1982 年英國首相柴契爾夫人訪問中國大陸時，英國政府的此一用意已

很明顯。柴契爾夫人在回憶錄《唐寧街歲月》中即指出，英國與中國
進行談判的目的是用香港的主權換取英國對香港「九七」以後的行政
控制權。並期望「九七」以後，香港得以保留西方型態的法律、政治
和獨立的貨幣制度。

基於對英國政府動機的洞悉，中國大陸對英國政府始終採取強硬
態度，不留任何餘地。中國大陸深知，處理香港問題的主動權在中國
政府方面。對英方步驟採取反應時，中方擁有很大方迴旋餘地。根據
《中英香港問題聯合聲明》，中方在兩個關鍵之處占有優勢，首先是
「九七」恢復主權，這已是確定無疑。其次在於時間上，英國擁有的
時間只在「九七」之前，而中國則握有「九七」以後的所有時間。中
國大陸可以從容不迫地解決英國在香港遺留下來的問題。在客觀條件
與時間因素方面，中國大陸都掌握優勢。

然而英國政府在香港問題上也握有兩張王牌，一是「香港經濟」。
然而中國大陸以不斷投入「中資」於香港的策略，減輕英國對香港經
濟的影響力。隨著中國大陸經濟的發展，香港在中國大陸經濟中的作
用正逐步下降。中國大陸現在已擁有多個對外發展的經濟窗口，沿海
各大城市，甚至許多內陸省份，都可以直接開展對外經貿業務。英國
政府試圖以香港經濟這張牌對中國大陸施加壓力，其作用已越來越
小。二是「香港問題國際化」。但自 1993 年以後，中國大陸在國際
上的影響力日漸增加，特別是香港交織著西方各國的經濟利益，各國
未必期望英國壟斷香港經濟利益。因此，英國手中這張牌，份量也已
不如以往。

中國大陸反覆聲明香港問題的兩大目標，一是回收香港主權，維護領土完整，二是保持香港繁榮穩定。然而在實際的策略運用上，將兩大目標區隔處理，突出前者並使後者服從前者。中共當局一再強調，收回香港主權，必須是全部收回，不僅收回主權，還必須收回行政管轄權。中國政府允許香港成為特別行政區，但香港特區是在中央政府領導下的特區。如果香港變成了獨立的行政區，那麼收回主權就形成虛設。換言之，香港在「九七」以後並不具有擺脫中央管轄的完全自治權，更沒有受其它國家控制的權力。儘管中國大陸的強硬措施，不顧《聯合聲明》對香港民主體制的尊重，但就中共的觀點言，主權完整顯然要比香港的民主繁榮來得更為重要。

1993年4月到11月，中英兩國圍繞香港問題舉行了十七輪談判。第十七輪談判主要涉及香港的政治体制問題。雙方的分歧集中在1995年選舉中是否應採取「單議席單票制」。英方為了確保選出的香港立法局議員對英國有利，要求改劃選區，改變選舉規則。按照修改後的規則，香港一個選區只有一個議員席位，幾個候選人競選，得票最高者當選，並代表整個選區的選民在立法局行使權力。而原來的選舉制度是採取「多議席單票制」，即一個選區可以有幾個議席，選民每人僅投一票，以得票較多的幾位候選人同時當選。由於親英派候選人在各選區較具優勢，採取單議席單票制將對英方有利。但是中共當局堅決不同意這種選舉方法。

儘管英方執意按照預定日程實行香港政制改革，採取「單議席單票制」，中國大陸卻寸土不讓地警告，港英最後一屆立法局不存在「過渡九七」或「直達車」的問題。中方屆時將「重起爐灶」，重組香港

特別行政區立法局。 1994 年 8 月 31 日,「人大常委會」第九次會議通過了關於重建香港政制架構的議案,正式宣布港英最後一屆立法局將於 1997 年 6 月 30 日終止。至此,英國在香港的最後一次努力前功盡棄,中國大陸重新掌握香港問題的主動權。

結 論

在本書最後，對中國大陸綜合國力的七項構成要素，作一綜合歸納，在對各構成要素作出國際排名之後，最後試圖作出總體排名。

就經濟力而言

中國大陸的經濟實力從八０年代初開始進入世界前 10 名行列。從八０年初至九０年代中期，經濟實力確實有相當的增長，在全球中約排在英國前後，居世界第 10 名。預估至公元 2020 年，世界排名位序應略為提前，但也將僅占世界第 8 -9 名。但是必須指出的是，中國大陸的經濟實力之所以在世界中處於相對領先的地位，主要是在經濟總量上占優勢，若按人均量估算，人均 GDP 不到 1500 美元，遠遠被拋在 100 名左右，〔但依 PPP 計算，將提前至 30 名以內〕。 若按效率來評估，中國大陸則屬於世界上效率最低的國家之一。

預估到公元 2020 年，基於世界先進國家的發展趨於減緩，中國大陸的經濟發展將會有較佳的表現。但以世界其他國家也相對發展來說，中國大陸屆時也只是到達世界中等國家水平。但與先進國家的差距將大幅縮小。

未來中國大陸的經濟實力取決於「兩個轉變」，一是經濟體制從傳統的計劃經濟体制向社會主義市場經濟体制轉變，二是經濟增長方式從粗放型向集約型轉變。除此以外，還取決於對當前經濟領域中基本難題的解決。換言之，体制、結構與克服經濟基礎的薄弱環節，是

中國大陸提升經濟實力的關鍵。

就資源力而言

中國素以人口眾多，地大物博著稱於世。國土面積僅次於俄羅斯、加拿大。可耕面積僅少於美國和印度，儘管 20 多年來以每年 43.7 萬公頃的速度遞減，但目前仍保持世界第三的水平。森林面積居世界第 5 位，宜林面積 40 億畝，比現有林地大 2.3 倍。水力資源蘊藏量居世界前列。媒炭儲量名列世界前矛。45 種礦產資源潛在總值估計為 11 萬億美元，居世界第 3 位。預估在本世紀末，能源進口消費量比重不致太大，全國資源基本還能建立在國產能源基礎上。

人力資源方面，中國大陸是人口第一大國，經濟活動人口比重 1970 年已達 59.4%，高於世界發達國家。人口預期壽命估計 2000 年可達 74 歲。僅低於西方國發達國家。綜合自然、人力諸因素，中國大陸的資源力應居世界第 3 位，僅次於俄羅斯和美國。

但是以 11 億人口的龐大分母，按「人均」標準衡量，中國大陸卻是個「資源小國」，主要資源人均占有量皆低於世界平均水平。儘管水利總資源居世界前列，但人均淡水擁有量只是世界人均占有值的 1/4；國土面積居世界第三，人均土地擁有量僅及世界人均土地擁有量的 1/4，目前人均耕地下降到 0.7 畝以下，低於聯合國規定的人均耕地警戒線 0.795 畝以下。森林的人均擁有量不足 2 畝，只相當於世界平均占有值的 1/6，人均木材蓄積量只相當於世界平均水平的 32.3%；中國大陸的人均礦產占有量除了鎢、稀土較高外，其餘均低於世界平均水平，有些還不及世界平均水平的 1/3。

　　由於 40 年來採取幾近「掠奪式」的資源開發模式，目前中國大陸正處於深重的資源危機之中。人口、資源、環境的惡化，猶如絞索一般捆住手腳，不能動彈。

　　就科技力而言

　　綜合評估，中國大陸的科技力應居世界第 10 位。

　　從科技人員的絕對數量來看，中國大陸名列前茅。若與自己作比較，中國大陸在研究和發展經費投入、高科技產品出口、國際科技合作與交流方面，皆有明顯進步。但中國大陸與世界上發達國家，甚至是發展中國家相比，科技實力還存有很大的差距，特別是這些差距不是在縮小，而是在擴大。例如科技投入不足，中國大陸 R&D 經費投入占 GDP 的比重僅為 0.8%，而日本已已達 2.86%。此外，還存在著技術引進消化不良、人才閑置浪費老化嚴重、科技体制僵化落後、科技成果轉化低落等一系列問題。可以說，科技力是中國大陸綜合國力構成中的弱項。

　　就軍事力而言

　　中國大陸素以世界第三軍事強國自居。如果說七０年代末中國大陸的軍事實力只及第一位的美國和第二位蘇聯的 1/5-1/4，那麼到了九０年代中期，中國大陸的軍事實力已是第一、第二位的 1/4-1/3。中國大陸的軍事實力一直表現軍隊數量上，儘管前幾年進行了裁軍，但軍事人員的數量仍是世界獨一無二的。除此以外，中國大陸不但擁常規力量，而且還擁有不可忽視的核武力量，不但具有實戰能力，還具有威懾能力，這一點除了美國和俄羅斯外，當今世界上沒有一個國家能與之相提並論。

中國大陸軍隊的訓練水平在世界上是首屈一指的。軍事費用占GNP 的比例一直偏高，只有像以色列、埃及等中東國家才超過中國大陸。但是中國大陸的軍事弱點，在於軍事科技落伍和武器裝備陳舊。雖然早在五０年代就開始進行武器裝備的研製和改造，目前已實現了軍品國產化，但水平參差不一。近年來，中國大陸大規模購買俄羅斯武器，加上南海危機和台海緊張局勢，使這支世界上數量第一的軍隊，引起世界廣泛的關注和爭議。

預估到公元 2020 年，中國大陸的軍事力仍居世界第三，但實力應大幅接近俄羅斯。

就政治力而言

國際間對中國大陸政治實力的評價向來不高，此不僅西方學者如此，大陸學者的自我評價一樣低落，一般認為僅高於印度，而落後於多數國家。

中國大陸政治實力之低落，首先在於政府效能低下、中央財政薄弱、中央政府調控能力下降、改革舉步維艱。另外，國民凝聚力相對過去大幅低落，儘管中共運用民族文化作為凝聚國民的推力，但由於既缺少物質基礎，又缺少成熟的政治力量，國民凝聚力每況愈下。

預估至公元 2020 年，中國大陸的政治實力，將在世界第 80 名前後徘徊。

就文教力而言

文教力是中國大陸綜合國力中最弱的一環。

有關教育的三項指標，即大學生入學率、中學生入學率、教育經費占 GNP 的比例，中國大陸都處於世界最低水平。大、中學生入學

率,尤其是大學生入學率、僅占 2%,大幅低於世界平均 12%的水平,比低收入國家還低,印度、巴基斯坦、印尼等國都在 5%以上,與美國、加拿大的 60%比較則差距更大。人均教育經費 1990 年中國大陸僅為 9.07 美元,與發達國家一般 500-1000 美元相比較,差距極為懸殊,處於世界之末。

　　未來中國大陸的文教力將取決掃除文盲和減緩人口的增長。在中共當局大力掃盲和提高人口素質之下,文教力將大幅改善,但預估公元 2020 年也只居世界第 100 名左右。

　　就外交力而言

　　外交力是中國大陸綜合國力的強項。歷代領導人都擅長外交,善於通過對外交往獲得最大的利益。目前中國大陸的外交實力應在世界上第 6 至第 7 位。

　　未來中國大陸將採取更為務實的外交路線,國家利益型將取代意識形態型。從中國大陸與美國關係的曲折發展,北韓核武問題的協商解決到香港問題的談判交涉,中國大陸對國際情勢的研判和外交策略的運用,都具獨到之處。當然,人權問題、知識產權問題和「復關」問題,將是中國大陸未來外交上的巨大考驗。

　　預估到公元 2020 年,中國大陸的外交力將大幅超前,居世界第 4 位。

　　綜合以上分項評估,中國大陸的綜合國力應是「三強四弱」。強在資源總量、軍事潛力和外交運用能力,弱在人均經濟力、科技競爭力、政治效力和文教普及力。三大強項均處於世界第 3 名的位置,預估至公元 2020 年,三大強項位序應不致後移。而四大弱項中的前兩

項，處於世界第 10 名的位置，後兩項則處於世界第 100 名的位置，預計未來將會有所改善。若考慮綜合國力中硬實力比軟實力更爲突顯，則公元 2020 年中國大陸的綜合國力應名列世界第 10 位。

名詞索引

國家圖書館出版品預行編目資料

中國跨世紀綜合國力： 公元1990－2020
／宋國誠著. --初版，--臺北市：
出版：臺灣學生，民85
面； 公分

ISBN 957-15-0766-0(精裝).
ISBN 957-15-0767-9(平裝)

1.政治－中國

573 85007265

中國跨世紀綜合國力
－公元1990－2020 （全一冊）

著 作 者：宋　　　國　　　誠
出 版 者：臺　灣　學　生　書　局
發 行 人：丁　　　文　　　治
發 行 所：臺　灣　學　生　書　局
　　　　　臺北市和平東路一段一九八號
　　　　　郵政劃撥帳號○○○二四六六八號
　　　　　電話：三六三四一五六
　　　　　傳眞：三六三六三三四
本書局登
記證字號：行政院新聞局局版臺業字第一一○○號
印 刷 所：常　新　印　刷　有　限　公　司
　　　　　地址：板橋市翠華街8巷13號
　　　　　電話：九五二四二一九

定價 精裝新臺幣三七○元
　　 平裝新臺幣三○○元

中　華　民　國　八　十　五　年　七　月　初　版

57310
ISBN　957-15-0766-0（精裝）
ISBN　957-15-0767-9（平裝）